ヒトはなぜ先延ばしをしてしまうのか

Piers Steel
Chiaki Ikemura

The Procrastination Equation

CEメディアハウス

ヒトはなぜ先延ばしをしてしまうのか

THE PROCRASTINATION EQUATION
by Dr. Piers Steel

Japanese translation published by arrangement
with Procrastinus Inc. c/o The Cooke Agency Inc.
through the English Agency (Japan) Ltd.

装画:平田利之
装幀:坂川栄治+永井亜矢子(坂川事務所)

はじめに

私は、先延ばしをライフワークにしてきた人間だ。先延ばしの研究者としても、先延ばしの実践者としても、長年にわたり経験を積んできた。珍しいパターンではない。研究者にとってリサーチ（＝research）とは、「ミー・サーチ（＝me-search）」である場合が多い。科学者はたいてい、ミー（自分）に関する問題をサーチ（調査）するために研究に取り組む。私が先延ばし癖の持ち主の気持ちを理解できるのは、それが自分も身に覚えのある悩みだからだ。*

最近でこそ、研究が評価される機会に恵まれるようになったが、私は人生のほとんどの時期、自分に苛立ち、歯がゆい思いをして生きてきた。自分を改善しようと思ってなにかを始めても、どれも長続きしなかった。涼しい顔でものごとをやり遂げる人を見るたびに、自分の駄目さ加減を思い知らされて、ふてくされ、筋違いの怒りを感じた。それでも幸い、自分を変える方法を研究する学問である心理学に興味をもったおかげで、自分の生活を少しずつ計画的に変えられた。

私の専攻は、産業心理学・組織心理学。職場における人間の行動と心理を科学的に研究する学問だ。人々の仕事の成果を向上させ、幸福感とやる気を増進させる方法を見いだすことがこの学問分野の目的である。しかしもったいない話だが、そのような研究成果に基づいたテクニックは、一般にあまり知られていない場合が多い。地味な学術誌に掲載されて、専門家にしか理解できない専門用語で書かれているせいだ。先延ばし研究に関しては、それに輪をかけて複雑な事情がある。社会科学のあらゆる分野がこのテーマに関心を示し、世界中の国で調査がおこなわれている。経済学に始まり神経科学にいたるまでさまざまな学問分野で、さまざまな言語で発表された研究論文は、八〇〇本以上を数える。そのすべてを読破して内容を理解するのは至難の業だ。[*1]

そこで私は、二つのアプローチで先延ばしに迫ろうと考えた。一つのアプローチは、私自身で調査をおこなうこと。その調査をもとに、「私たちがどうして、どういうふうに、ものごとを先延ばしするのか」という仮説を導き出した。しかし、それだけでは十分でない。さまざまな学問分野で発表されている研究論文や研究書の内容を把握しなくてはならない。そのために採用したのが「メタ分析（分析の分析）」というアプローチだ。数学的な方法を用いて、膨大な量の研究成果から共通の中核的要素を抽出する手法である。

端的に言えば、メタ分析なくして科学の進歩はない。この作業を通じて知識を集約することにより、真理が浮かび上がってくるのだ。メタ分析は、社会を機能させるために役立つ知識を次々と生み出している。たとえば、喘息にせよアルツハイマー病にせよ、あなたが病院で受ける治療はたいていメタ分析を土台にしている。[*2]私はメタ分析のやり方を研究して、基本的なテクニックをいくつか考案し、ほかの人たちにそれを教え、専用のソフトウェアを開発した。一応、自分では得意分野のつもりだ。[*3]

そういうわけで、先延ばしに関する膨大な量の先行研究をメタ分析するのは、私にとって自然な流れだった。というより、それ以外には、すべての研究結果を集約する手立てがなかった。本格的に調べてみると、先延ばし研究の世界は気が遠くなるくらい広大だった。それこそ、ありとあらゆる科学的方法論とテクニックが用いられていた。研究室で実験をおこなった研究者もいたし、人々の日誌を読み解こうとした研究者もいた。脳内化学物質を調べたり、ＤＮＡを解析したりした研究者もいた。空港やショッピングモールなど、あらゆる場所で観察がおこなわれている。一つの教室の生徒全員に測定機器を取りつけて、一人ひとりの細かい身体的な反応をすべて記録する試みもなされている。調査対象は、鳩や害獣に始まり、アメリカ連邦議会の議員にいたるまで、実に多岐にわたる。

こうした研究成果のすべてを一つにまとめ上げ、一貫性のある結論を導き出すのは、まとまりのないオーケストラの指揮をするに等しい難題だ。みんな同じ曲を演奏しているのに、弦楽器と木管楽器、金管楽器、打楽器の奏者が別々の部屋で、別々のリズムで、別々のキーで演奏している。これでは、ただの騒音しか生まれない。それを美しい音楽に変えたいと思って、私はこの本を書いた。

私が見いだした事実を知れば、驚く読者もいるかもしれない。そこには、常識を覆す発見も含まれているだろう。研究成果の一部は、すでに学術誌に発表した（サイコロジカル・ブレティン誌に掲載された論文「先延ばしの本質」The Nature of Procrastinationはその一つだ）。ウォール・ストリート・ジャーナル紙やサイエンティフィック・アメリカン誌、グッド・ハウスキーピング誌をはじめ、アメリカや世界の国々の一般向けメディアでも、研究が紹介されたことがある。しかし研究成果の大半は、この本ではじめて発表する。

私たちはこれまで何十年もの間、先延ばしの本質を理解せず、原因を見誤っていた。先延ばしを生む原因の一端は、遺伝的要因、すなわち脳の構造にある。その証拠に、歴史上のいかなる時代にも、そして地球上のいかなる文化圏にも、先延ばしが存在する。しかし、遺伝的要因が関係しているとはいえ、環境的要因を無視していいわけではない。先延ばし癖が存在すること自体は環境のせいではないかもしれないが、その症状が重症化している原因は環境的要因にある。現代社会の生活環境が原因で、先延ばし癖が深刻な流行病になっているのだ。

驚くかもしれないが、いま手短に触れた発見はすべて、私が考案した一つの簡単な数式から導き出せる。私はその数式を「先延ばし方程式」と名づけた。本書では、その内容を詳しく説明していく。

人間がものごとを先延ばしする主な要因を解明できたので、この悪癖を克服するための戦略も割り出せた。本書では、学校や職場、そして私生活で活用できる戦略を紹介する。ただし、それなりの覚悟は必要だ。先延ばしの克服は、たやすい道ではない。先延ばしが手ごわい敵でなければ、私はもう何年も前にあっさりこの本を書き上げていただろう。

数時間かけて本書を読み終わったとき、時間の使い方（時間の無駄遣いの仕方、と言うべきかもしれないが）に関して、あなたが新しい視点を獲得していれば幸いだ。

＊ 私の先延ばし癖のひどさは折り紙つきだ。亡き兄が叔父宛ての手紙でこんなふうに書いている。「ピアーズの研究のことは聞いた？　いまではすっかり先延ばし研究のエキスパートになっていて、たくさん論文を発表して、ラジオや新聞のインタビューも受けたんだって。思わず吹き出しそうになったよ。だって、高校時代と大学時代にピアーズほど先延ばし癖がひどいヤツはいなかったんだから」

目次

はじめに ―― 3

第1章
先延ばし人間の実像
逃避行動と衝動の関係は ―― 13

合理的な遅延、非合理な遅延 ―― 15
あなたは先延ばし人間？ ―― 17
■自己診断テスト1　あなたの先延ばし度は ―― 19
典型的なパターン ―― 20
先延ばし人間は完璧主義者ではない ―― 27
効果抜群の劇薬 ―― 31

第2章
先延ばしの方程式
行動主義心理学が解き明かすタイプ別症状 ―― 33

■自己診断テスト2　あなたの先延ばしのタイプは ―― 37
どうせ失敗すると決めつけるタイプ（エディー指数が高い人） ―― 39
課題が退屈でたまらないタイプ（バレリー指数が高い人） ―― 42

目の前の誘惑に勝てないタイプ（トム指数が高い人）――44
モチベーション理論の方程式――47
意思と行動のギャップ――56
方程式どおりの人間行動――62
先延ばし方程式は大ざっぱな見取り図――65

第3章 サボる脳のメカニズム
先延ばしの起源は9000年前だった――67

辺縁系と前頭前野のせめぎあい――72
赤ちゃんと自己コントロール――74
チンパンジーと鳩の先延ばし――77
先延ばし進化論――81
文明と先延ばしの長いつき合い――87
失われた楽園と文明の産物――91

第4章 現代社会は誘惑の巣窟
フェイスブック断ちが長続きしないわけ――93

誘惑の強さと近さ――96
ゲーム、テレビ、フェイスブック――98

マーケティングと辺縁系天国 — 108
賢者たちの警告 — 114
果てしなき闘い — 115

第5章 私たちが失うもの、悔やむもの
キャリアも財産も健康も危ない — 117

貯金とキャリア — 123
健康的な生活習慣 — 130
善行の先延ばし — 134
罪悪感と後悔の日々 — 137
予想どおりの行動 — 142

第6章 企業と国家が払う代償
アメリカで1年間に生じる損失は10兆ドル — 144

職場のサボりが生み出す経済損失 — 146
蓄えなき老後がやって来る — 151
政治の意思と行動のギャップ — 155
行動経済学を政策に — 161

第7章

自信喪失と自信過剰の最適バランス —— 163

「どうせ失敗する」を克服する

適度な楽観主義者になる —— 167
■先延ばし克服の行動プラン1　成功の螺旋階段 —— 173
■先延ばし克服の行動プラン2　鼓舞される物語・仲間 —— 177
■先延ばし克服の行動プラン3　脳内コントラスティング法 —— 180
少量の悲観主義を取り入れる —— 181
■先延ばし克服の行動プラン4　失敗を計算に入れる —— 186
■先延ばし克服の行動プラン5　先延ばし癖を自覚する —— 191
科学が裏打ちするテクニック —— 192

第8章

やるべきことに価値を吹き込む —— 194

「課題が退屈」を克服する

■先延ばし克服の行動プラン6　ゲーム感覚・目的意識 —— 202
■先延ばし克服の行動プラン7　エネルギー戦略 —— 208
■先延ばし克服の行動プラン8　生産的な先延ばし —— 210
■先延ばし克服の行動プラン9　ご褒美効果 —— 214
■先延ばし克服の行動プラン10　情熱を燃やせる仕事 —— 219
せめていやでない仕事を —— 220

第9章
現在の衝動と未来のゴールを管理する　222
「誘惑に勝てない」を克服する
■先延ばし克服の行動プラン11　プレコミットメント戦略　236
■先延ばし克服の行動プラン12　注意コントロール戦略　250
■先延ばし克服の行動プラン13　ゴールを設定する　261
自己コントロール力を鍛える　262

第10章
さあ、先延ばしを克服しよう　265
必要なのは信じること
ワーキングカップルの人生バランス　267
新米マネジャーのリーダーシップ術　275
でも「克服しすぎ」は禁物　288
未来を犠牲にしないために　290

おわりに　293

注　本文中の＊1、＊2、＊3は巻末の注を参照のこと。

第1章

先延ばし人間の実像

逃避行動と衝動の関係とは

明日やろう、などと考えないほうがいい。もし、それが明後日にもできることであれば。
――マーク・トウェイン（アメリカの作家）

実行に移されないまま終わる決意。やる気がわかずにうやむやになる目標。先送りされるダイエットに、提出日前夜に徹夜で仕上げるレポート。あなたに期待して裏切られた人たちと、鏡に映る自分自身の失望の表情。ぐずぐず癖でみんなに迷惑をかけている家族や友人。期日に遅れた公共料金の振り込みに、片づけをしないせいで散らかった家の中。つい後回しにしてしまう病院行きに、いっこうに増えない貯金。無駄に過ぎていく時間、守られない予定、活かせなかったチャンス。

この本は、こうしたすべての問題を――そして、そのほかの似たようなすべての問題を――テーマにしている。

集中力がみなぎり、脇目もふらずに課題に没頭し、ものごとを途中で放り出そうなどとはみじんも思わない状態をつくり出すには、どうすればいいのか。自分を変え、うしろめたさを感じずに自分の欲求に従えるようになり、日々の課題をやり遂げて胸を張ってレジャーを楽しむためには、どうすればいいのか。

本書では、活用されずに終わる潜在能力と存分に花開く潜在能力、色あせて忘れ去られる夢と大きな実を結ぶ夢の違いを考える。そしてなにより、あなたの人生を「先延ばしの日々」から「実行の日々」に変える手助けをしたい。

私たちがやりたいことや、やるべきことを実行できないのは、ほとんどの場合、先延ばしが原因だ。混同されやすいのだが、先延ばし癖と怠け癖は区別して考える必要がある。怠け者と違って、先延ばし癖の持ち主は、やるべきことを実行したいと思っている。実際、たいてい最後には実行するのだが、それまでに相当な苦労を強いられるのだ。

そのような行動パターンは、遺伝的な要因で生まれる面がある。私たちの脳は、ものごとを先送りするように回路が敷かれているのだ。先延ばし癖は、一億年に及ぶ人類の進化の歴史を通じて形づくられたものであり、人間という存在の性質そのものに深く刻み込まれている。しかしその半面、さまざまな研究によると、そういう行動パターンを改めることは可能だ。先延ばしを生むメカニズムを理解すれば、期限のある課題に対して感じるストレスを和らげ、締め切りを守る能力を高められる。

先延ばしは、古代エジプトの都メンフィスから現代のニューヨークまで、そして病院の癌病棟から証券取引所の立会い所まで、あらゆる場所に蔓延している。本書では、多くの実例を通じて、なぜ私たちがものごとを先延ばしし、それがどのような結果をもたらし、どうすれば適切な対策を打てるのかを論じたい。

第1章ではまず、先延ばしとはなにかを説明し、あなたが先延ばし癖の持ち主かどうかを診断し、先延ばし癖があるとすれば、その症状がどのような形で表れる可能性が高いかを明らかにしたい。もし、あなたが先延ばし癖の持ち主であれば（かなりの確率で、あなたはこの悪癖をもっているはずだ）、あなたは世界規模の巨大な「先延ばしコミュニティ」の一員ということになる。そろそろ、このコミュニティのメンバーが自分自身とほかのメンバーのことをもう少しよく知ってもいい頃だ。

合理的な遅延、非合理な遅延

先延ばしに関して、誤解されている点が非常に多い。そこで、まぎらわしいものをすべて解剖台に乗せて、先延ばしとそれに似て非なるものを簡単に分別しておこう。最初に確認しておきたい。先延ばしとは、単にものごとを延期することではない（先延ばしに、延期の要素が常に含まれることは事実だが）。

先延ばしを意味する英語「procrastination」は、「前へ、優先させて」という意味のラテン語「pro」と、「明日の」という意味のラテン語「crastinus」を語源としているが、この言葉の意味はその字面より狭い。慎重であること、辛抱強く振る舞うこと、ものごとに優先順位をつけて行動することは、すべて延期の要素をともなうが、いずれも先延ばしとは言わない。一六世紀に「procrastination」という単語が英語で用いられるようになった当初から、この言葉は「非合理な延期」という意味をもっていた。つまり先延ばしとは、「自分にとって好ましくない結果を招くと知りながら、自発的にものごとを延期すること」と定義できる。自分の首を絞めると承知の上で、という点がミソだ。

ところが、賢明な延期を非合理な先延ばしと混同している人が少なくない。オフィスで同僚が椅子にふんぞり返り、やけにリラックスした様子でいるので、「なにやってるの？」とあなたが尋ねる。すると、同僚は嬉々として、「仕事を先延ばしにしてるんだよ！」と言うかもしれない。しかし厳密に言えば、多くの場合、その同僚は先延ばしをしているわけではない。報告書の作成を延期しているのは、二、三日のうちにプロジェクトそのものが打ち切りになる確率が高いと判断しているからなのかもしれない。たとえ中止にならなかったとしても、締め切りに間に合うようにすぐに仕上げられる自信があるのだろう。

だとすれば、この同僚の行動は賢明な選択と言うべきだ。こういうケースで本当に非合理的なのは、あらゆる仕事にただちに取りかからないと不安でたまらず、あとでキャンセルになるかもしれない仕事にまで手をつけずにいられない人のほうだ。強迫観念に駆られて、どんな仕事も可能な限り早く片づけないと気がすまない人は、先延ばし癖の持ち主に負けず劣らず非効率だ。賢く時間を管理していないという点では、どちらも褒められたものではない。

まだ誰も来ていない時間にパーティー会場に一番乗りしなかったり、飛行機の離陸時間の三時間前に空港に着かなかったりしても、それは先延ばしではないのだ。こういうケースではむしろ、少しゆっくり行動したほうが合理的だ。パーティーのホストがまだ準備中のところに到着してお互いに気まずい思いをしたり、空港のロビーで退屈な思いをしたりせずにすむ。

緊急事態に対処するためにほかの用事をすべて後回しにするのも、先延ばしではない。極端な話、家が火事になっているとき、火を消す前に予定どおり芝刈りをすべきだと言い張るのは、愚かとしか言えない。なるほど、そうすれば芝刈りは予定どおり完了する。しかし、家が焼けこげて崩壊する損失はあまりに大きい。対照的に、配偶者や子どもの切実なニーズにあわせて臨機応変にスケジュールを変更できる人は、家庭を壊さずにすむ。

現実の世界では、すべての課題を同時に処理する必要がある場合ばかりではない。ある課題の処理を延期すること自体は、先延ばしではない。どの課題を先におこない、どの課題をあとに回すかをあなたがどのように決めるかによって、その行動が先延ばしに該当するかどうかが決まるのである。

あなたは先延ばし人間？

以上の定義に照らして、あなたは先延ばし癖の持ち主だろうか？　あなたの「先延ばし度」はどの程度だろう？　あなたは人並みのぐずぐず屋なのか、それとも「明日やればＯＫ！」と背中に刺青しているような筋金入りの先延ばし人間なのか。ある人の先延ばし度を知る方法は、いろいろ唱えられている。なかなかおもしろい方法もある。たとえば、筆跡を手がかりにする方法。字が汚い人は計画性が乏しく、ものごとを先延ばしする傾向が強いという。あるいは、星に教えを乞う方法も実践されている。占星術の世界では、水星が逆行している時期に、その人の先延ばし癖が悪化するとされる。[*1] タロット占いでは、「ソード（剣）の2」のカードが出れば、ジレンマにぶち当たっていて、決断を先延ばししていると解釈する場合が多い。こういう方法もおもしろいが、この本ではもっと科学的なアプローチで臨みたい。

私は先延ばし度をチェックする本格的な自己診断テストを作成し、これまでに何万人もの人に試してもらった。私のウェブサイトwww.procrastinus.com（英語）にアクセスすれば、あなたも自己診断ができる。自分の先延ばし度をチェックし、世界の大勢の人たちと比較するとおもしろいかもしれない。とはいえ、忙しい読者も多いはずだ。先延ばしせずに、いますぐ自分の先延ばし度を知りたい読者もいるだろう。そこで、ここに自己診断テストの簡略版を用意した。九つの設問について、五つの選択肢のなかから自分に最も当てはまる答えを選んで丸で囲む。そのうえで、自分が選んだ選択肢に割り振られた数字の合計を計算してほしい。問2、問5、問8は、数字の割り振りがほかの設問と逆になっているので、くれぐれもお間違えなく。

さて、結果はどうだっただろう？　あなたは、きわめつきの先延ばし人間だろうか。それとも、たいていの人と同じように、健康維持のためのエクササイズや経理書類の提出など、一部の課題を先延ばしする程度だろうか。

自己診断テスト1 あなたの先延ばし度は?

	ほとんど、ないし まったく 該当しない	あまり 該当しない	少し 該当する	大いに 該当する	非常に大いに 該当する
Q1	合理的なレベルを超えて、ものごとを遅らせる。				
	1	2	3	4	5
Q2	やるべきことは、即座にやる。				
	5	4	3	2	1
Q3	もっと早く課題に手をつければよかったと、よく後悔する。				
	1	2	3	4	5
Q4	本当はよくないとわかっているのに、人生で先延ばしにしていることがある。				
	1	2	3	4	5
Q5	やるべきことがあれば、簡単な課題より先に、まずその課題に取り組む。				
	5	4	3	2	1
Q6	ものごとを先延ばししすぎた結果、不必要な不都合が生じたり、効率が悪化したりする。				
	1	2	3	4	5
Q7	もっと有効に時間を使えるはずなのに、と後悔する。				
	1	2	3	4	5
Q8	時間を賢く使っている。				
	5	4	3	2	1
Q9	いまやらなければならないことと別のことをしてしまう。				
	1	2	3	4	5

合計点数

あなたの先延ばし度

合計点数	先延ばし度	
～19点	最軽度(全体の10%)	「大事なことから片づけろ!」があなたのキャッチフレーズ
20～23点	軽度(全体の15%)	
24～31点	中程度(全体の50%)	あなたは平均レベルの先延ばし癖の持ち主
32～36点	重度(全体の15%)	
37点～	最重度(全体の10%)	あなたは「ミスター延期」「ミス(ミセス)延期」に改名したほうがいい

典型的なパターン

自己診断テストの点数が高いほど、あなたはいま、この瞬間もなにかを先延ばししている可能性が高い。本当は、いまほかに取り組むべき課題があるのではないか（この本を読むより大事なことがあるというのは、本の著者としては残念なことだが）。その課題は、たぶん不愉快な仕事なのだろう。もしかすると、単調で退屈な課題なのかもしれない。課題を達成したときの自分の姿をイメージしにくいのかもしれない。あなたがどんな課題を先延ばししているのか、私に当てさせてほしい。


脱いだ服が洗濯されずに、山をなしている。

キッチンに、使ったままの食器があふれ返っている。

火災検知器の電池が切れている。

自動車のバッテリーを交換する時期にきている。タイヤの空気圧の点検も、エンジンオイルの交換もすんでいない。

出張の飛行機を予約していない。ホテルの予約もまだ。パスポートも更新していない。

旅行のための休暇取得の予定を上司に話していない。

夫や妻の誕生日が近づいているのに、まだプレゼントが用意できていない。

会社の勤務表や目標達成度の報告書、経理書類を提出していない。
仕事の出来が悪い部下に問題点を指摘するのを後回しにしている。
気の進まない打ち合わせの日程を決めるのを先延ばしにしている。
職場で担当している大型プロジェクトがはかどっていない。
今週、まだスポーツジムに行っていない。
最近、故郷の母親に電話していない。

どれか思い当たるだろうか。「大正解！」と言ってもらえないとしても、状況は似たり寄ったりなのではないか。あなたは、やるべきことをなにか先延ばしにしているに違いない。一つひとつの課題は、先延ばししても大きな弊害がないかもしれない。しかしそれがいくつも積み重なると、あなたの人生がむしばまれ、悲惨な結果を招く。過酷な締め切りのもとで大きな仕事をやり遂げる必要があるときは、とりわけそういうパターンに陥りやすい。その課題が心配で夜も眠れなくなり、ほかの課題が手につかなくなる場合もあるだろう。

やる気がわかず、レポートの作成やプレゼンの準備、試験勉強などになかなか取りかかれなかった経験は、誰でもあるはずだ。先延ばしには、典型的なパターンがある。こんな感じだ——。

あなたは職場で大きな仕事を任された。最初は、まだたっぷり時間がある。そこで、あなたはのんびりできる状態を満喫する。ときおり、仕事に手をつけようとするけれど、どうにも気分が乗らない。たいていの時間は、その仕事のことをすっかり忘れている。しかしそのうちに、期限が近づいてくる。いよいよ、あなたは本腰を入れて仕事に取りかかろうとする。だが、気が進まない。作業に弾みがつかない。どうにかこうにか集中力を奮い起こして仕事を始めても、些細なことで気が散り、ぜんぜんはかどらない。もっと時間がたっぷりある日にやろうと、あなたは決める。ところがふたを開けてみれば、どの一日も同じ二四時間しかないのだと思い知る。一日が終わるたびに、「今日も仕事がはかどらなかった」という不安に苦しめられる。この状態が続く。

やがて、時間が限りある資源なのだと、あなたは気づく。最初は無造作に時間を浪費していたが、いまになると、時間が貴重なものに思えてくる。プレッシャーがかかると、ますます仕事に着手できなくなる。本当は懸案の作業を進めるべきだとわかっているのに、ほかのもっと瑣末な用事ばかりやってしまう。オフィスの掃除をしたり、電子メールの受信箱を整理したり。スポーツジムに出かけてエクササイズをしたり、買い物をして料理をつくったり。本当はそんな暇はないのだと、自分でもわかっている。そこで、自分にこう言い聞かせる。「いまこの用事をすませているのは、あとで本題の仕事にじっくり取り組む態勢づくりなんだ」。そうこうするうちに夜遅くなり、その日はもう切り上げて寝ようということになる。そして翌朝になると、また逃避の一日が始まる。

不安をまぎらわすために、言い訳の余地のない純然たる逃避行動に走るときもある。電子メールをチェックしたり、ニュースサイトでスポーツの結果を見たりする。そうすると、ほんの数件のつもりで電子メールの返事を書いたり、ほんの数分のつもりでテレビをつけたりせずにいられなくなる。こうして、ずるずると誘惑にはまり込む。視界の隅には課題がちらついているが、直視したくない。もし課題を正面から見れば、それから逃れられなくなる。そこであなたは、ますます深く逃避行動に没頭する。オンラインフォーラムに力作の長文コメントを投稿したり、ニュースサイトをはしごしたり、ちょっと飽きるたびにテレビのチャンネルをせわしなく切り替えたりする。最初は楽しかった行為も、それから抜け出せなくなれば無力感の源になる。

締め切りが迫ると、現実を見ずにすむように、ますます逃避行動にのめり込む。未解決の課題を思い出させる要素をことごとく払いのけようとして、カレンダーや時計も目に入らない場所に遠ざける。しまいには、都合よく現実をねじ曲げ、目標を引き下げる。当初の目標――確実に達成できるはずだったのだが――を放棄し、現状で実行可能な最低レベルに目標を設定し直すのだ。これまで以上に精力的に課題に取り組むべきときなのに、ベッドでぐずぐずしたり、関係ないことを空想したり、宝くじが当たったらなにを買おうかと思い描いたり、どこかほかの場所に行きたいと考えたりする。不安がさらにつのってくると、目先の安心感や逃げ場やご褒美が欲しくなる。「大丈夫、心配ない」という幻想を与えてくれるものに飛びつくのだ。

友達や同僚が逃避行動をやめさせようとすると、あなたはいかにも心外だという様子でこう答える。「ちょっと待ってよ！　これが終わったらすぐにやるってば！」。しかし残念ながら、「これ」はいつまでたっても終わらない。内心では、あなた自身も罪悪感と自己不信にさいなまれていて、ものごとを苦もなくやり遂げる人がうらやましくて仕方がない。

それでも、やがて内面のエネルギーが少しずつ高まり、ついにあなたのやる気に火がつく。いよいよ課題に取りかかるのだ。やるべきことのエッセンスを無意識に素早く抽出すると、猛然と仕事に挑み、てきぱきと決断をくだし、目を見張るスピードで課題をやっつけはじめる。脳の中にどんより垂れ込めていた雲はすっかり姿を消し、まばゆい光が差し込む。頭が冴えわたる。せっぱ詰まっているので、脇目もふらずに課題に打ち込む。一握りの幸運な人たちは、こうした火事場の馬鹿力のおかげで課題を完了できる。

しかし大多数の人は、土壇場で猛スパートを始めたはいいが、途中でガス欠を起こす。不眠不休で頑張り続けられる時間には限りがある。そのうちに、脳が機能を停止してしまう。カフェインや糖分を補給しても、期待するほどのエネルギーがわかない。チック、タック、チック、タック……時間は容赦なく進む。そして、ついにタイムアップ。あなたは不十分な結果を携えて、よろめくようにゴールに倒れこむ……。

よくあることだ。珍しくもなんともない。しかし、本人のダメージは軽くない。とりあえず課題をやり遂げたという安堵感こそあっても、質の悪い結果しか残せなかったという事実は変わらない。たとえ素晴らしい結果を残せたとしても、もっと早く取りかかっていれば、もっといい結果になったのではないかという思いがぬぐえない。それに、ものごとを先延ばししている間は、懸案の課題が気になって、夜の外出やパーティー、旅行を心置きなく楽しめない人も多い。こんなことは二度としないと、あなたは誓う。先延ばしの代償はあまりに大きかった。

誓うのはけっこうだが、問題が一つある。先延ばしは一種の癖だ。簡単には克服できない。私たちには、ものごとが遅れている状態を改めようとするのではなく、言い訳を見つけようとする習性がある。自分を欺くことと先延ばしは、コインの表裏の関係にある場合が多い。[*2]「できないこと」と「やらないこと」の境界線が曖昧なのをいいことに、課題の実行を妨げる障害を実際以上にふくらませて考えて、先延ばしを正当化しようとする。「風邪で体調が悪いので」とか、「花粉症の薬を飲むと眠くなるので」とか、「友達が大ピンチだったので、それどころでなくて」などと言い訳する。もっとひどい場合は、「マジかよ。こんなことになるなんて、聞いてなかったよ」と開き直って、責任逃れをしようとする。予測不可能な事態が発生した以上、こんなことになったのは自分のせいでない、という理屈だ。たとえばあなたは、直近に先延ばしした課題について、以下の問いにどう答えるだろうか。

課題の実行に、こんなに時間がかかると予想していたか。
予定より遅れた場合に、こんなにひどい結果を招くと予想できたか。
土壇場でほかに非常事態が起きて、そっちに時間を奪われると予想できたか。

正直に答えるのであれば、答えはたぶん「イエス」だろう。すべて予想の範囲内だったはずだ。しかし、正直になるのが難しいのでは? そこに、この問題の手ごわさがある。
ときには、破滅的な先延ばしを思慮深い選択にすり替えて正当化する人もいる。たとえば、「バリバリ仕事をこなすのを後回しにするのは、家族と過ごす時間を増やすための賢い選択だ」と言う人もいるだろう。本当にそうなのか? この主張が正しいかどうかは、あなたがどういうタイプの人間かによって決まる。家庭や地域社会の人間関係を大切にしたい人にとっては、そのために仕事の課題を犠牲にするのが確かに賢明だ。しかし、仕事優先の人生に生き甲斐を感じる人が同じことを言う場合は、ただの言い訳にすぎないのではないか。

先延ばしをする人間はたいてい、言い訳が必要な事態になることをそもそも想定していない。幸運の女神がほほ笑んでくれるはずだと、当てにするのだ。ときには、それがうまくいく場合もある。建築家のフランク・ロイド・ライトがアメリカのペンシルベニア州ピッツバーグ近郊に建つ「落水荘（フォーリング・ウォーター）」の設計図を描き終えたのは、依頼主のデパート経営者エドガー・カウフマンが見に来る三時間前だった。ジャーナリストで作家のトム・ウルフは、締め切り前夜の夜中に、カリフォルニアの改造車文化に関するエスクァイア誌の記事を一気に書き上げた。完成したのは、四九枚の長大な原稿。推敲の時間はほとんどなかった。原稿を受け取った編集者のバイロン・ドベルは、冒頭の「親愛なるバイロンへ」という言葉だけ削って、そのまま雑誌に載せた。記事につけられたタイトルは、「（ブルーン！　ブルーン！）キャンディーカラーで、オレンジのスライスみたいな、流線型のベイビーのお通りだ」。新しいスタイルのジャーナリズムが生まれた瞬間だった。

しかし、くどくど説明するまでもないが、このようなケースはごく稀だ。それに、遅らせるのが得策だとあなたが本気で思っているのであれば、その延期行為は本来の意味での「先延ばし」ではない（先延ばしの定義を思い出してほしい）。

先延ばし人間は完璧主義者ではない

せめてもの気休めは、この悪癖に悩まされているのがあなただけではないということだ。先延ばしは、朝にコーヒーを飲むのと同じくらい、ありふれた行動パターンだ。さまざまな調査によると、九五%くらいの人は、ものごとを先延ばしするときがあると自分で認めている。およそ四人に一人は、先延ばしが慢性化して自分の特徴の一つになっていると答えている。[*3] 人々の目標達成を助けるために各自が自分の目標を公表する場を用意しているウェブサイトを見ても、「先延ばしをやめる」ことを目標に掲げる人がきわめて多い。[*4] 問題が蔓延している証拠に、先延ばしはジョークの定番のネタにもなっている。

締め切りに遅れた言い訳のパターンには事欠かないが、最高傑作は作家のドロシー・パーカーの言葉かもしれない。雑誌ニューヨーカーの編集者ハロルド・ロスから原稿を督促されたとき、パーカーは憂いをたたえた黒い瞳で相手を見つめて、いかにも心苦しくてたまらないという様子でこう言った。「誰かが鉛筆を使っていたので、書けなかったの」

先延ばし癖と無縁の職種は考えづらいが、この悪癖がことのほかひどいのは物書き業かもしれない。ミステリの女王、アガサ・クリスティも遅筆で有名だった。カナダ文学界の重鎮マーガレット・アトウッドは、「昼過ぎまでぐずぐずしていて執筆が進まず、午後三時頃になって、不安に駆られて猛烈な勢いで書きはじめる」ことが多いと白状している。テレビのニュースキャスターにも、先延ばし癖の持ち主がいる。アメリカの大物キャスター、テッド・コッペルはこう述べている。「子供の頃、ぎりぎりまで課題に取りかからず、両親や先生によく叱られたものです。いまは、それが私の魅力と思ってもらえているようですが」[*5]

先延ばし人間は、どのアルファベットで始まる職種にもいる。宇宙飛行士（＝astronaut）にも、キリスト教のエピスコパル派の司祭（＝Episcopalian priest）にも、エックス線技師（＝X-ray technician）にも、動物園の飼育係（＝zookeeper）にも、先延ばし癖の持ち主がいる。[*6]

しかし、残念なお知らせがある。どの職業にせよ、先延ばし癖がある人はそうでない人に比べて、失業中だったり、本人の希望に反して非正規の職にしか就けていなかったりする確率が高い。先延ばし人間は男性にも女性にもいるが、男性のほうがやや多数派だ。筋金入りの先延ばし人間を一〇〇人集めると、統計上は、男性が五四人、女性が四六人という構成になる。つまり、男女で「先延ばしカップル」をつくると、八人の男性が相手にあぶれる計算だ。また、先延ばし人間には、既婚者より未婚者が多い。その半面、離婚経験のある人よりは、配偶者と別居中の人が多い。こと結婚に関しては、先延ばし人間は、始めることも先延ばしするし、終わらせることも先延ばしする傾向があると言えるかもしれない。

先延ばしは年齢とも関連がある。[*7] 小学校に入ってから老人ホームに入るまで、年齢を重ねて人生最後にして最大のデッドラインに近づくにつれて、私たちはだんだん先延ばしをしなくなる。人間が身体的に成熟するにつれて、人格の面でも成熟するのは、納得のいく話だ。

興味深いデータではある。しかし、この種の国勢調査的な情報は、ある人物が先延ばし癖の持ち主かどうかを判定するうえでは大して役に立たない。心理学的な側面に着目するほうが有効だ。実は、ものごとを先送りしがちな人に共通する心理学的な特徴がある。ただしそれは、あなたが思ってもいない要素かもしれない。

一般に、先延ばしをする人は完璧主義者なのだとよく言われる。自分に課す基準が高すぎて、その理想に届かないのがいやで、課題に手をつけられない、というわけだ。[*8] この「先延ばし人間＝完璧主義者」説は、説得力がありそうに聞こえるし、耳に心地がいい。おおむね、完璧主義は好ましい資質とみなされているからだ。「あなたの最大の欠点は？」という問いに、あなたはどう答えるだろう？　アメリカの視聴者チャレンジ型のテレビ番組『アプレンティス』で優勝を目前にしていたビル・ランチックという男性は、こう答えた。「ぼくは完璧主義すぎるんです。それが欠点ですね」。そう言われれば、相手はこう言わないわけにいかない。「いや、完璧主義はいいことですよ。高い理想に向けて努力し続けるのですから」

しかし、「先延ばし人間＝完璧主義者」説にはデータの裏づけがない。この点は先延ばし研究の分野で最も詳しく研究がなされているテーマで、これまでに何万人もの人を対象に調査がおこなわれている。そうした研究結果を見る限り、完璧主義と先延ばしの間にはほとんど相関関係がない。完璧主義度の診断基準「オールモスト・パーフェクト・スケール（＝おおむね完璧な基準）」を作成したカウンセリング心理学者のロバート・スレーニーによると、「完璧主義者はそうでない人に比べて、先延ばし癖の持ち主が少なかった。つまり、これまで個別の事例に基づいて主張されてきた通説が覆されたのである」。[*9] 私の調査でも、同様の結論が得られている。几帳面で、計画的・効率的に行動できる完璧主義者は、概してものごとをぐずぐず遅らせたりはしない。[*10]

では、私たちはどうして、先延ばしの原因が完璧主義だと思うようになったのか。理由は単純だ。完璧主義者のなかで、たまたま先延ばし癖に悩まされている人は、いかにも完璧主義者らしい行動を取り、セラピストなどに相談する確率が高い。その結果、先延ばしに関する臨床心理学の調査記録には、完璧主義者がたくさん登場する。一方、完璧主義者でない先延ばし人間（や先延ばしをしない完璧主義者）は、セラピストにあまり相談しない。それだけのことだ。完璧主義者はものごとを先送りすることに罪悪感を覚えがちなので、自分の欠点を改めたいと思う傾向が強いのである。このタイプの人たちが抱える問題の原因は、完璧主義そのものではなく、あまりに高い理想と実際の能力の間のギャップだ。[*11]もし、あなたが完璧主義者で、しかも達成不能な高い目標を掲げすぎて苦しんでいるのであれば、その状況を変えたいと思うのは当然のこと。しかし、その願いにこたえるのはこの本の役目ではない。本書では、先延ばしにテーマを絞りたい。

完璧主義が先延ばしの原因でないとすると、先延ばしの最大の要因はなんなのか。何百件もの研究を通じて、先延ばし人間に共通する人格上の特徴がいくつか指摘されているが、とくに際立っている要素が一つある。それは、衝動に負けやすいことだ。せっかちで、すべてをいますぐ手に入れたいと感じやすいのである。[*12]衝動に負けやすい人は、自制心を発揮したり、楽しいことをあとに延ばしたりするのが難しい。要するに、将来のためにいま我慢することが苦手なのだ。[*13]

未処理の課題を抱えているときに感じる不安にどう反応するかも、その人の衝動性の強弱によって決まる。衝動性の弱い人は、不安に背中を押されて早めに課題に取りかかる場合が多い。ところが、衝動性の強い人は正反対の反応を示す。締め切りの不安を感じると、途端に課題を先送りにしてしまう。[*14] 不安感の発生源である課題から一時的にでも逃れようとしたり、その課題を意識から排除しようとしたりするのである。目先のことしか考えない人間がいかにも取りそうな行動だ。

それに、衝動性が強い人は、計画性がなく、整理整頓が苦手で、集中力が乏しい。私の同僚のヘンリー・ショーウェンバーグに言わせれば、「衝動をおさえるのが苦手で、忍耐心がなく、規律をもって仕事ができず、スケジュール管理のスキルに欠け、計画的にものごとをおこなえない」場合が多いのである。[*15] 要するに、衝動に負けやすい人は、前もって計画して仕事に取り組むのが不得手で、ようやく仕事に着手したあとも、すぐに気が散ってしまう。そうなると、もはや先延ばし街道まっしぐらだ。

効果抜群の劇薬

というわけで、先延ばし癖は社会のいたるところに蔓延している。地球上のどこにいても引力の影響から逃れられないのと似ていて、地球上のほぼあらゆる場所で先延ばし癖の影響が見て取れる。私たちを下へ下へと引っ張る作用がある点でも、先延ばしは引力に似ている。朝、キッチンのゴミ箱があふれ返っていてうんざりするのも、夜、洗面所で歯磨きのチューブが空っぽになっていて途方に暮れるのも、先延ばし癖のせいだ。

次の第2章では、私の研究を紹介しながら、私たちがなぜ非合理にものごとを遅らせるのか、そして、なぜ先延ばしがこれほど蔓延しているのかを明らかにしたい。「先延ばし方程式」を用いて、先延ばしが発生するメカニズムを浮き彫りにし、実際に私が観察した先延ばし行動の興味深い実例を披露する。

第3章以降では、私たちの頭脳と感情を左右するさまざまな要素を取り出して説明し、先延ばしが私たちの生活と社会全体にどのような弊害をもたらしているかも指摘する。問題点を指摘するだけで終えるつもりはない。先延ばしの原因がわかれば、対策を打てる。終盤のいくつかの章では、読者が自分のモチベーションを高め、さらには上司や教師、親として部下や生徒、子どものモチベーションを高める方法を示す。このアドバイスが役立って、先延ばしの弊害を小さくできれば幸いだ。そして最終章では、それまで紹介してきた方法を実際に活用するよう、あなたの背中を押したい。

本書のアドバイスは、データによって科学的に実証されており、いわば不純物の混ざっていない強力な薬品だ。薬局でお客の手の届く場所に置いていなくて、頼むと初めて薬剤師が棚の奥から取り出してくれるような劇薬である。効果は抜群。効きすぎるのが怖いくらいだ。

第2章

先延ばしの方程式

行動主義心理学が解き明かすタイプ別症状

わたしは自分のしていることが、わからない。なぜなら、わたしは自分の欲する事は行わず、かえって自分の憎むことをしているからである。

——聖パウロ（新約聖書「ローマ人への手紙」より）

営業の仕事に就いて間もないエディーは、電話セールスが思うようにいかず、精神的にかなりこたえはじめていた。セールスのセミナーがあると聞けばまめに出席し、役に立つと薦められた本があれば一つ残らず読んだ。ポジティブ思考を実践すべしと聞いていたので、毎朝、鏡の中の自分に向かって、「ぼくはできる！」と言い聞かせることも忘れなかった。

しかしある日、いつものように朝から一件も契約を取れず、電話機を見ると恐怖がこみ上げてきた。受話器を持ち上げ、飛び込み営業の電話をかける。どうせ、「いま会議中です」と取り次いでもらえないか、自己紹介も終わらないうちにガチャと電話を切られるのがオチだと思っていた。予想は当たり、ろくに相手にしてもらえず、冷たくあしらわれた。

「こんなことに、なんの意味があるんだ？」と、エディーは思った。やる気をなくして、デスクを整理整頓し、手当の申請のために経理部に提出する書類を一つひとつ記入し、ライバル商品の情報を収集するためにインターネットにアクセスする。セールスの電話をかけるのは後回しになった。ようやく受話器を取ったのは、一日がほとんど終わろうという時間だった。売り込み相手のほとんどは、もう自宅への帰路についていた。

上司が様子をチェックし、エディーに悪い兆候が表れはじめていることに気づいた。セールスの電話を先送りにするという決定のせいで、エディーの営業マンとしてのキャリアが終わりの始まりを迎えようとしていた。

バレリーは、呆然とコンピュータのモニターを見つめていた。本来であれば、そこは言葉で埋まっていなくてはならない。自分の書いた文章が画面に映し出されていなくてはならない。しかし、なにも記されていなかった。一文字も書かれていない。「どうして？　どうしてなの？」。この類いの記事を書くのが初めてというわけではない。けれど、どういうわけか今回の記事――明日までに市政に関する記事を書かなくてはならない――は、どうしても気分が乗らない。「書くのよ！」と、バレリーは自分に言い聞かせた。「キーボードを叩くのよ」。キーに指を乗せてはみたが、モニターに打ち出されたのは「＃＄％＆＃＠？」という意味不明の文字の連なりだった。一文字も書いていないときよりは進歩したと思って、自分をなぐさめるしかない。いつ解放されるともわからない退屈な作業に、バレリーはうんざりしていた。ちょっと気分転換が必要なのだと自分を納得させて、仲良しの友達グループにメールを書いた。すると、その一人からすぐ返事が戻ってきて、おもしろいウェブサイトを教えられた。人気バンドの物まねの動画がたくさんアップされているサイトだ。バレリーはいくつか動画を見たあと、テレビ番組のパロディーサイトを見つけ、みんなにメールで知らせた。こうしてバレリーと友人たちは、おもしろ動画探しにのめり込み、誰がいちばんおもしろい動画を見つけるかを競争した。

そうこうするうちに、数時間がたっていた。我に返ると、一日が終わりかけていた。おまけに、「ちょっと気分転換」する前より、かえってやる気がしぼんでいる。それでもバレリーはあわてて書きはじめたが、仕上がった記事の出来は、つぎ込んだ時間と努力の量を如実に反映していた。要するに、ひどい記事だった。

バカンスのプランが決まった！　今度のトムは、いつもと違う。珍しく早々と行動し、旅行先のドミニカ共和国行きの飛行機のチケットをてきぱきと予約した。早期に予約したおかげで、マイレージで貯めていたポイントを使って出費をゼロですませられた。あとは、ホテルの予約だけ。この程度のことはいつでもできる。しかし、「いつでもできる」ことは多くの場合、いつまでたっても実行されない。

一カ月、そしてもう一カ月、トムはホテルの予約を「来週やろう」と先送りにし続けた。単にすっかり忘れているときも多かった。お気に入りのテレビ番組など、もっと「緊急性の高い」関心事がいつもほかにあった。そのうちに、旅行の荷物をカバンに詰める頃になって、先延ばしできる「来週」がもはやないことに気づいた。あわててインターネットでホテルを探したところ、空いている部屋はろくに残っていなかった。やむをえないので、まだ予約できるホテルの部屋をあたふたと押さえた。

やがて、飛行機がドミニカ共和国に降り立ったとき、ホテルがドミニカの島と同じくらい美しいといいのだが、とトムは願っていた。しかし、願いはかなわなかった。ビーチからは遠く、部屋のデコレーションは壁に張りついた蚊の死骸。バスルームは不潔で、ホテルの料理を食べるとおなかが痛くなった。

エディー、バレリー、トムはみな、先延ばし人間だが、タイプはそれぞれ違う。自動車が動かなくなるという結果は同じでも、原因がガス欠、タイヤのパンク、バッテリー切れなどさまざまなのと同じで、先延ばしにもいろいろなタイプがある。三人の先延ばしの原因は、「先延ばし方程式」――詳しくはこれから説明するが、非合理な遅延が起きるメカニズムを数式で表現したものと考えてもらえばいい――の三つの構成要素を反映している。エディーとバレリーとトムがなぜ先延ばしするのかを明らかにできれば、この本はほぼ役割を果たしたことになる。

話を進める前に、もう一度、自己診断テストを受けてほしい。第1章では、あなたの先延ばし度をチェックした。ここでは、あなたがなぜ先延ばしするのかを割り出す。あなたは、エディー型だろうか、それともバレリー型だろうか、トム型だろうか。あるいは、三者の混合型だろうか。以下の二四の問いに関して、最も自分に当てはまると思う選択肢を丸で囲んでほしい。

自己診断テスト2　あなたの先延ばしのタイプは？

	ほとんど、ないしまったく該当しない	あまり該当しない	少し該当する	大いに該当する	非常に大いに該当する
Q1	時間をかけたほうがいい結果を残せる。				
	5	4	3	2	1
Q2	つまらない仕事には、やる気がわかない。				
	1	2	3	4	5
Q3	目先の楽しいことにうつつを抜かして、自分の首を絞める。				
	1	2	3	4	5
Q4	集中すれば、やるべきことはやり終えられる。				
	5	4	3	2	1
Q5	もっと仕事が楽しければいいのに、と思う。				
	1	2	3	4	5
Q6	先のことを考えずに、とりあえず楽しそうな課題をやる。				
	1	2	3	4	5
Q7	本気を出せば、結果はついてくる。				
	5	4	3	2	1
Q8	効率よく仕事を進められない。				
	1	2	3	4	5
Q9	目の前に誘惑があると、いても立ってもいられなくなる。				
	1	2	3	4	5
Q10	頑張ればうまくいくという自信がある。				
	5	4	3	2	1
Q11	仕事が退屈だ。				
	1	2	3	4	5
Q12	長期的な目標より、目先の快楽を追求してしまう。				
	1	2	3	4	5
Q13	自分は粘り強くて、ピンチに強いほうだ。				
	5	4	3	2	1

	ほとんど、ないし まったく 該当しない	あまり 該当しない	少し 該当する	大いに 該当する	非常に大いに 該当する
Q14	押しつけられた義務を果たそうとすると、気持ちが萎える。				
	1	2	3	4	5
Q15	楽しそうなものごとが目に入ると、やるべき課題を放り出して、そっちに引き寄せられてしまう。				
	1	2	3	4	5
Q16	どんな障害にぶつかっても、最後は乗り越えてみせる。				
	5	4	3	2	1
Q17	課題が退屈だと、集中力が切れやすく、つい楽しい妄想にふけってしまう。				
	1	2	3	4	5
Q18	楽しいことは、すぐにやりたい。				
	1	2	3	4	5
Q19	努力すれば、困難を克服できると思っている。				
	5	4	3	2	1
Q20	仕事が楽しくない。				
	1	2	3	4	5
Q21	将来の大きな快楽より、目先の小さな快楽を優先させる。				
	1	2	3	4	5
Q22	その気になれば、成功できると思っている。				
	5	4	3	2	1
Q23	退屈を感じると、目の前の課題と無関係なことを考えてしまう。				
	1	2	3	4	5
Q24	楽しいことを後回しにするのは、とてもつらい。				
	1	2	3	4	5

この自己診断テストは、あなたの「エディー指数」と「バレリー指数」と「トム指数」を割り出すためのものだ。それぞれの問いの点数を以下の方法で合計してほしい。

エディー指数 ＝Q1＋Q4＋Q7＋Q10＋Q13＋Q16＋Q19＋Q22＝

バレリー指数 ＝Q2＋Q5＋Q8＋Q11＋Q14＋Q17＋Q20＋Q23＝

トム指数 ＝Q3＋Q6＋Q9＋Q12＋Q15＋Q18＋Q21＋Q24＝

もし、エディー指数が24点以上であれば、あなたはエディーと共通点があるとみなせる。同様に、バレリー指数が24点以上であればバレリーと、トム指数が24点以上であればトムとお友達と考えていい。それぞれの指数は、モチベーションの三つの基本要素に対応している。その三要素とは、期待、価値、時間である。

以下では、まずエディー、バレリー、トムの行動のメカニズムを解剖することを通じて、三要素それぞれを検討し、そのうえで先延ばし方程式で三要素がどのように関連し合うのかを明らかにする。

どうせ失敗すると決めつけるタイプ(エディー指数が高い人)

エディーの物語は、残念ながら営業の世界ではありふれた話だ。営業部員は、数え切れないほどの「ノー」を突きつけられてようやく、一つの「イエス」を獲得できる。営業の仕事を始めて間もない頃はとくにそうだろう。エディーのような新人営業部員はえてして「ノー」の連続に心がくじけ、セールスを続けるモチベーションをなくしてしまう。どん底まで沈み込み、よほど打たれ強くないと立ち直れない。

エディーのモチベーションを吸い取り、先延ばしを引き起こしている要因の正体はなんなのか。それは「期待」だ。この先なにが起きるかという予想、と言い換えてもいい。これまで何度挑戦してもことごとく失敗だったので、どうせまた失敗するだろうと、実際に試みる前に予想するようになるのだ。結果に対する期待が大きければ、自信と前向きな考え方を築く土台になる。一方、結果に対する期待が小さく、目標を達成不能と決めつけると、目標に向けて努力することをほとんどやめてしまう。つまり、自己診断テストで「頑張ればうまくいくという自信がある」や「その気になれば、成功できると思っている」という問いに否定的な答えをした人は、エディーの仲間ということになる。

七〇〇〇人近くの人を対象にした三九件の研究の結果を見る限り、自信過剰が原因で先延ばし行動を取る人もいるにはいるが、自信喪失が原因のケースがはるかに多いようだ。先延ばし人間は概して、そうでない人より自信が乏しい。とりわけ、懸案の課題を成功させる自信があまりない人が多い。学校の宿題を先延ばししている子供は、宿題を難しいと感じている可能性が高い。健康な生活を送るためにエクササイズをしたり、食事を改善したりするのを先延ばししている人はおそらく、新しい生活習慣を続ける自信がない。失業中なのに職探しを先延ばししている人は、就職先を見つけられる自信がないのだろう。

ポジティブ心理学の旗振り役である心理学者のマーティン・セリグマンが一九六〇年代におこなった研究によれば、自信や前向きな考え方の欠如と先延ばしの間には関連性がある。[*1] 愛犬家のみなさんは――実は、私もその一人なのだが――どうか許してあげてほしい。セリグマン教授がおこなった実験は、犬に電気ショックを与えるというものだった（この実験の倫理的妥当性に関しては、セリグマン自身も頭を悩ませたと、著書『オプティミストはなぜ成功するか』で述べている。必要なデータが集まると、セリグマンはただちにこの実験を終わりにした）。

まず、何匹もの犬を二つのグループにわけて、隣り合った別々の小部屋に閉じ込める。そのうえで、両方の部屋の床に、同レベルの電気ショックを同じ時間だけ流す。ただし、一方の部屋にはボタンが用意してあり、それを押すと両方の部屋の電気ショックを止められる。もう一方の部屋にはボタンがなく、この部屋の犬が電気ショックから逃れられるかどうかは、もう一つの部屋の犬たちの行動にすべてかかっている。この設定で何度か電気ショックを流したあと、設定を少し変更して実験を再開した。これまでと違って、二つの部屋を隔てる仕切り壁を低くして、犬たちがその気になれば壁を軽々と飛び越して部屋を移動できるようにした。そして、片方の部屋だけに電気ショックを流す。つまり、どの犬も仕切り壁を飛び越すだけで、安全な場所に逃げられるようになったのだ。

さて、犬たちはどのように行動したか。最初の実験でボタンのある部屋にいた犬たちは、壁の向こうに安全な場所があるとすぐ気づいて、やすやすと安全圏に移動した。一方、ボタンのない部屋にいた犬たちは、電気ショックが流れても壁を飛び越さず、その場におとなしく横たわって、ただ苦しみに耐えていた。エディーと同じように、前回の経験を通じて、自分がなにをやっても無駄なのだと「学習」したのだ。これをセリグマンは「学習性無力感」と呼んだ。[*2]

学習性無力感をいだいている人は、ものごとを簡単にあきらめる傾向が強い。学校の成績がパッとしなかったり、病気がなかなか回復しなかったりしても、「まあいいや」と思ってしまう。学習性無力感を念頭に置くと、鬱病患者がなぜ、ものごとの決断を著しく先送りするのかがよくわかる。[*3] このような人たちは、自信が減退しているので、手ごわい仕事に挑むという「投資」をする気になれないのだ。[*4] もっとも、ある程度の学習性無力感は誰もがいだく。「どうあがいても成功できっこない」という思いにとらわれた経験がない人のほうが少ないだろう。エディーの場合は、その無力感の対象が電話セールスの仕事だった。なかには、貧しい子ども時代を送り、「自分たちは貧しいまま一生を送るのだ」とあきらめきっている親や友達に囲まれて生きるうちに、自分も同じように考えるようになった人もいるだろう。

自分で自分の可能性を狭めて考える発想は、ときとして精神に深く根を張り、状況が変わってもなかなか消えない。なんらかの否定的な自己イメージをいだくと、そのとおりの結果を招きやすくなる。どうせ失敗するだろうと思っていると、実際に失敗する確率がいっそう高まる。本腰を入れて課題に取り組もうとせず、ますます先延ばしするようになるからだ。

課題が退屈でたまらないタイプ（バレリー指数が高い人）

いま先延ばしにしている課題のことを、あなたはどう思っているだろう？　この点を考えると、バレリーの心理が理解できる。市政に関する記事の執筆が進まないバレリーと同じように、私たちは誰でも、不愉快な課題を後回しにしがちだ。裏を返せば、あなたがいま先送りにしている課題は、とりわけ嫌いなことである可能性が高い。

課題に対して感じる楽しさのことを、研究者は「価値」と呼ぶ。価値を感じられない課題ほど、取りかかりづらい。友達とビールを一杯やりながら（あるいは、極上のスイーツを食べながら）長々とおしゃべりをするためにはいそいそ出かけるのに、ほとんどの人は納税書類の作成やガレージの掃除をつい後回しにしてしまう。学生たちがレポート作成を先延ばしにするのも、「レポート執筆が大嫌い」というのが最大の理由なのだ（the Procrastination Assessment Scale-Studentsという学生向けの先延ばし度判定テストの結果をまとめた四件の研究結果に基づく）。

不愉快な課題を延ばし延ばしにしがちなのは当たり前だと、あなたは思うかもしれない。しかし科学の世界では、直感だけで結論を出すわけにはいかない。そこで科学者たちは、これまでにゆうに二〇〇〇人以上を対象に何十件もの研究を重ね、同じ結論を導き出した。これで、少なくともさしあたり、「不愉快な課題は先延ばしされがちだ」と確認できたことになる。

ほぼ万人が面倒だと感じ、誰もが先延ばしにしがちな課題もいくつかある。[*5] たとえば、掃除や整理整頓、歯医者への通院などを先延ばしする人が多いのは意外でない。[*6] スポーツジムでエクササイズをするのを億劫に感じる人も多い。その証拠に、ある調査によれば、七〇％の人はジムの会員になっているのにほとんど通っていない。[*7] クリスマスイブにデパートが大混雑するのは、家族などにクリスマスプレゼントを買うのを面倒くさいと思う人が多いからだ。[*8]

その半面で、一部の人だけが不快に感じる課題もあるので、いまなにを先延ばししているかは人によって異なる。たとえば、洗っていない食器がキッチンに山積みになっている家庭もあれば、薬箱の中が使用期限の切れた薬だらけの家庭もある。冷蔵庫の中身を補充するのが先延ばしになっている家庭もあれば、食事に友達を招待するのが先延ばしになっている家庭もある。

お察しのとおり、慢性的な先延ばし癖の持ち主は概して、義務や責任を負うことをいやがる。

やらなければならない仕事や課題は、ことごとく気が滅入る。そこで、できる限り先延ばしにしようとするのだ。

自己診断テストで「仕事が退屈だ」とか「押しつけられた義務を果たそうとすると、気持ちが萎える」という記述に思い当たる節があれば、あなたがものごとを先延ばしするのは、主として課題を楽しいと思えない（言い換えれば、課題に価値を感じられない）ことが原因の可能性が高い。洗濯はかったるいし、料理しようと思うと不機嫌になる。皿洗いや公共料金の銀行振り込みは、ちょっとした雑用というより、耐えがたい苦役に感じられる。退屈な課題に対して集中力を保つのは、あなたにとって至難の業だ。すぐに、ほかのことに関心が移ってしまう。[*9]

実は私もこの性質の持ち主で、そのせいで本の執筆にずいぶん時間がかかってしまった。だから、集中力が続かず、すぐに気が散りやすい人たちのことは、痛いほどよくわかる。この本では中だるみしない文章を書くよう努めたつもりだ。足踏みせずにどんどん話を先に進めよう。

目の前の誘惑に勝てないタイプ（トム指数が高い人）

エディーの「期待」とバレリーの「価値」は先延ばしを助長する要因だが、トムの抱えている要因はずばり、先延ばしの本質そのものだ。トムはホテルを予約しなくてはならないのに、ぎりぎりまでやる気がわかなかった。「ホテルを探さなくては」と思うたびに、ほかのことに気が散ってしまった。最後には重い腰を上げたが、もっと早くやるべきだったと自分でもわかっていた。実際、トムは先延ばしのツケをたっぷり払わされることになった。

あなたが先延ばし人間だとすれば、かなりの確率でトムにいくらか共感を覚えるはずだ。自己診断テストでは、「目先の楽しいことにうつつを抜かして、自分の首を絞める」「将来の大きな快楽より、目先の小さな快楽を優先させる」に該当したのではないだろうか。あなたがどういう行動を取るかを決めるのは、その行動で得られるメリットの大小でもなく、そのメリットを得られる確実性の大小でもない。決定要因は、時間(タイミング)だ。あなたは、長く待たないと得られないご褒美より、すぐ手に入るご褒美をはるかに魅力的だと感じる。ひとことで言えば、あなたは衝動に負けやすい人間なのだ。

第1章で述べたように、衝動性と先延ばしに関連があることは、科学的に裏づけられている。多くの人を対象にした数々の研究によりわかっているのは、衝動性の強さ、そしてそれにともなう根気のなさ、自己コントロール能力の弱さ、集中力の乏しさが先延ばし行動の中核をなしていることだ。私が二万人を超す人たちを調べた結果を見ても、さまざまな人格上の特徴のなかで、先延ばしとの関連が最も強いのが衝動性だった。

衝動性の強さが人間の行動にどのように反映されるかを考えれば、納得がいくだろう。衝動性が強い人は、欲求が強く、警戒心と慎重さに欠け、将来のことを考えるのが苦手だ。[*10] こうした傾向はすべて、ものごとを先送りする原因になりうる。なかでも、将来のことを考えるのが苦手な人は、スケジュールどおりに課題を完了させるためのペース配分が上手にできず、先延ばしの落とし穴にはまることがほぼ避けられないように見える。このほかにも、よく考えずに行動する人、感情をコントロールできない人、直情的に行動する人は、ものごとを先延ばししやすい。

時間の要素の影響により、衝動性と先延ばしの関連が強まる面もある。私たちは、未来の目標や不安を抽象的に（つまり、ぼんやりと曖昧に）感じる半面、目先の目標や不安を具体的に（つまり、細部まで明確に）感じる傾向がある。「自己啓発に努める」という抽象的な目標は、「この本を読む」という具体的な目標に比べて、ただちに実行されない確率が高い。[*11]「エクササイズをする」という漠然とした目標は、「一時間ジョギングをする」という明確な目標に比べて、やる気をかき立てにくい。「会社で昇進する」という将来的な目標は、「この報告書を書き上げる」という目先の目標に比べて、行動の背中を押しにくい。

私たちは概して長期の目標を抽象的に感じるので、その目標に向けた行動を先延ばしにしがちになる。時間が過ぎて、それが目前の目標に変わり、具体的に感じられるようになって、ようやく取りかかる。この点は心理学者のニラ・リバーマンとヤーコフ・トロープが最近の研究で明らかにしているが、基本的な考え方自体は古くから存在する。一八世紀イギリスの哲学者デービッド・ヒュームは二五〇年以上前に、同様のことを著書『人間本性論』で指摘していた。[*12]

あなたがものごとを抽象的に考えるか具体的に考えるかという点に、時間の要素はどういう影響を及ぼすのか。いま、さっそく試してみよう。遠い将来の、たとえば一年後の買い物旅行の計画を立てることにしよう。一年先を想像してみてほしい。あなたはなにを買うだろう？　明確にイメージがわくだろうか。それとも、ぼんやりとしたイメージしかわかないだろうか。次は、あなたのポケットにいくらか現金が入っていると想像してほしい。もし、そのお金をいますぐ使わないと没収されるとしたら、なにを買うだろうか？

おそらく、一年後の買い物計画の内容は、「オシャレな靴」とか「高級なゴルフ道具」というように、かなり漠然としているのではないか。この種の計画はかげろうのように実体がなく、つかみどころがない。

対照的に、今日の買い物計画の内容は、具体的で、しっかりした実体と手触りがあるのではないだろうか。単に「オシャレな靴」ではなく、靴マニア垂涎の的であるマノロ・ブラニクのパイソン革のサンダル「シズル」を買おうと考える。漠然と「高級なゴルフ道具」ではなく、プロ御用達のテーラーメード社製の「飛ばせる」ドライバー「クワッドr7・425TPドライバー」が欲しいと考える。

間近な買い物計画の内容と遠い先の買い物計画の内容を比較すれば、どちらが魅力的かは言うまでもないだろう。ここに、先延ばしという行動の核心がある。私たちがものごとを先延ばしするのはおおむね、現在を具体的に考え、将来を抽象的に考えるからなのである。

モチベーション理論の方程式

エディーとバレリーとトムの三人が抱えている問題——期待、価値、時間——は、先延ばしを生み出す三つの基本的な構成要素だ。課題を成し遂げた場合にご褒美を得られる確実性（＝期待）とご褒美の大きさ（＝価値）が小さければ、その人が熱を入れて課題に取り組む確率は小さくなる。ご褒美が手に入る時期が遅く、しかもその人が時期の遅れに対する忍耐心が弱いと（＝衝動性）、やはりモチベーションが減退する。このように、それぞれの要素を個々に考えるだけでも有意義だが、複数の要素の関係を検討すればもっと有益な知識を得られる。*

まず、期待と価値の関係を考えてみよう。ここでは、「期待理論」と呼ばれる一連の理論が役立つ。そのなかでも、最もよく知られているのが「期待効用理論」である。理論の名前は聞き覚えがないかもしれないが、基本的な考え方はなじみがあるはずだ。主流派の経済学はこの理論を土台にしているし、ギャンブルの達人は例外なくこの考え方に基づいて行動している。

簡単に言えば、「人々は意思決定をおこなう際、期待と価値を掛け合わせた値を基準に、判断をくだす」というのが理論の骨子だ。要するに、次の計算式が判断基準になっていると考える。

期待×価値

あなたの目の前に、お金の山が二つあるとしよう。あなたが右の山を選べば、私はその金を確実にあなたにプレゼントする（私は太っ腹なのだ）。しかし左の山を選んだ場合は、ひょっとするとお金をプレゼントしないかもしれない。このルールを聞いたうえで、いずれか片方のお金の山を選べと言われたら、あなたはどちらを選ぶだろう？　当然、確実にもらえるほうを選ぶはずだ。あなたがそういう選択をするのは、期待の要素があなたの判断に影響を及ぼしている証拠にほかならない。期待とは、もっとわかりやすい表現を使えば、確実性、ないし確率と言い換えてもいい。私たちは誰でも、手に入る確率が低いご褒美よりは、確率が高いご褒美を選ぶ。

では、確実に手に入る右の山の金額が左の山よりはるかに少ないとしたら？　現実の世界でも、こういう状況は珍しくない。たとえば資産の運用方法を決めるとき、リスクはないけれど利回りの悪い国債を買うか、リスクを覚悟で株式に投資するか。選択肢を比較するためには、期待だけでなく価値も考慮に入れて考えなくてはならない。リスクが高い選択をするには、どのくらいご褒美が大きければ割が合うのか。私がそれぞれの山の金額と、あなたがお金を受け取れる確率をあれこれ変えるたびに、あなたの選択は右から左へ、左から右へと変わるだろう。

「期待×価値」という計算式で考えれば、あなたがどちらを選ぶかをある程度予測できる。この二つの要素を掛け合わせれば、どの選択肢が最も得かを割り出せるからだ。実際、経済学者はこの計算式で人間のあらゆる行動を説明しようとしてきた。シリアルを入れた器にミルクを注ぐことも、子どもの鼻をティッシュで拭いてやることも、私たちのおこなう選択はことごとく、ご褒美の大きさと確実性で決まると、経済学では考えてきた。しかし残念ながら、この考え方は正しくない。

「期待×価値」の計算式だけで、人間の性質を理解することはできない。「期待×価値」ですべてを説明できるという理論は、私たちが合理的に意思決定をおこなうことを前提にしている。言い換えれば、非合理な行動の余地を完全に排除して考えている。ソフトクリームのコーンを残さずに食べるかどうかに始まり、ヘロインを常用するかどうかにいたるまで、私たちの行動はすべて合理的選択の結果だとみなし、先延ばし行動を考慮に入れない。すでに述べているように、先延ばしとは、やるべきことを「非合理に」遅延させることだからだ。先延ばしをテーマにわざわざ本を書いている私と、先延ばしについて知りたくてこの本を読んでいるあなたにしてみれば、こんな理論にはにわかに賛同できない。[*13]

人間の性質に関する旧来の経済学的なモデルが間違いだと言うのは大げさだが、それが不完全な理論であることは間違いない。なるほど、私たちは常に、獲得可能とみなせる（＝期待）範囲で、インセンティブ（＝価値）に反応して自分の行動を決めるが、それだけですべてが決まるわけではない。私たちの行動を左右する要素があと一つある。その第三の要素とは、時間である。

経済学者は、人間の性質に関する理論における時間の位置づけを再考する必要がある。そう主張しているのは、もちろん私だけではない。二〇〇一年にノーベル経済学賞を受賞した経済学者のジョージ・アカロフは、一九九一年にアメリカ経済学会でおこなった講演「先延ばしと服従」で同様の主張をしている。未来のコストより現在のコストを大きく感じるという人間の不合理性を、経済学も考慮に入れるべきだと訴えたのだ。一九九二年には、経済学者のジョージ・ローウェンスタインが『時系列における選択』と題した著書を発表し、経済学に時間の要素を組み入れる道筋を示した。

それ以来、時間の要素を取り込んだ経済学の一分野、行動経済学の研究が活発になった。テッド・オドノヒューやマシュー・ラビンなど、とくに先延ばしを主要な研究テーマにしている研究者もいる。行動経済学者は、現実の世界を観察して得た知識をもとに、モデルに修正を加える。たとえて言えば、運転中に実際に目で見た情報に基づいて、道路で自動車をまっすぐ走らせようと努めるのに似ている。「不合理性」の要素を組み入れた結果、いたって合理的なアプローチが生まれたと言えるだろう。

時間に関する理論のなかで行動経済学者たちが最も魅力を感じているのは、行動主義心理学の考え方だ。とくに「対応法則」という理論は、マウスや人間の平均的な行動を予測するうえでかなりの効果を発揮する。法則の内容は、次の簡単な計算式で表せる。

$$\frac{\textbf{期待×価値}}{\textbf{遅れ}}$$

この計算式では、遅れが大きくなるほど、（期待×価値）の値が小さくなる。つまり、価値を手にできる時期が遅くなるほど、モチベーションが下がるとみなせる。

遅れ（時間）の要素は、私たちの意思決定にどのように影響を及ぼすのか。私が考案した「受け取るのはいつだ？」というゲームで考えてみよう。私があなたに一〇〇〇ドルの賞金を差し上げる。ピン札の一〇〇ドル札を一〇枚お渡ししよう。あなたはそれを受け取って、そのままポケットに入れてもいい。しかし、私は支払い保証付きの小切手も用意している。換金できるのは一年後だ。さあ、あなたはどちらを選ぶだろうか？　私が小切手の金額欄にいくらと書き込めば、あなたはポケットにしまった一〇〇ドル札をすべて取り出し、三六五日先に換金できる小切手と交換する気になるだろう？

私は、大学の教室で何百人もの学生を対象にこの実験を実施した（これはあくまでも思考実験。実際に一〇〇〇ドル贈呈したわけではない）。ほとんどの学生が答えた金額は、二〇〇〇〜三〇〇〇ドルだった。じっくり考える時間を与えずに、瞬時に判断を求めた場合は、とくにこのくらいの金額を答える傾向が強かった。合理的な利回りの数字を誰かに教わっていて、頭の中で計算する時間的余裕があったのでない限り——要するに、感情のおもむくままに答えた場合は——あなたが考えた金額も、この前後だったのではないだろうか。このゲームで小切手を選択する条件として高い金額を求める人ほど、遅れに敏感、つまり衝動に動かされやすいとみなせる。この衝動性の要素は、先の二つ目の計算式から抜け落ちている。

というわけで、パズルに組み込むべき最後のピースは衝動性だ。この要素を取り入れることにより、対応法則を補強できる。遅れに対する敏感さの個人ごとの違いを考慮に入れることが可能になり、時間が判断に及ぼす影響の大きさを的確に把握できるようになるのだ。ひとことで言えば、衝動性が強い人ほど、ご褒美を得られる時期に敏感で、先にならないと手に入らないご褒美を軽んじる。「受け取るのはいつだ?」のゲームで言えば、お金の受け取りを一年待つことと引き換えに要求する金額が大きくなる。この衝動性の要素が判断に影響を及ぼさなければ、慢性的な先延ばし癖は生まれない。

以上で論じたすべての要素を一つの計算式に盛り込むと、次のようになる。

$$\frac{\text{期待}\times\text{価値}}{\text{衝動性}\times\text{遅れ}}$$

これで「先延ばし方程式」の完成だ。[**] このモデルは、モチベーション理論のこれまでの研究成果を土台に、私たちがものごとを先延ばしするか否かを左右する主だった要素を反映させたものである。この方程式で考えれば、先延ばしに関して判明していることはたいてい説明がつく。

たとえば、課題の締め切りが遠い先だと、遅れが大きくなり、その課題に取り組もうというモチベーションが下がる。衝動性が強いと、遅れに対する敏感さが増幅するので、衝動性が強い人はとりわけ、（少なくともはじめのうちは）締め切りを切実に感じない。結果がことのほか重大な場合を除けば、好ましくない結果が目前に迫るまで、それに注意を払おうとしないのである。では、結果の重大性はどうやって決まるのか。それを決めるのは、期待と価値だ。手に入るご褒美が大きく、それが実際に手に入る確率が高いほど、早い段階でその課題に意識が向く。

先延ばし癖の持ち主にとって非常に手ごわい落とし穴である「意思と行動のギャップ」も、この方程式で説明できる。さまざまな研究によると、先延ばし人間もほかの人たちと同じように、課題に取りかかろうという意思自体はある。両者の違いは、その意思を行動に移すかどうかだ。

先延ばし人間は、来週なり次の週末なりに課題に取り組もうと本気で思っていても、実際にそのときが来ると、課題をあまり重要に感じられない。本腰を入れて仕事に取りかかるのではなく、自分の決意のほうが腰砕けになってしまう。「どんなに努力しても、どうしても先延ばししてしまうんです！」と、先延ばし人間はよく嘆く。意思と行動のギャップをよく言い表している言葉だ。先延ばし人間だって、明日の一日をサボって過ごしたいなどとは、まったく思っていない。それなのに、いざ明日になると、いつも決まって、ろくに仕事がはかどらないままで一日が終わってしまう。先延ばし方程式に当てはめて考えれば、これは予想どおりの行動パターンだ。理由を説明しよう。

まず、二週間後の予定に関して、あなたに意思を決めてもらいたい。選択肢は二つ。夜遅くまで仕事をして、翌日が締め切りの企画書に磨きをかけるか、それとも、友達とバーに飲みに行くか。現時点では、企画書の推敲のほうが格段に重要だと感じるだろう。企画が評価されれば、大幅な昇給が期待できる。飲み会よりずっと大事だ。あなたは賢いので、その夜は企画書の練り上げにあてようという意思を固める。問題は、その決意がぐらつかないかどうかだ。

時計を早回しにして、二週間後の夜に場面を移そう。企画書の推敲をするという意思を実行に移す日だ。あなたの選択が抽象的な世界から具体的な世界に移行する日と言ってもいい。バーに飲みに行こうと、友達がメールを送ってきた。誘ってくれたのは、ただの友達ではない。ほかならぬ親友のエディー、バレリー、トムだ。エディーはとびきりおもしろいヤツだし、トムには一杯おごってもらえる約束になっている。逆に、バレリーには一杯おごる約束をしている。三人に企画のアイデアを話して意見を聞くのも悪くないかもしれない。それに、このところ一心不乱に働いてきた。早めに切り上げさえすれば、ちょっとくらい気分転換をしてもバチは当たらないのではないか。こうして、あなたは誘惑に負ける。いったんバーに足を踏み入れると、家に戻って仕事を再開する気はすっかり失せてしまう。「朝のほうが脳がフレッシュだから」と理屈をつけて、明日早起きして続きをやろうと誓う。

どうして、あなたの意思と行動の間にギャップが生まれてしまったのか。最大の原因は時間だ。バーに出かけたときは、一五分だけで切り上げるつもりだったのかもしれない。なにしろ、締め切りまでまだ一日あった。一五分など、些細な遅れだ。一五分と言えば、二四時間の九六分の一にすぎない。つまり、先延ばし方程式に当てはめれば、一日先に締め切りの来る課題を処理することの価値は、目先の遊びの価値のおよそ一〇〇分の一にすぎないのである。あなたの固めた決意が砕けるのは、不思議でもなんでもないのだ。

＊ 個別の要素ごとの分析にとどまらない検討をおこなうために、私は「モチベーションの諸理論を統合する」(Integrating Theories of Motivation) と題した論文を執筆した。その論文で取り上げたように、これまで一〇〇年にわたり多くの研究者がこのテーマに取り組んできた。そうした成果を無駄にする手はない。

＊＊ 厳密に言えば、計算式の分母に小さな定数を加える必要がある。たいていは、1を加える。つまり、分母は(衝動性×遅れ＋1)となる。この定数を加える主な目的は、衝動性もしくは遅れが0に近づいた場合に、計算式の値が極端に大きくはね上がるのを防ぐことにある。

意思と行動のギャップ

この方程式の構成要素が実際にどのように作用し合うのかを理解するためには、自分自身の衝動性の強さ、期待の大きさ、課題に対して感じる価値の大きさを数式にはめ込んでみればいいと思うかもしれない。しかし残念なことに、言葉で言うほど簡単ではない。この方程式を特定の個人に当てはめて正確な予測を導き出すためには、科学の実験のように、結果に影響を及ぼす要因をコントロールする必要がある。科学の実験であれば、犬に電気ショックを止めるボタンを押させたり、マウスにエサを求めて迷路を駆けさせたりするなど、行動の選択肢を人為的に単純化することにより、あらゆる要素を厳密に数値測定できる。現実の世界でそんなことはできない。

現実の世界で先延ばし方程式がどのように機能するかを理解するためには、典型的な先延ばし人間を念頭に置いて、その人物に方程式を当てはめて検討するほうが有効だ。では、典型的な先延ばし人間とは、どういう人物なのか。課題の先延ばしにかけては、大学生の右に出る者はいない。大学生は、平均して一日の三分の一を先延ばしで無駄にしている。ある調査によると、大学生の七割以上が先延ばし癖により学業に深刻な影響が生じていると答える一方、先延ばしがほとんど問題にならないと答えた学生は四％に満たなかった。[*14]

大学が先延ばし人間であふれている理由の一端は、キャンパスの住人が若く、衝動に負けやすいことにあるが、キャンパスの環境が及ぼす影響も無視できない。それぞれ単独でも先延ばしを生む強力な要因になりかねないシステムが二つ組み合わさることにより、大学には最悪の環境が出来上がっている。

問題の原因となっているシステムの一つは、レポート課題だ。私たちは課題を不愉快に感じるほど（つまり、課題をやり遂げることで得られる主観的な価値が小さいほど）、課題に取り組むことに消極的になる。レポート執筆を課されると、大半の学生は不安を感じる。嫌悪感をいだく学生もいるだろう。ひとことで言えば、レポートは大学生にとって不愉快な課題なのだ。

これは、大学生に限ったことではない。文章を書くのは、誰にとってもつらい作業だ。『一九八四年』や『動物農場』などの傑作を残した作家ジョージ・オーウェルは、こう述べている。「本を書くとは、心身ともに消耗する激務だ。このような行為に乗り出す人間は、抗いようのない不可解な悪魔に取りつかれているとしか思えない」。二〇冊近い本と脚本を執筆した作家・脚本家のジーン・ファウラーは、逆説的な言い回しでこう書いている。「ものを書くのは難しくない。椅子に腰掛け、真っ白の紙をじっと見つめる。額から血の滴がしたたり落ちるまでそうしているだけでいいのだから」。私は本書を書くうえで、ウィリアム・ジンサーの文章読本『よい文章の書き方』を大いに参考にしたが、この本の八七ページでジンサーもこう告白している。「私は文章を書くのが嫌いだ」

レポート課題は、執筆がつらいだけでなく、評価が恣意的にならざるをえないという問題もある。そのせいで、学生が大きな期待をいだけない。レポートの採点を別の教授にやり直させると、評価が大きく変わるケースがある。「B+」が「A+」になることもあれば、「B+」が「C+」になることもある。*15 教授たちがいい加減に採点しているわけではない。この種の成績評価は、そもそも難しいものなのだ。オリンピックで採点競技のスコアが審判員ごとに大きく異なったり、映画批評家の間で作品の評価が二分されたりするケースを考えれば、納得できるだろう。しかし学生は、これでは一生懸命レポートを書いても報われる保証がないと感じる。

レポート課題が先延ばしされやすい理由は、もう一つある。それは、提出期限の遠さ、つまり時間の遅れが大きいことだ。たいてい、レポート課題は学期のはじめに言い渡される。その後、提出するまで中間のステップはいっさいなく、レポートを書き上げたときに提出するだけ。はじめのうち、締め切りはだいぶ先に思えるが、それこそが深い谷底に転げ落ちる急斜面の入り口だ。課題から目をそむけているうちに、数カ月あった猶予が数週間になり、それがやがて数日になり、そしてついに数時間になる。そうなると、学生は「次善の策」を考えはじめる。課題の提出期限に間に合わなかったり、試験に失敗したりした理由として学生が述べることのざっと七割は、単なる言い訳にすぎない。「先延ばしのせい」という本当の理由を認めるわけにいかないからだ。[*]学生たちが最もよく用いる戦略は、敏腕弁護士さながらに教授の課題説明の文章をくまなくチェックし、誤解の余地がある表現を探すというものだ。「指示の内容を誤解していたんです」と、あとで弁解しようという魂胆である。[*16]

以上でわかったように、大学のレポート課題は、先延ばしを助長する三つの主要な要素をことごとく備えている。レポートを書くのは苦痛だし（＝価値の小ささ）、努力が報われる保証がなく（＝期待の低さ）、しかも締め切りは遠い先だ（＝遅れの大きさ）。そこへもってきて、大学の学生寮ほど、レポートを書くのに不向きな場所は珍しい。レポート課題とともに、大学生の先延ばしを助長しているのが学生寮である。

大学の学生寮は、先延ばしの巣窟だ。さまざまな誘惑（つまり、勉強以外の選択肢）があふれている。そうした誘惑の選択肢は、実現する確実性が高く、すぐに実現し、しかも大きな楽しみを味わえる。要するに、すべての面でレポート執筆より魅力的なのだ。

たとえば、サークル活動。私が博士課程で在籍した大学には、娯楽活動に始まり、スポーツ、政治活動、スピリチュアルな支援にいたるまで、ありとあらゆるジャンルの一〇〇〇ほどの団体があった。この種のグループに参加すると、新しい友達と知り合い、親しくつき合いたいと思うようになる。キャンパスのそばには、うってつけのコーヒーショップやバーがたくさんある。そのうちに、友達に誘われて、詩の朗読会や肩のこらないパーティーに出かけるようになる。友情とアルコールとセックス、そしてそのすべてを楽しむ自由（これが最も強力な要因なのだが）がある大学という環境では、何物にも邪魔されない至福の日々に誘われやすい。それは、大人としての自由を満喫できる一方で、大人としての責任をほとんど問われない世界だ。学生たちはみな、はじめて大学の教室に足を踏み入れた瞬間、誘惑との戦いに否応なく引きずり込まれる。テンジン・ギャツォ――ダライ・ラマ一四世という呼び名のほうがよく知られているかもしれない――も、学生時代をこう振り返っている。「難しい問題を前にしていたり、目の前に締め切りが迫っていたりしない限り、私たちは怠けずに勉強しようとしなかった」

おなじみの三人に再度登場してもらって、このジレンマを具体的に見てみよう。舞台設定は、エディー、バレリー、トムの大学時代。この面々は仲のいい友達同士で、よくつるんで遊んでいた。三人は共通点が多く、そろいもそろって、勉強するより友達と遊ぶほうが好きだった。ただし、三人には違いもあった。バレリーは、自分が大して頭がよくないとわかっていた。それでも、二つの大きな長所があった。冷静で、責任感が強いのだ。出世欲の強いタイプではないが、明確な将来展望をもっていて、大学を卒業して憧れの職業に就くことを夢見ていた。

トムはほかの二人より野心家で、自分の実力に自信があった。しかし、三人のなかで最も衝動性が強かった。自信満々の態度に、周囲の多くの人たちが羨望と憎しみの混ざった感情をいだいていた。一方、エディーは強い欲求もなく、自信もなかった。親の意向で大学に進学したけれど、大学でいい成績を残す自信がなく、きちんと卒業する自信すらなかった。実は成績にあまり

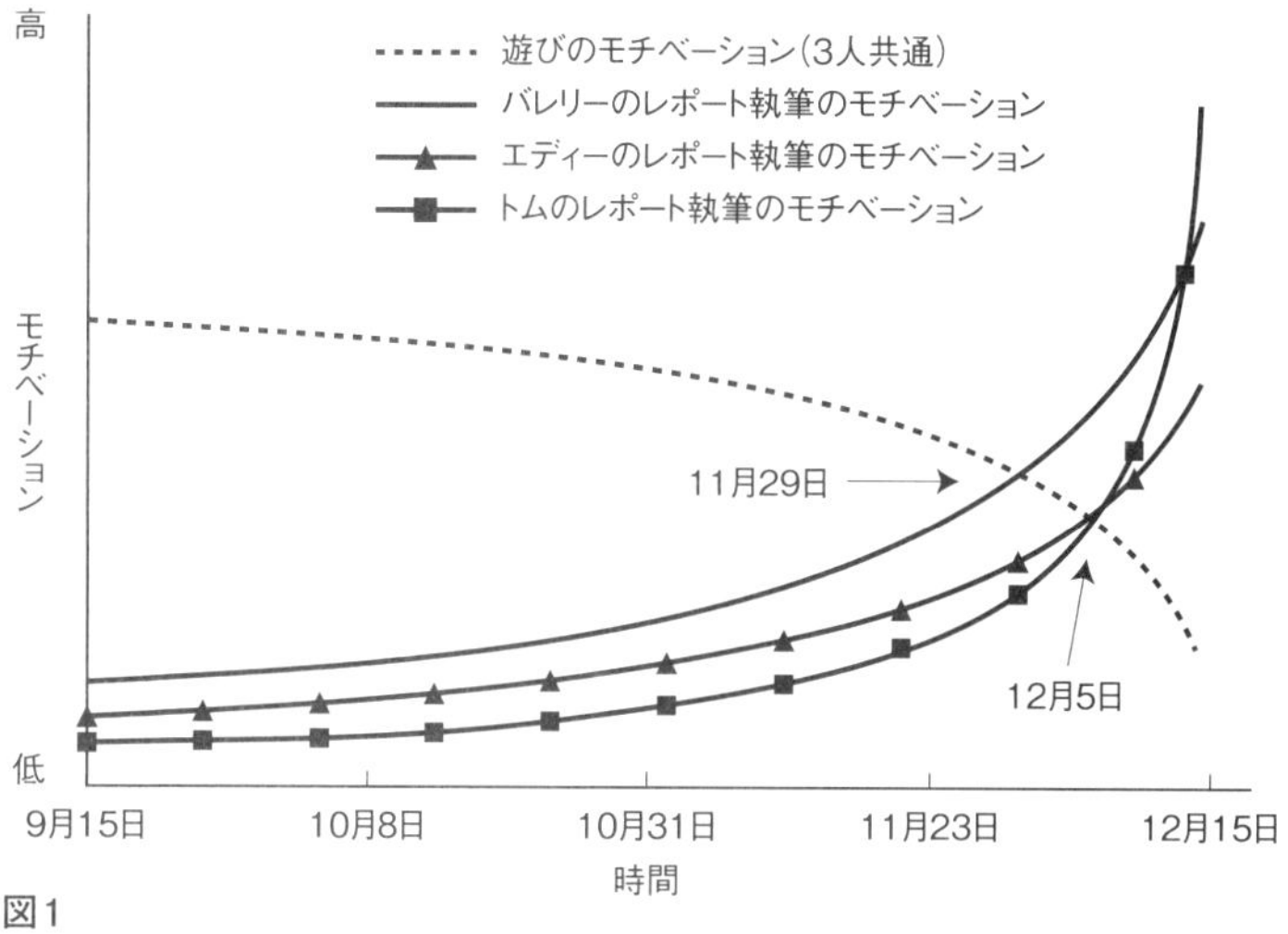

図1

関心がなく、勉強をサボることへの罪悪感が乏しかった。

九月半ばの新学期、エディー、バレリー、トムが私の「モチベーション入門」の初回授業に出席した。私はこの日、三カ月後の一二月一五日締め切りのレポート課題を言い渡した。図1は、三人のモチベーションの高さがどう推移するか、そしていつの時点でレポートを書きはじめるかを示したものだ。友達と遊びに行くことへのモチベーション(これは三人共通)は、学期のはじめには強いが、次第に弱まっていく。遊びに行くチャンスそのものが減ることと、「これではいけない」という気持ちが高まることなどが理由だ。最初にレポートに取りかかるのは、三人のなかで最も衝動性が弱いバレリー。一一月二九日に手をつける。エディーとトムが腰を上げるのは、一週間後の一二月五日だ。

先延ばし方程式で考えると、トムは自信が強く

（＝期待）、野心も強い（＝価値）が、衝動性が強い（＝時間）ので、土壇場までモチベーションが高まらない。バレリーのモチベーションは、水道の蛇口から水が流れるように安定したペースで高まっていくが、トムのモチベーションは、消防車の放水ホースが全開にされたときみたいに、最後の瞬間に猛烈に噴き出す。トムはサボり屋のエディーと同時にレポート執筆に着手するが、土壇場で一気にモチベーションを高められるので、最後にはエディー、さらにはバレリーよりも大きな成果を上げられる。

方程式どおりの人間行動

エディー、バレリー、トムは架空の人物だが、私がこれまでに教えた何千人もの学生をもとに人物像を設定した。すでに述べているように、先延ばしの実例を見たければ、大学のキャンパスに足を運ぶのが一番だ。大学生の間では先延ばしがはびこっていて、学生たちのモチベーションを高めることが大学にとって重要な課題となっている。

私にとって幸いだったのは、大学院時代にミネソタ大学ゼネラルカレッジのトーマス・ブローゼン博士の下で学んだことだった。ブローゼン博士の心理学入門講座は、コンピュータを用いた個人学習システムを採用していた。受講生が各自のペースで学習を進められる利点があったが、学生の先延ばしを生みやすいことでも知られていた。実際、学期中にしばしば、先延ばしの危険性について警告が発せられた。注目すべきなのは、コンピュータを活用したシステムを採用していたおかげで、学生の課題終了時刻が秒単位で記録されていたことだ。先延ばしを研究する人間にとっては、情報の宝庫と言っていい。ゼネラルカレッジは閉校になったが、その前に、ブローゼン博士と私は数百人に上る受講生の学習状況を調査・分析した。以下、私たちの研究の骨子を紹介しよう。

まず、先延ばしをしている学生は成績がとりわけ悪く、途中で脱落する確率が高いことがわかった。もっとも、学習を先延ばしする学生は、もともと怠惰な性格の持ち主というわけではない。ほかの学生と同じように、勉強しようという意思はあった。学期はじめに固めた決意を貫けないことが問題なのだ。それでも、学期末に近づくと事情が変わる。先延ばし屋の学生たちが当初予定していた以上に長い時間を勉強につぎ込みはじめる。最後の一週間で課題の七五%をこなした学生もいたほどだった。

学生たちは、不安が原因で勉強を先延ばしにするわけではない。本当の原因は、衝動性の強さ、勉強に対する嫌悪感、誘惑の多い環境、計画性のなさだ。これらの発見は、ことごとく先延ばし方程式に適合している。意思と行動のギャップが衝動性により助長されることはすでに指摘したとおりだし、「つまらないから課題を後回しにする」という発想は価値の要素の影響とみなせる。誘惑の多い環境が先延ばしを助長するのは、時間の要素が作用しているからだ。

誘惑に関して言えば、「勉強するより楽しいことが目の前にある」と言う学生や、キャンパスには「友達と遊んだり、テレビを見たりする機会がたくさんある」と言う学生は、そうでない学生より勉強を先延ばしする傾向が格段に強い。エディー、バレリー、トムの三人は、レポート執

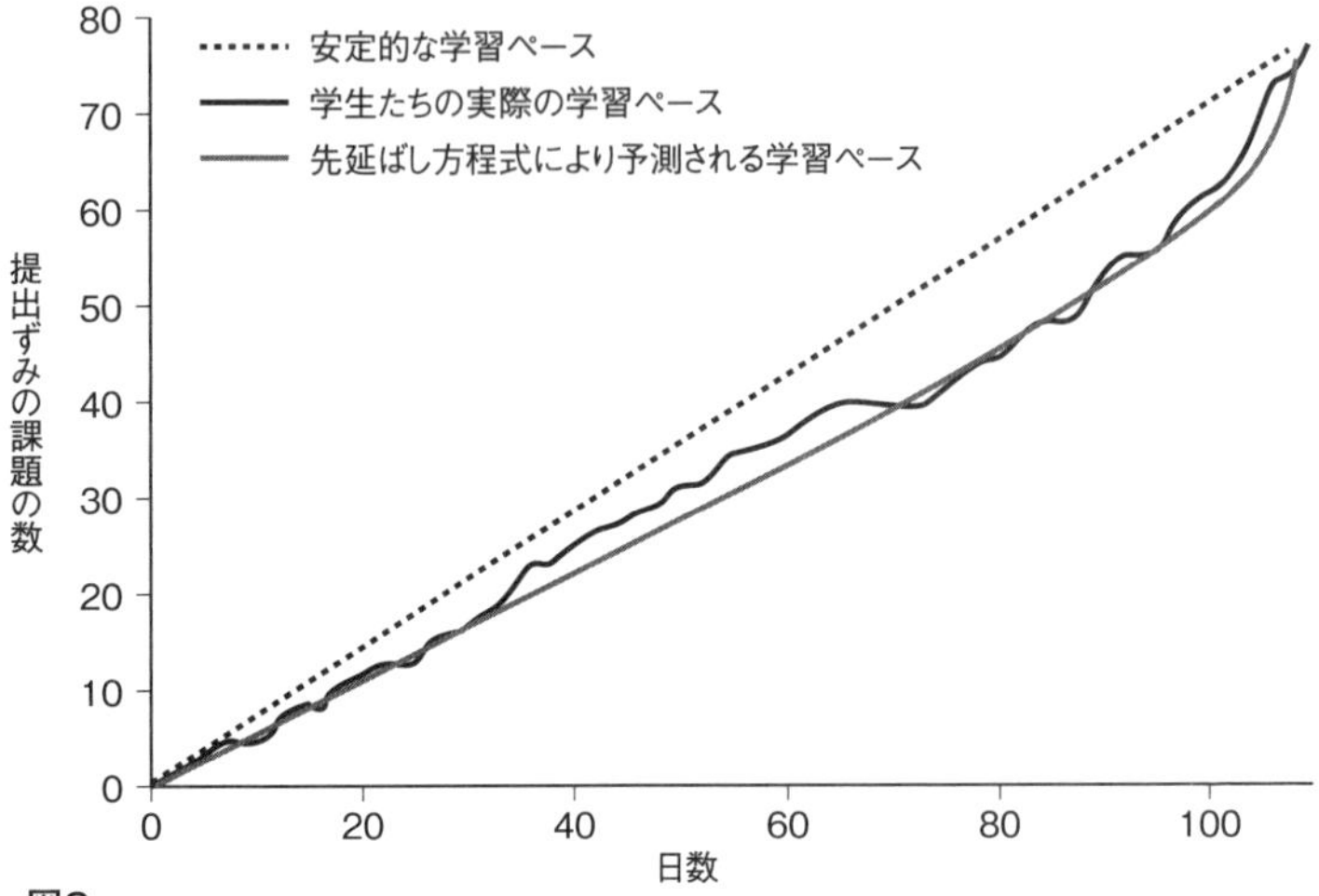

図2

筆のモチベーションが遊びのモチベーションを上回ってようやく、課題に取りかかった。誘惑が身近なほど、誘惑の影響力が強く、私たちの意思決定がそれに支配され、結果として先延ばしが避けられなくなる。

一方、計画性の乏しさが先延ばしの原因になりうるという研究結果は、先延ばし克服のヒントになる。適切な計画を立てれば、遠くの締め切りを日々の小さな締め切りに細分化し、自分の衝動性を味方につけられる。具体的な方法論は別の章で詳しく述べるが、最後に、この研究に関してもう一つ触れておきたい発見がある。

受講生の学習ペースをグラフ化すると、どのような曲線を描くのか。先延ばし方程式が示唆するように——すなわち、私が想定した架空の人物であるエディー、バレリー、トムと同じように——はじめは曲線がゆるやかで、締め切り間際に急にはね上がるのか。おおむね先延ばし方程式に沿った結果が出てほしいと思っていたが、現実が理論にぴったり一致するとまでは期待していなかった。たとえば、週末や学期途中の休暇期間には、ペースダウンが避けられないだろう。実際は、どういう結果が得られたのか。

図2を見てほしい。点線は安定的な学習ペース、濃い色の線は学生たちの実際の学習ペース、薄い色の線は先延ばし方程式により予測される学習ペースだ。どの二本の曲線が酷似しているかは、一目瞭然だろう。[*17]

* 最もよくある釈明は、祖父母が死んだというものだ。大学の期末試験の期間中、祖父母の死亡率は数百倍に上昇する。孫の試験を心配して高齢者が極度のストレスを感じる……わけがない！

先延ばし方程式は大ざっぱな見取り図

このように数学的なモデルを示されると、人間を機械のようにみなす発想だと感じる人もいるかもしれない。そういう拒絶感をいだくのは理解できる。私たち人間は微妙で複雑な存在であり、どのようなモデルをもってしても人間のすべての側面をとらえることはできない。先延ばし癖の具体的な表れ方も人によって違う。

どういうときに自信が最も高まるのか。どういうことを救いようがなく退屈だと感じるのか。どういう欠点をもっているのか。こうした要素が組み合わさって、一人ひとりの先延ばし癖の表れ方が決まる。先延ばし方程式は、あなたの人物像や行動パターンを完全に描き出すことを目的としたものではない。多くの情報を簡潔に説明するためのスナップ写真のようなものと考えてほしい。

先延ばし方程式は、先延ばしを生み出す神経生物学的なメカニズムを経済学的な視点で説明するための道具だ。ただし率直に言って、それはあくまでも大ざっぱな見取り図にすぎない。たとえて言えば、ある都市の道路地図はどんなに最新で詳細なものでも、あらゆる街角や路地の実際の姿を描き出せるわけではない。一つひとつの建物の建築様式や消火栓の配置状況までは、地図に載らない。しかし、大きな道路を表示することに専念するという賢明な方針を取っているからこそ、道路地図はドライバーの役に立つのだ。それでもやはり、大ざっぱな地図では物足りない？　では、次の第3章で細部をもっと詳しく見ていこう。

第3章

サボる脳のメカニズム

先延ばしの起源は9000年前だった

あなたはこれまでいったい何年、「明日ぜったいにやる」と自分に言い訳して、神から賜った時間を無駄遣いしてきただろうか。もう気づいたほうがいい。あなたは宇宙の一員であり、自然から生まれた存在である以上、自分に与えられた時間に限りがあるのだということに。

――マルクス・アウレリウス『自省録』

私たちは日々、魂を二つに股裂きにされている。[*1] 合理的な判断と快楽への衝動の板ばさみになって苦しんだ経験は、誰にでもあるだろう。レストランで食事をしているとき、デザートを載せたカートが近づいてくるのが目に入ると、ダイエットの決意が揺らぎはじめる。あなたの内面で「ケーキを食べたい。でも、ケーキを食べたいと思いたくない」という葛藤がわき上がるのだ。

あなたは、先々に後悔するとわかっているのに、健康のためのエクササイズをサボったことがないだろうか。傷を悪化させるとわかっているのに、かさぶたをはがしたことがないだろうか。

たぶん、そういう経験があるはずだ。あなただけではない。それは、時代を超えた人間の性だ。古代ギリシャの哲学者プラトンは、このような内面の葛藤を二頭立ての馬車になぞらえた。一頭は、お行儀のいい理性の馬。もう一頭は、向こう見ずで気性の荒い馬。二頭の馬は足並みをそろえて走ることもあるが、てんでばらばらの方向に駆け出すこともあると、プラトンは指摘した。それから二〇〇〇年以上たって、オーストリアの精神分析学者ジークムント・フロイトは、プラトンと同じく馬を比喩に用い、私たちの内面に馬と騎手がいると考えた。お察しのとおり、馬が象徴するのは欲求と衝動、騎手が象徴するのは理性と常識である。

切り口や重視する点、用語こそ違っても、ほかにも多くの研究者がこの内面の分裂に着目してきた。それを感情と理性の対立と位置づけた論者もいれば、反射的なプロセスと統制されたプロセスの対立と位置づけた論者もいた。あるいは、実行と計画、実験性と合理性、情熱と冷静、衝動と内省、直感と論理、情緒と認知の対立ととらえた人たちもいた。[*2]先延ばしが起きる生物学上の理由を知るためには、このような股裂き状態を生み出す脳の仕組みを解明する必要がある。

脳は、人体の科学に残された最後のフロンティアと言われてきた。それほどまでに、脳のメカニズムを知ることは難しい。カーネギー・メロン大学の物理学者エマーソン・ピューの言葉を借りれば、「人間の精神がたやすく理解できるくらい単純なものだとすれば、そんな単純なものに精神を理解できるわけがない」。

まったく同感だ。先延ばし方程式は、人間の行動の仕方に関する一つのモデルにすぎない。完璧に近いモデルであればうれしいのだが、現実には、モチベーションの機能の仕方に関するおおよその仮説の域を出ない。それに、私たちの脳がこの方程式に従ってみずからのモチベーションの高さを計算しているわけでもない。高い場所から落下する石が「質量×加速度」の数値を求めて、地面に激突するときの衝撃の強さを計算しないのと同じことだ。[*3] 先延ばし方程式は、脳の辺縁系と前頭前野の相互作用の複雑なメカニズムを単純化して示したものにすぎない。先延ばしという行動パターンを深く理解したければ、脳内の複雑なメカニズムを掘り下げて検討しなくてはならない。

近年、脳科学が進歩したおかげで、脳を覆い隠していたカーテンを押し開き、私たちの精神がどのように機能しているかを目で見られるようになった。比較的簡単な方法でそれができる。たいていｆＭＲＩ（機能的磁気共鳴画像法）の装置を用いて、被験者の脳をスキャンする。磁気信号の微妙な変化をとらえることにより、脳内の血流と神経活動の関連を浮き彫りにすることが目的だ。被験者に装置の中に入ってもらい、さまざまな種類の意思決定をさせるように作成された質問を次々と投げかける。その際に、脳内のどの部位の活動が活性化されるかを観察する。

たとえば、マンガのポパイの友人で大食漢のウィンピーを被験者に選び、「もし、いま私があなたにハンバーガーを渡した場合、今度の火曜日にいくらのお金を払ってくれますか？」と尋ねる。するとｆＭＲＩのモニターには、脳内の二種類のシステムの反応が表れる。その二つのシステムは、そっけなく「システム１」と「システム２」と呼ばれている。[*4]

喉が渇いている人に「いま、なにを飲みたいですか？」と尋ねたときに主として活性化されるのは、システム１。脳内の部位で言えば、辺縁系だ。辺縁系は脳の「野獣」の部分。先の比喩に従えば「馬」の側面だ。快楽と恐怖、報酬と覚醒に関わる部位である。一方、将来に得られる恩恵に関して問いを投げかけたときに活性化されるのは、システム2。部位で言えば前頭前野だ。脳の「騎手」の側面である。前頭前野の中のどの部分がこのシステムに関係しているのかはまだ解明できていないが、前頭前野に人間の意志力が鎮座しているという点では、専門家の意見が一致している。

前頭前野は、遂行（＝エグゼクティブ）機能を担うとよく言われる。確かに、企業の戦略プランを策定する経営幹部（＝エグゼクティブ）と似ている面がある。前頭前野抜きで、長期にわたる目標の追求や長い目で見た分析をおこなうことはほぼ不可能だ。前頭前野は、ゴールを意識の中にとどめておく役割を担っている。[*5] 計画性が生まれる場所と言ってもいい。前頭前野が活発にはたらくほど、その人は忍耐強くなる。

私たちは、前頭前野のはたらきにより、「どういう行動を取ればどういう結果になるか」というさまざまなシナリオを思い描き、そのうえで辺縁系の迅速な決断力の助けを借りて、どのシナリオを選択すべきかを決めている。こうした理性と本能の相互作用を通じて、人類は自分たちの生きる世界をつくり出してきた。しかし、その相互作用が先延ばしも生み出すのだ。[*6]

このような意思決定のプロセスは、エレガントなものとはおよそ言えない。進化の過程で「ありあわせ」の材料をもとに無計画につくられたメカニズムだと、言われることが多い。[*7] 辺縁系は、進化の歴史上、比較的早い段階で登場した。したがって、その機能はほかの動物とあまり変わらず、手っ取り早く決断をくだし、反射的な行動を促す。辺縁系の関心が及ぶ範囲は、目の前の具体的なものに限られる。一方、もっとあとになって進化した前頭前野は、辺縁系より柔軟に決断をくだすが、決断のスピードが遅い。前頭前野が得意とするのは、大局的な思考、抽象的な概念、遠くの目標を扱うことだ。

視覚、嗅覚、聴覚、触覚、味覚を通じた直接的な刺激により辺縁系が活性化すると、衝動的な行動を取りがちになり、「いま」のことばかりが優先されるようになる。前頭前野が立てた未来の目標が脇に押しのけられて、誘惑に負け、目標と無関係の行為にふけってしまう。本当にやるべきことが別にあるとわかっているのに、その課題をやりたくないと感じるのだ。辺縁系は瞬間的・自動的に反応するので、そのプロセスに意識が介在しづらく、私たちはしばしば、意に反して欲求に屈する。[*8] こうして私たちは、強い欲求に抵抗しても無駄だと感じ、自分の行動を意識的に決めようとほとんど試みなくなる。欲求にただ身を任せるようになるのだ。

簡単に言えば、辺縁系が前頭前野の長期計画を覆し、目の前のものごとを優先させるときに、先延ばしが起きる。辺縁系は前頭前野より反応が速いだけでなく、たいてい影響力も強い。辺縁系が活性化すると、目先のことが重要で切実に思え、視覚、嗅覚、聴覚、触覚、味覚で感じ取れるものにばかり意識が向く。将来的な課題は、えてして後回しにされる。そのうちに、締め切りが間近に迫ったり、具体性を帯びてきたりしてはじめて辺縁系が問題の切実さに気づき、辺縁系と前頭前野が声を合わせて「さあ、早く取りかかれ！　時間がないぞ！」と叫びはじめる。

辺縁系と前頭前野のせめぎ合い

脳の前頭前野のはたらきが大きく妨げられるほど、先延ばしが深刻になりやすい。[*9] 前頭前野の機能が弱まると、忍耐力も弱まるからだ。[*10] 脳にダメージを負った人物を観察すると、その点がよくわかる。

フィニアス・ゲイジという男性の事例が有名だ。[*11] ゲイジはまじめで責任感があり、聡明な鉄道作業員だったが、一八四八年に作業現場で鉄の棒が頭に突き刺さる事故にあった。怪我からは奇跡的に回復したが、事故を境に人柄がすっかり変わってしまった。それまでと打って変わって、短気で、感情の起伏が激しく、下品で、礼儀をわきまえず、傍若無人で、自制心の乏しい人間になった。ゲイジの頭の中で、辺縁系と前頭前野を結ぶ回路が鉄棒により切断されたのである。前頭前野が適切な計画を立てるためには、辺縁系から迅速で正確な情報を得て、周囲の世界の状況を理解する必要がある。その機能をゲイジは失ったのだ。

もっと新しいところでは、メアリー・Jという女性の事例がある。この女性は、脳腫瘍で前頭前野の機能が弱体化し、わずか一年で性格が一変した。[*12] 脳腫瘍を患う前は、敬虔なクリスチャンで、アルコールを一滴も飲まず、アメリカ東部の名門大学で学部長表彰を受けるほどの優等生で、結婚を約束した交際相手もいた。しかし脳腫瘍ができてから、怒りっぽく、異性関係が派手になり、成績が悪くなった。深酒をするようになり、ドラッグにも手を染めた。その後、手術で腫瘍を摘出すると、性格が元に戻った。脳腫瘍のせいで脳の遂行（＝エグゼクティブ）機能がそこなわれた結果、衝動のままに行動し、目の前に出現する誘惑にことごとく負けていたのだ。

誰でも、この二人のような状態を経験できる。と言っても、心配はご無用。頭に杭を打ち込むわけではない。科学的実験では、電磁誘導により脳の特定部位の活動を抑制する「経頭蓋磁気刺激法（ＴＭＳ）」という手法で、前頭前野の機能を一時的にそこなわせる操作がおこなわれる。[*13]アルコールや覚醒剤、コカインなどを摂取した場合も、辺縁系が過度に活性化されたり、前頭前野の機能が妨げられたりする結果、そのときはいいアイデアに思えても、あとで悔やむような行動を取りやすい。[*14]寝不足やストレス、ほかの誘惑との闘いなどが原因で、前頭前野が疲労してしまう場合もある。ある誘惑と激しく闘うと、別の誘惑に負けやすくなるケースは珍しくない。[*15]

ティーンエージャーは、以上のような極端な状況を経験するまでもなく、誘惑に屈しやすい。このくらいの年頃だと、前頭前野がまだ十分に発達していないからだ。[*16]地球上で最も衝動的でタガのはずれた行動がまかり通るのは、試験前に意志の力を振り絞って勉強に励んだあとで、試験が終わった解放感に浸る大学生の飲み会続きの一週間だろう。ここには、若さとストレスとアルコールのすべてがそろっている。新学期前の休暇にビーチで大学生たちが思いっきり羽目をはずして、「濡れたＴシャツコンテスト」や、酒豪ぶりの競い合いや、手当たりしだいのナンパにいそしむ姿は、事故で脳を損傷したフィニアス・ゲイジと大して変わらない。

辺縁系に支配された行動を観察したければ、わざわざビーチに出かけるまでもない。もっと身近な場所に、おそらくあなたの家の中にも「症例」があるはずだ。あなたはペットを飼っていたり、子どもを育てていたりしないだろうか。動物と子どもはいずれも辺縁系の強い影響下にあり、その意味でペットを飼うことと子どもを育てることは、神経生物学的に見れば同種の行為と言える。[*17] ペットや子どものために前頭前野の役割を担うのは、飼い主や親だ。忍耐力が乏しい（ないし、未発達な）ペットや子どもに、我慢を教えなくてはならないのだ。

赤ちゃんと自己コントロール

「個体発生は系統発生を繰り返す」――生物学の世界にこんな格言がある。私たちが生涯に経験する発達のプロセスは、人類が何百万年かけてたどってきた進化のプロセスをほぼなぞっている、という意味だ。単純化して言えば、私たちは母親の子宮の中で、魚から爬虫類へ、さらに哺乳類へと変身する。しかし人間の発達のプロセスは、子宮の中で完結するわけではない。前頭前野の発達の過程は生まれたあとも続く。[*18]

まだオムツをつけた子どもが二人いるので私にもよくわかるのだが、子をもつ親であれば生物学を学ぶまでもなく知っているように、幼い子どもには、将来の計画を立て、先々の恩恵のために目先の欲求を我慢する力が備わっていない。おなかを空かせていたり、オムツを換えてほしかったりする赤ちゃんに、「ちょっと我慢しなさい」と試しに言ってみるといい。私の言っていることが理解できるだろう。赤ちゃんは、自分の欲求をおさえることを知らないのだ。

それでも次第に前頭前野が発達し、少しだけ我慢ができるようになる。赤ちゃんにミルクを飲むのを待たせるのは無理な相談だが、幼児には、お菓子を食べる前に「ありがとう」と言わせることができるかもしれない。この程度のささやかな自制心を発揮することさえ、前頭前野の発達なくしては不可能なのだ。

親としてはわが子の前頭前野の発達が早く進んでほしいのだが、なかなか思うようにいかない。一歳児は、ほとんど自制心をはたらかせられず、たちまち積み木の山をなぎ倒したり、親の顔から眼鏡をむしり取ろうとしたりする。二歳になると、十数秒くらいであれば、我慢できるようになる。三歳児はたいてい一分間待てるし、四歳児は積み木のタワーを壊したいという欲求をこらえて、タワーを高く積み上げ、最後に積み木を派手に崩して快感を味わうことを覚える。

四歳くらいになると、英語圏の子どもは「サイモン・セッズ」というゲームができるようになる。「サイモン」と呼ばれる指示役を決めて、その人物が「サイモン・セッズ（＝サイモンの指示によれば）」と言ったあとに発した指示どおりに、みんなが動作をする。指示役が「サイモン・セッズ」と言わずに指示だけ発したときに、指示に従ってしまった人は失格になる。「サイモン・セッズ」ができるようになるのは、子どもにとって大きな進歩だ。このゲームで問われるのは自己コントロールの能力。辺縁系の反射的な衝動を押しとどめて、指示役が「サイモン・セッズ」と言ったかどうかを前頭前野で判断したうえで行動しなくてはならないからだ。

ただし、ゲームでこの能力を発揮できても、幼稚園や保育園でお行儀よく振る舞えるとは限らない。幼稚園や保育園では、走り回りたいときにおとなしく座っていなくてはならないし、騒ぎたいときに先生や保育士の話を静かに聞かなくてはならない。おもちゃを独り占めしたくても、友達と交替で遊ばなくてはならない。幸い、四～七歳にかけて、子どもの遂行（＝エグゼクティブ）機能が飛躍的に進歩する。次第に、明日の計画を立てられるようになり、目の前のテレビ画面に映っているものに反応するだけでなく、長期的な視点でものを考えられるようになる。家の外で遊んでいるときに「晩ごはんの時間よ！　帰っていらっしゃい！」と親に言われれば、遊びの誘惑を振り払って家に帰れるようになる。

前頭前野の正常な発達を助けるためには、泣き叫んだり、足をばたばたさせたりせずに辛抱するよう、親が何時間も何時間も粘り強く子どもに教え諭さなくてはならない。クリスマスプレゼントの包みを開けていいのは、当日になってから。それに、自分がもらったプレゼント以外は開けてはいけない。デザートを食べていいのは、ディナーの最後。おもちゃは独り占めしないで、お友達と一緒に使わなきゃ駄目。こうしたことを根気強く教え込む。そうすることにより、子どもの辺縁系の影響力を弱め、前頭前野の影響力を強めるようにはたらきかけるのだ。

親が子どもの前頭前野の「代役」を務めなくてはならない期間は、かなり長く続く。一九歳、二〇歳頃に自己コントロール能力の生物学的土台が完成するまで、それが必要な場合もある。親はそのときが来るまで、衝動に屈しやすい若者が誘惑されがちな害悪から息子や娘を遠ざけておくしかない。リスクの高いセックスやアルコールしかり、軽い法律違反や向こう見ずな自動車運転しかり。そして、先延ばしもまたしかりだ。[*19] 若い人ほど、その場の満足感を強く欲する。その結果、夜中まで友達と遊んでいて、寝不足で翌日の試験を受ける羽目になったり、旅行の荷造りを後回しにした挙げ句、当日になって準備に時間を取られて、飛行機に乗り遅れそうになったりする。若者は、永遠に時間があるかのように振る舞うが、実は目の前の一日のことしか考えていないのだ。

子どもをつくるのは、「自分の心臓が永遠に自分の体の外で歩き回る状態を受け入れる」に等しい重い決断だと書いたのは、アメリカの小説家エリザベス・ストーンだが、親が子どもの前頭前野の代役を務める日々は「永遠」には続かない。子どもが大人になれば、親の指導を必要としなくなる。子どもが自分でも育児を経験し、親の苦労が理解できるようになると、親はわが子から感謝の言葉をかけられるかもしれない。

やがて遠い先になって、親子の役割が逆転するケースもある。年を取れば、脳も老朽化する。なかでも、真っ先に機能が減退するのが前頭前野だ。私たちの脳では、最後に発達した部位が最初に衰えるのだ。[*20] 最晩年まで明晰な頭脳を保つ人もなかにはいるが、私の祖母のアイリーンのように前頭側頭認知症になる人もいる。[*21] こう書いている私自身も、いずれは「第二の子ども時代」を迎えて、現在二歳の息子のように頼りない存在になる可能性がある。そのときに残酷な世界で食い物にされないように守ってくれるのは、子どもたちの愛情だけかもしれない。親は心して子どもを育てたほうがいい。

チンパンジーと鳩の先延ばし

先延ばしをする動物は、人間だけではない。一般に「人間ならでは」とみなされている特徴の多くは、アカゲザルに始まりタコにいたるまで、ほかのさまざまな動物でも見られる。たとえば、積極性と冒険心。野生のシジュウカラのなかにも、積極的でリスクを恐れないものと、それほどでないものがいる。[*] 大胆なシジュウカラは、自分を危険にさらす度合いが大きい半面、いい場所に巣をつくれたり、エサがたくさん手に入ったり、交尾の相手を見つけやすかったりといった恩恵に浴せる。[*22] 動物は、人懐っこさ、臆病さ、攻撃性、好奇心といった性格的要素も備えている。犬や猫にもこうした性質が強いものと、あまり強くないものがいる。[*23]

先延ばしに関連して注目すべきなのは、人間とほかの動物に共通する性質の一つに衝動性が含まれることだ。[*24] もっとも、衝動性は先延ばしの土台をなす要素だが、衝動性があればかならず先延ばしをするわけではない。動物はみな、辺縁系主導で自分の行動を決めているが、前頭前野(ないし、それに相当する役割を果たすもの)がなければ先延ばしは起こらない。前頭前野の機能がないと、そもそも計画を立てられないので、計画を非合理に遅らせることなど、理屈の上でありえない。

では、人間以外の動物に、ものごとを計画する能力はあるのか。ある種の動物には、そういう能力があるらしい。とくにエサに関して、未来を予測し、それを前提に行動する動物がいる。[*25] アメリカカケスは、明日の朝食が手に入らない可能性を見込んで食べ物を蓄える。ネズミは、時間の感覚がある程度あるらしく、いつどこでエサがもらえるかを覚えるようだ。[*26] チンパンジーは、クッキーをすぐ食べずに我慢すれば大きなクッキーと交換してもらえるとわかると、最長で八分間待てる。この点では、人間の幼児よりチンパンジーのほうがいくらか辛抱強い。[*27] オスのチンパンジーは、将来の見返りを期待して、メスにエサをわけてやる。そのメスが発情期になったときに、ほかのオスより相手にしてもらえると期待するのだ。[*28]

スウェーデンのフルビック動物園にいるオスのチンパンジー、サンティーノは、ことのほか高度な計画性の持ち主として知られている。このチンパンジーは午後になるといつも、気に食わない見物客に小石を投げつけて過ごすが、その小石は午前中に集めておく。[*29] このように、動物も未来の計画を立てる場合がある。そこに衝動性が作用すると、あとで悪い結果を招くと承知の上でものごとを先延ばしするケースが出てくる。

心理学者のジェームズ・マズールは、この点を実例によって示してみせた。マズールは鳩を訓練し、二種類の作業スケジュールを学ばせたうえで、いずれのスケジュールに従うかを鳩の選択にゆだねた。両方のスケジュールに共通するのは、最後においしいエサにありつけること。ただし、一方のスケジュールでは、まず少し作業をしてから長い休憩に入るのに対し、もう一方のスケジュールでは、しばらくのんびり過ごしたあとで大量の（もう一つのスケジュールの四倍相当の）作業を課される。要するに、いまちょっと仕事をする（そして、あとで楽をする）のか、それともいま楽をする（そして、あとで多くの苦労を味わう）のかの選択である。

鳩たちはどういう行動を取ったのか。マズールの実験でわかったのは、鳩が課題の先延ばしをするということだ。最後に求められる仕事の量が増えると知っているのに、鳩たちは仕事を後回しにしてしまうのである。[*30]

「鳥だって恋に落ちている。蜂だって恋に落ちている」というコール・ポーターの曲の歌詞ではないが、鳥だって先延ばししているし、動物園のチンパンジーだって先延ばししている。人間と共通の祖先をもつ動物たちが先延ばしをするのだから、先延ばしは私たちのモチベーションのメカニズムの骨格をなす要素の一つとみなせるだろう。[*31]

そう考えると、ペットを飼うことは、辺縁系主導の意思決定に対処する訓練になるのかもしれない。たとえば、放っておけば犬はその瞬間のことしか考えず、自分に与えられたエサ以外の食べ物に食いついたり、小動物を追いかけて交通量の多い道路に飛び出したり、飼い主がドアを開けるまで吠え続けたり、鳴き続けたりする。先のことを考えなければ、犬に好き勝手に振る舞わせておいたほうが飼い主も楽だが、飼い主が先々のことを思って粘り強くしつけるかどうかで、犬の生涯に大きな違いが生まれる。

この点は、専門のドッグトレーナーたちも強調している。飼い主の最大の責務は、「なにかを待つこと――放っておけば、ほとんどの犬は待つことなどしない――が最良の選択肢なのだと、犬に教えること」なのだ。[*32]やっかいなのは、まず飼い主にこの点を納得させることだ。衝動をコントロールするよう犬に教えるには、飼い主が自分の前頭前野を活発にはたらかせることが不可欠だが、強力な前頭前野をもっている人ばかりではない。

＊ シジュウカラの英語名は「グレート・ティッツ（great tits）」。文字どおりに解釈すると「すごいおっぱい」という意味に取れる名前で、しばしば冗談のネタにされるが、科学の世界で最も研究が進んでいる鳥だ。

先延ばしの進化論

脳科学や動物行動学の研究によれば、ものごとを先延ばしすることは、私たちの存在に深く根ざした性質なのかもしれない。それは、DNAの遺伝情報にも書き込まれている。大半の人の場合、自己コントロールができないケースのおよそ半分は遺伝的な要因で説明できるという。[*33]

ひとことで言えば、私たちは進化の過程を通じて先延ばしをおこなうようになった。DNAのはたらきにより、「変化をともなう継承」と呼ばれるプロセスをへて、突然変異が次世代以降に受け継がれていったのだ。しかしなぜ、そんなことが起きたのか。先延ばしは、非合理な遅延行為だ。悪い結果を招くと承知の上で、課題を自発的に先送りすることである。そのような有害な行動は、進化の過程で遺伝子プールからとっくに排除されていてよさそうなものだ。

生物が備えている特徴のなかには、環境に適応するために起きた変化が生んだ副産物にすぎないものもある。先延ばしも、衝動性が発達した結果として生まれた副産物だ。[*34] そこで、人間がどうして先延ばしをするようになったのかを知るためには、進化の過程で衝動性がどうして生まれたのかに目を向ける必要がある。

端的に言えば、衝動性とは、いまの瞬間だけを考えて行動する性質のことだ。将来の目標や遠くの締め切りは、それが目前の目標なり締め切りなりになるまで——つまり、未来が「いま」に変わるまで——無視される。現代に生きる人類にとって、衝動性が有益に作用するケースはあまりない。

しかし、進化のプロセスはことごとく「事後対応」で進む。それ以前に置かれていた環境に対応する形で、進化は起きる。未来を先読みして進化が起きることはないのだ。「生態学的合理性」と呼ばれる現象である。二〇年前に結婚式のためにオーダーメイドで仕立てたスーツと似ている。結婚式の日はそのスーツがよく似合っていたが、二〇年後のいまは、どこもかしこもサイズが合わなくなっている。

同じように、衝動性が私たちの存在に深く刻まれているのは、現代社会でそれが必要とされるからではなく、人類が狩猟採集生活を送っていた時代にその性質がきわめて有益だったからなのかもしれない。私たちの祖先が生き延びるために、食事、戦い、逃走、セックスという四つのニーズを満たす必要があった時代には、それが好ましい資質だったのだろう。この四つのニーズの最初と最後、つまり夕食になにを食べ、そのあと夜を誰と過ごすかという面で、衝動性がどのように役立っていたのかを見てみよう。

食料と衝動性

食べ物を嚙み砕く歯に始まり、それを消化する消化器にいたるまで、食事の影響を受けて進化した体の部分は多い。私たちが脂肪分と糖分を好むように進化したのも、食料不足と肉食獣による襲撃の恐怖がたえずついて回る環境で生き延びるうえで、それが得策だったからだ。食料がふんだんに手に入らない環境では、食べられるときに栄養をたっぷり補給しておいたほうがいい。

そのためには、エネルギー源になる脂肪分と糖分の豊富な食べ物を日頃から食べることが好ましい。自発的にダイエットに励むネアンデルタール人などいないのだ。人類の歴史のほとんどの時代を通じて、肥満は美しさと豊かさの象徴であり、羨望の対象だった。[*35] そのように、栄養豊富な食べ物を食べることが緊急の課題だった時代を経験したことは、私たちが衝動性を身につけ、ものごとを先延ばしするようになった原因でもあるのかもしれない。

二種類の霊長類を例に考えてみよう。取り上げるのは、コモンマーモセットとワタボウシタマリン。両者はよく似た猿だが、食べ物の好みだけが違う。[*36] コモンマーモセットは木の樹液をエサにする。木の樹皮をはがして、流れ出る樹液をすする。ワタボウシタマリンのエサは昆虫。手当たり次第に、昆虫を捕まえて口に放り込む。二種類の猿のうちで自制心が強いのは、コモンマーモセットのほうだ。自己コントロール能力を発揮できたからこそ、この猿は生き延びてこられた。木の樹皮をむいてから樹液が流れ出すまでには、しばらく待つ必要があるからだ。一方、ワタボウシタマリンの場合、逃げ回る昆虫を捕まえるためには、むしろすぐに行動しなくてはならない。

このように、動物は自分たちの食べるエサのタイプに合わせて、衝動性の強弱に微調整を加えている。いわゆる「最適採餌戦略」である。[*37] 動物は最短の時間で少しでも多くのカロリーを摂取するために、最も効率的な行動を取る。獲物を仕留めて、食べて、消化するまでに長い時間を要する動物ほど、たいてい衝動性が弱い。簡単に言えば、私たちは次の食事を確保するのに必要な範囲で自己コントロール能力を身につけるのである。[*]

食物連鎖の頂点に立つ雑食動物である人間は、ほかの動物に比べて圧倒的に自己コントロール能力が強い。どのような獲物を狙うにせよ、それを仕留めて食べるために待てる。鳥はご褒美を待つことがほとんどできない。一〇秒待てるだけでも立派なものだ。チンパンジーにとっても、一〇分の待ち時間は永遠に等しい。

人間がほかの動物に比べてすぐれた自己コントロール能力をもっているといっても、誘惑の多い現代社会で生きるには十分でない。スーパーマーケットや冷蔵庫がない時代であれば、私たちに備わっている忍耐力で十分だった。動物を狩ったり、木の実を集めたりしていた時代には、それで事足りた。しかし私たちの忍耐力は、今日の社会で必要とされるレベルに及ばない。

先延ばしは、現代の人類に必要な進化がまだ起きていない結果として発生する現象と言える。現代人は完了するまでに何週間、何カ月、何年もの時間を要するプロジェクトに取り組むようになったが、人間のモチベーションのメカニズムはそういう長期の課題に対応することに適していないのである。「手の中にすでに捕まえてある一羽の鳥は、藪の中にいる二羽の鳥と同等の価値がある」というのは、英語の有名なことわざだ。森の中では、確かにそのとおりだろう。未来の不確実なご褒美より、目先の確実なご褒美のほうが値打ちがある。しかし、現代の都会では事情が違う。原始時代のジャングルとは違うので、「未来のご褒美」の現在における価値をそこまで割り引いて考える必要はない。逆に言えば、いまあわてて一羽の鳥を捕まえても、明日の二羽分の価値はない。ごくわずかな利息がついて、せいぜい手羽先が一本増える程度だろう。*38

＊『脳はあり合わせの材料から生まれた――それでもヒトの「アタマ」がうまく機能するわけ』の著者である心理学者のゲアリー・マーカスはこう書いている。「何億年以上もの年月を通じて、進化の過程で生き残ってきたのは、おおむね目の前の瞬間を生きる生物だった」

生殖と衝動性

次に検討するのはお待ちかねの……セックスだ。進化はセックスと切り離せない関係にある。繁殖して子孫を残すことに成功した者が進化の担い手になるからだ。先延ばし人間の衝動性の強さはＤＮＡに刻み込まれているので、子どもに受け継がれる。衝動性の強い人がたくさん子どもをつくるとすれば、そういう人たちの子孫がますます増えることになる。

私の一家の場合、母方の男性陣は比較的遅く子どもをつくる傾向が強い。私の曾祖父に、オーウェン・オーウェンという人物がいた。イギリスの読者は、いまは存在しない同名の百貨店チェーンの創業者としてわが曾祖父を記憶しているかもしれない。[*39] オーウェン・オーウェンが生まれたのは一八四七年。私の息子エリアスが生まれたのは二〇〇七年。四世代で一六〇年。つまり私の一族の男性は、平均して四〇歳で子どもをつくっている計算になる。もしわが一族が別の一族と子づくり競争をしているとして、相手の一族が二〇年おきに（つまり、わが一族の二倍のペースで）新しい世代を生み出しているとすれば、この一六〇年間で相手の一族は、わが一族の八〇倍の規模に拡大していてもおかしくない。若いうちに子づくりをはじめることが大きな強みになるのだ。

お察しのとおり、先延ばし人間の衝動性の強さは、十代での妊娠や決まったパートナー以外とのセックスを促すことを通じて、速いペースでの子づくりを後押ししてきた。[*40] 先延ばし人間でもたいてい先延ばししない活動の一つがセックスだ。これは意外でない。セックスの楽しい側面はすぐ味わえるのに対し、骨の折れる側面、つまり子育ては、少なくとも一年近くあとまで現実にならないからだ。

この点は、なぜ男性が女性より衝動性が強いかという説明にもなっている。[*41] 子孫を増やすための戦略には、大きくわけて、量を追求する戦略と、質を追求する戦略の二つがある。少数の子どもを丁寧に育てるか、たくさん子どもをつくって、そのうちの何人かがうまく育ってくれることを期待するかの選択である。女性に比べて男性のほうが子どもを育てる際の「投資」を少なくおさえやすいので、圧倒的に「量」重視の戦略に傾く。『恋人選びの心——性淘汰と人間性の進化』の著者ジェフリー・ミラーが書いているように、「男性は女性より、複数のパートナーとのひと時の情事をしたがる」のである。それに対して、女性は「質」重視の戦略を好む傾向が強い。長期にわたる責任ある関係を男性と結びたがる。ひとことで言えば、女性が「永遠の相手」が登場するのを辛抱強く待ち続けるケースが多いのに対し、男性は「その場限りの相手」をせっかちに欲しがちなのだ。

衝動性の強さ（言い換えれば、先延ばし癖のひどさ）が人によってまちまちなことも、セックスという要因で説明がつく。もし、早く子どもをつくればつくるほど有利だと常に言えるのであれば、世界はマイク・ジャッジ監督の映画『26世紀青年』のような場になるはずだ。この映画の中の世界では、慎重な知性派が子づくりを控える一方で、軽率で知性の乏しい人たちがどんどん子どもをつくる結果、知性派が社会のマイノリティになってしまう。

しかし現実は、そんなに単純でない。子孫を最も増やすうえで、衝動性の強さが有利にはたらく場合ばかりでないからだ。[*42] 子育てに大きなコストがかかる場合は、子どもの数を少なくするほうが得策かもしれない。[*43] それに、「量」重視の戦略を実践する男性が増えすぎると、どんな状況が生まれるだろうか。一夜限りのセックスを望む男性がバーに大勢繰り出すと、将来のパートナーを真剣に探している女性たちはうんざりする。そうなると、パートナーを大切にする数少ないまじめな男性がモテモテになって、結婚相手がより取り見取りになる。

文明と先延ばしの長いつき合い

先延ばしが進化のプロセスに根ざす行動だとわかれば、人間の社会で先延ばし癖が蔓延していることも納得がいく。あなたの母語が何語だとしても、非合理な遅延行為を意味する単語があるはずだ。先延ばしは、ハワイの言葉では「ナパ」と言い、スコットランドの言葉では「マフリング」と言う。

社会のいたるところで、先延ばしの実例が簡単に目に入る。私たちの祖先が森を出てサバンナで暮らすようになり、火をおこすことを覚え、部族の間で交易をするようになったとき、今日の「先延ばし時代」の到来はすでに約束されていた。先延ばしは、文明の進歩とともに深刻な問題になっていったのである。

先延ばしの起源は、おそらく九〇〇〇年くらい前に農業が始まったときにさかのぼる。[*44] 人類がはじめて人為的に設けた「締め切り」は、春に畑に種をまき、秋に作物を刈り取ることだった。こうした作業は、文明を築き、生き延びていくうえで不可欠だったが、進化のプロセスはこの課題を成し遂げる能力を私たちに備えてくれなかった。先延ばしに関して記している初期の文献がことごとく農業について書いているのは、偶然でない。四〇〇〇年前の古代エジプト人は、遅延を意味するヒエログリフ（神聖文字）を少なくとも八種類も用いており、とくにそのなかの一つは怠慢や忘却による遅延、つまり先延ばしを表すものだった。[*45] その「先延ばし」を意味するヒエログリフは、ナイル川の氾濫の周期など、農業に関する文脈で最も頻繁に用いられていた。

古代ギリシャ人も先延ばし癖に悩まされていた。紀元前七〇〇年頃のギリシャに生きた詩人のヘシオドスはギリシャ屈指の偉大な叙情詩人で、『イリアス』『オデュッセイア』のホメロスと肩を並べる存在とされている。その代表作『仕事と日』に、こんな一節がある。「仕事を明日やあさってに先延ばししてはならない／ぐずぐず仕事したり、仕事を後回しにしたりする人間は、納屋をいっぱいにするほどの収穫を得られない／勤勉に働けば仕事がうまくいくが、仕事を先延ばしする人間は破滅を避けられない」。この警告は、とりわけ重い意味をもっていた。当時のギリシャは深刻な経済危機のさなかにあり、多くの農家が畑の土地に加えて、家族まで担保にして金を借りていた。先延ばしをすれば、借金の返済が滞って信用をなくすばかりでなく、息子や娘を資産家の奴隷として差し出す羽目になったのだ。

紀元前四四〇年頃には、農業だけでなく軍事の分野でも先延ばしが問題になりはじめていた。実証的歴史学の父である古代ギリシャの歴史家トゥキディデスは著書『戦史』で、アテネとスパルタの間で戦われたペロポネソス戦争について克明に記し、さまざまな人間のタイプと戦略のパターンを論じている。なかでも、最も好ましくない性質と位置づけたのが先延ばしだった。自国の態勢づくりの時間を稼ぐために開戦を先延ばしする場合以外は、なんの役にも立たない性質だと、トゥキディデスは切って捨てている。

古代ギリシャの哲学者アリストテレスも先延ばしの弊害を指摘していた。著書『ニコマコス倫理学』でかなりの部分を割いたテーマは、「アクラシア（akrasia）」。「意志の弱さ」を意味する古代ギリシャ語である。アクラシアの一形態として、アリストテレスは「マラキア（malakia）」という性質を論じている。この言葉の意味は、本来やるべきだとわかっていることを実行しないこと。要するに、先延ばしである。[*]

数世紀後になると、政治の世界にも先延ばしが入り込んでくる。紀元前一世紀の古代ローマの政治家マルクス・トゥリウス・キケロは、政敵のマルクス・アントニウスを糾弾した演説でこう述べた。「あらゆるものごとに関して、対応の遅さと先延ばしは憎むべきことである」。この助言を受け入れたのか、あるいはキケロが同様の批判演説を十数回おこなったことが原因だったのか、[*46] アントニウスは決断をほとんど先延ばしすることなしに、刺客を差し向けてキケロを亡き者にした。

先延ばしは、宗教界も侵食している。主要な宗教の聖典にはことごとく、先延ばしに関する記述がある。仏教の最古の経典である『パーリ語経典』には、「先延ばしは道徳上のけがれである」という記述がある。[*47] 七世紀のインドの仏教思想家シャーンティディーバも、著書『入菩薩行論』で同様のことを述べている。「死はたちまちあなたを襲う。その日がやって来るまで、徳を積みましょう！」

一六世紀になると、英語の文献でも先延ばしに関する言及が見られるようになる。イギリスの劇作家ロバート・グリーンは一五八四年にこう書いている。「ものごとを遅らせると危険が生み出されることに、さらには、危機に直面しているときに先延ばしをすれば不幸な結果を招くことに、気づくべきである」

一八世紀のイギリスで産業革命が始まった頃、先延ばしはますます深刻な問題になっていたようだ。文学者のサミュエル・ジョンソンは一七五一年に発表したエッセーで、先延ばしを「人間の弱点のなかで最もよく見られるものの一つ」と呼び、「道徳家が説教し、理性の声が忠告を強く発しても、その甲斐なく、すべての人間の精神に大なり小なりはびこっている」と書いた。[**] ジョンソンは一七五五年に完成させた有名な『英語辞典』に「procrastination（先延ばし）」という単語を載せ、それ以来、この言葉は英語で一般に用いられ続けている。

先延ばしは人間の基本的な性質だけあって、文字が発明されて間もない時代に始まり、今日にいたるまで、さまざまな文献に繰り返し登場してきたのである。

＊　現代ギリシャ語で「malakia」という言葉は、もっと悪い意味で用いられている。さしずめ「下衆野郎」とでもい

うニュアンスだ。

＊＊　当然、サミュエル・ジョンソン自身も、このエッセーの執筆をぎりぎりまで先延ばししていた。エッセーが仕上がり次第すぐに印刷所に届けられるように、執筆中のジョンソンのそばに使い走りの男の子が待機していたほどだった。友人のヘスター・ピオッツィいわく、ジョンソンにとっては「よくあること」だった。「誰かに懇願されたり、経済的に苦しくなったりして、切実な重圧にさらされてはじめて書きはじめる場合がきわめて多かった」

失われた楽園と文明の産物

本章では、進化の過程で、どのようにして先延ばしが人間の性質の一つになったかを説明してきた。最後は、旧約聖書のアダムとイブの物語で締めくくりたい。アダムとイブはエデンの園に暮らし、裸のままで恥じることなく、自然と溶け合って生きていた。しかしあるとき、神の言いつけを破り、知恵の木の実を食べてしまう。その罰として二人はエデンの園から追放されて、農業をおこなって生きていかざるをえなくなった。

アダムとイブの逸話は、聖書の物語ではあるが、人間の進化の歴史を表現した物語と位置づけることもできる。[*48] 地球上に人類が誕生した頃、私たちは喉が渇けば水を飲み、空腹を感じれば食べ物を食べ、やる気がわけば仕事をしていた。つまり、私たちが衝動を感じる対象は、おこなう必要のある重要な課題と一致していた。しかしやがて、知恵を駆使して未来を予測し、それに備えて計画を立てるようになると、私たちは自分の本能のまま行動するのではなく、自然の状態で想定されていたのとは異なる行動をする必要が出てきた。[*49]

私たちの脳の回路はいまだに、太古の不確実な世界、すなわち食べ物がすぐに腐り、天候がたちまち変わり、所有権制度がまだ発明されていなかった時代にふさわしい時間感覚を前提にしている。私たちは、目先のことに反応するようにできている脳で、未来の課題やチャンスに取り組んでいるのだ。楽園が失われて、文明が築かれた結果、私たちは永遠に先延ばしと闘う運命になったのである。

話をまとめよう。先延ばし癖があることは、私たちの落ち度ではない。しかし、先延ばしに対処しないわけにはいかない。企業の取締役会の会議室に始まり、夫婦の寝室にいたるまで、私たちの生活のほぼすべての場面で先延ばしがおこなわれている。あなたの家庭生活も経済状態も健康も、先延ばしによる打撃をこうむっている。電子メールやテレビがあなたの生産性を奪うようになって、あなたが先延ばしにしている課題の量が増えただけでなく、先延ばしをおこなう場面もおそらく増えているのではないか。失礼、少し先走ってしまった。この問題は、次の第4章のテーマだ。章を改めて詳しく論じよう。

第4章

現代社会は誘惑の巣窟

フェイスブック断ちが長続きしないわけ

野晒しになった白骨の山と数知れない文明の瓦礫の上に、痛ましい言葉が記されています
——「手遅れ」という言葉が。

——マーティン・ルーサー・キング・ジュニア（アメリカの公民権運動指導者）

私たちがものごとを先延ばしする根っこには、「いま」という瞬間と私たちの間の蜜月関係がある。第3章で指摘したように、冷静に行動するより性急に振る舞いがちな習性は、人間が進化の過程で先祖代々受け継いできた遺産だ。とはいえ、神経生物学的なメカニズムにすべての責任を押しつけるべきではない。現代社会の誘惑がことごとく、私たちの意思と行動のギャップを拡大させている。

本章ではこの点について考える。わかりやすく説明するために、私は昔の悪癖を再体験してみることにした。学生時代に私を先延ばしの泥沼に引きずり込んでいた誘惑に、あえてもう一度浸ってみたのだ。その誘惑とは、コンピュータゲームである。ゲームは私の集中力をごっそり奪い

去り、私の精神をとことん支配する。昔は、ゲームに没頭して、なにもしないうちに一日が終わることも珍しくなかった。コンピュータの前を離れるのは、ファストフードを胃袋に押し込むときと、トイレに行くときだけ。ゲームをする時間をなるべく削られたくなかったので、最小限しかスケジュールを入れないようにしていた。ガールフレンドは、ゲームを私の「愛人」と呼んだ。「もうワンプレーだけやらせて！」が私の口癖だった。

この本を書くために私が体験したのは、『コンカークラブ』というオンラインゲーム。世界征服を目指してほかのプレーヤーと競う古典的なボードゲーム「リスク」のオンライン版だ。[*1] 学生時代に友達とビール片手に「リスク」を楽しんだ経験があって懐かしかったというのもあるし、このオンラインゲームの無料版は一度に四ゲームしかプレーできないので、深みにはまって抜け出せなくなる危険はないだろうという安心感もあった。

しかし、オンラインゲームの対戦相手は世界中にいるので、一日のいずれの時間帯にも誰かがプレーしていて、ゲームの戦況が思わぬ時間に一変する場合もある。そのため、自分がプレーする順番でもないのに、ついつい頻繁にウェブサイトにアクセスし、最新の状況をチェックするようになった。

そして気がつくと……私はほかの課題を先延ばししていた。昔のように、本来は仕事をしているべきときに、ゲームにふけるようになった。誘惑の魔の手が自分の内面の奥深くに入り込んでいるのがわかった。自分が切り立った断崖を危なっかしく歩いているのだと気づいていた。足を滑らせて谷底に転落するのは、時間の問題だった（実は、いっそのこと転落してしまいたいという期待と興奮で胸がいっぱいだったのだが）。

中毒症状が瞬く間に再び頭をもたげてきた。ある金曜日の夜だった。一週間、砂を噛むような報われない仕事に追われ続けていた。子どもたちは病気で、些細なことで妻と喧嘩していた。もっと人生を楽しんでもバチは当たらないはずだと、私は感じた。こうして、『コンカークラブ』の有料版に登録して、一度に二五ゲームまでプレーできるようにしようと思ったのが失敗の始まりだったのかもしれない（いや、断じて失敗だった）。最新の「戦況」を確認することが生活の句読点になった。というより、少し仕事をしてはその「句読点」を打つという繰り返しだった。ちょくちょくコンピュータに向かい、自分がコンピュータの前を離れていた間にどのような戦いがあったのかをチェックするようになった。

私は、『コンカークラブ』に振り回されはじめた。朝、職場に出かける前に戦況をチェックし、夕方、自宅への帰路につく前にもチェックした。ベッドに入る前、一日の最後にするのもゲーム、翌朝に目が覚めて最初にするのもゲーム。しかも寝てから起きるまでの間も、夢の中でこの世界征服ゲームをしていた。先延ばし研究という科学のために、私は尊い犠牲を払ったのだ！といっても、私のことは心配していただくに及ばない。私はこの類いの誘惑者の手口を解明する探偵でもある。ゲーム中毒から抜け出す方法は心得ている。ほかのプレーヤーからカムチャツカ半島を奪還したら、すぐおしまいにする……きっと。では、次に私がプレーする順番が来るまでの間、私たちがどうして、このような問題に陥るのかを説明しよう。

誘惑の強さと近さ

私が『コンカークラブ』の奴隷と化した要因の一つは、私の先延ばし研究の最初の、そして最大の発見によって説明がつく。その発見とは、「誘惑が近くにあると、先延ばしが非常に助長されやすい」というものである。[*2] オンラインゲームは、インターネットに接続しているコンピュータがあればどこでもプレーできるので、誘惑を遠ざけておくことが非常に難しい。誘惑の近さのほかに、先延ばしを助長する第二の要素は、誘惑の強さだ。誘惑が強力なほど、私たちは本来おこなうべき課題をないがしろにする。その点で『コンカークラブ』がやっかいなのは、プレーヤーへのご褒美が不規則なタイミングで与えられることだ。

心理学者のB・F・スキナーとC・B・フェスターの一九五七年の古典的な著作『強化スケジュール』以来、行動を後押し（強化）する刺激が不規則なタイミングで与えられると――行動心理学の分野では「変動スケジュール」と呼ばれる――中毒性がきわめて強いことがわかっている。[*3] スキナーの研究によれば、鳩に始まり霊長類にいたるまで、動物はことごとく、ご褒美が不規則なタイミングで与えられて、しかもご褒美が与えられた瞬間にその恩恵を味わえる場合、そのご褒美を得るための行動にものめり込む。

「変動スケジュール」の威力は、ギャンブルの世界ではっきり見て取れる。たとえばカジノのスロットマシンは、プレーヤーを中毒状態にさせるべく、このメカニズムを意識的に織り込んでい

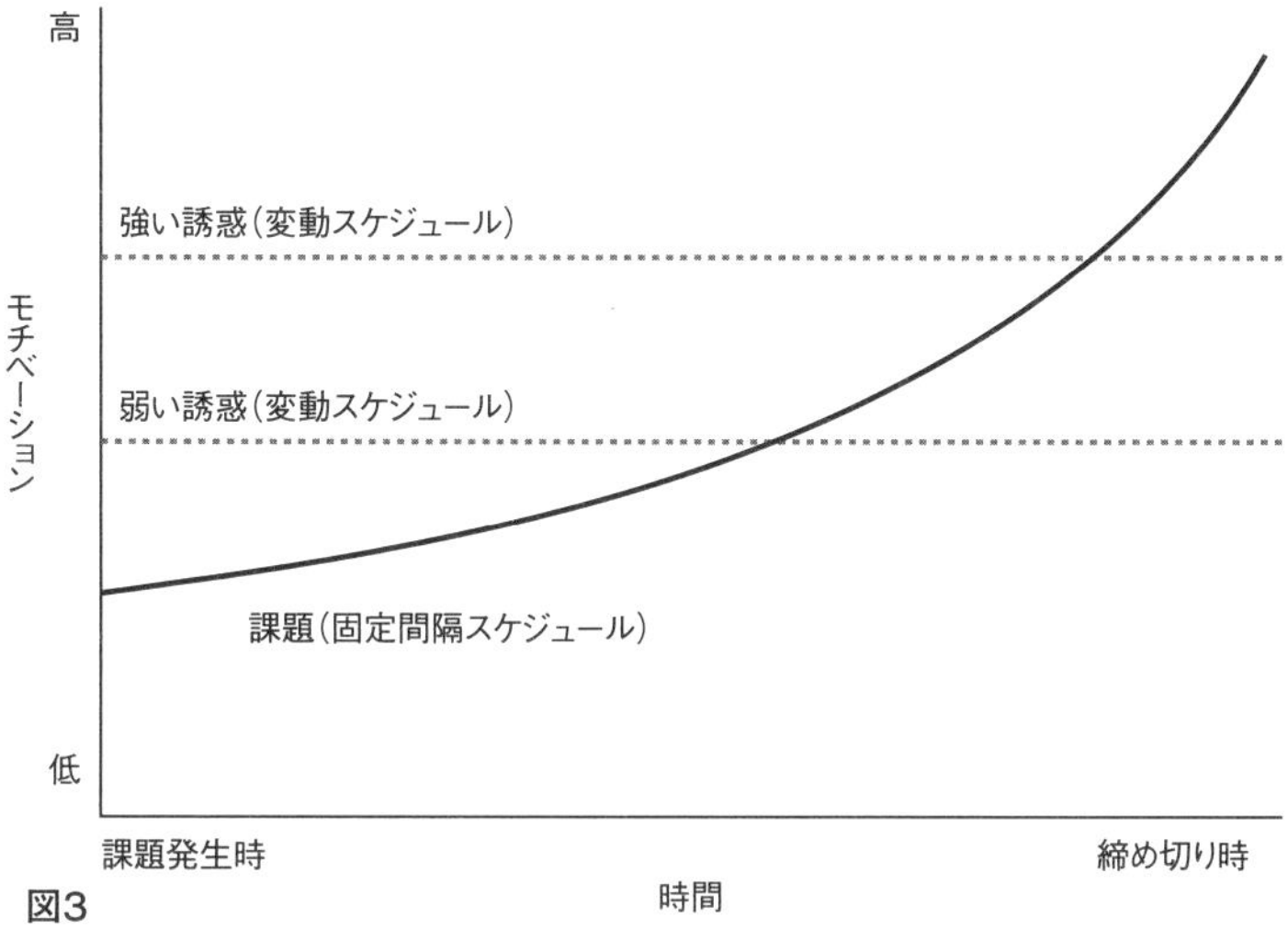

図3

る。スロットマシンで「当たり」が出るタイミングは不規則だし、「当たり」が出れば即座にコインを手にできる。おじいちゃんやおばあちゃんがスロットマシンにのめり込んで、かわいい孫に残せたはずの財産をなくす姿を見れば、モチベーションの心理学の説得力が理解できるだろう。[*4]

私がどっぷりはまり込んだ『コンカークラブ』のように、インターネット上には、スロットマシンと同様のメカニズムで私たちに作用する誘惑が続々と登場している。インターネットが登場して仕事がしやすくなったのは事実だが、さまざまな落とし穴が新たに生まれて、仕事の遂行が難しくなった面もある。その点を図3にまとめた。

図の二本の水平の点線は、誘惑に屈して遊ぶことへのモチベーションの高さを表す。下の点線は弱い誘惑、上の点線は強い誘惑である。一方、実線は、締め切りを設定されている課題の処理に対するモチベーションの強さを表す。

この課題処理のケースのように、固定的な締め切りのあとで、自分の行動の結果に応じてご褒美を受け取れる場合のモチベーション強化のパターンは、「固定間隔スケジュール」と呼ばれる。[*] 固定間隔スケジュールの場合、ほとんどの人は締め切りが近づかないとモチベーションが高まらないので、モチベーションの高さは尻上がりの曲線を描く。[*5] それに対して、遊びのモチベーションのような変動スケジュールでは、モチベーションの高さが一定で変わらない。誘惑が強力なほど、その活動に対して感じるモチベーションが高く、課題実行のモチベーションの高さがそれを上回るまでに要する時間が長くなる。要するに、誘惑が強ければ強いほど、先延ばしが深刻になるのだ。

＊ 一定量の作業を完了させるとご褒美を受け取れる状況は、「固定比率スケジュール」と呼ばれる。この場合も、モチベーションの高さの推移は固定間隔スケジュールと同様の曲線を描く。たとえば、歩合制で給料を受け取る工場作業員などのケースだ。製品を一〇〇個つくるごとに報酬がもらえる作業員は、一〇〇個目が近づくと仕事に熱が入り、一〇〇個を過ぎるとしばらくのんびりする傾向がある。区切りとなる仕事量を処理したあとで休憩し、次の区切りが近づくと再び作業スピードが加速するのである。この行動パターンは、専門家の間で「ブレイク・アンド・ラン（休憩と加速）」と呼ばれている。

ゲーム、テレビ、フェイスブック

私は以前、ノースカロライナ大学のバス・タラスと共同で、過去四〇年間の世界の文化の移り変わりをデータベース化したことがある。この研究でわかった点の一つは、世界の国々が「近代化」するにつれて、欧米型の市場経済的な価値観を共有する社会が増えていったことだ。とくに、世界で総じて個人主義の傾向が強まり、人々が他人にあまり遠慮せずに自分の利害を優先させるようになった。もう一つ際立っていた点は、近代化にともない、先延ばしが深刻化したことだ。経済が成長するにつれて、過去数十年の間に、慢性的な先延ばし癖をもつ人が五倍に増えた。一九七〇年代に先延ばしが自分の主な特徴の一つだと考えていた人は、調査対象者の四〜五%だった。現在、この割合は二〇〜二五%に達している。強力な誘惑が身の回りに増えていることを考えれば、当然の結果だ。

この一〇〇年ほどの間に、世界がどれだけ大きく変わったか考えてみるといい。一九一一年、アメリカの教育者ウィリアム・バッグリーは著書『教えるための技巧』で、「脇道にはずれよと呼びかける誘惑の甘いささやき、すなわち先延ばしの邪悪な魔手」として、「ポーチのハンモック」「魅力的な小説」「愉快な友達」をあげた。

いずれも危険な誘惑だが、そのあとに登場した新たな誘惑の数々と比べれば実にかわいいものだ。バッグリーの本が出版されたのと同じ年にハリウッドに最初の映画会社が設立されると、それから数十年の間に映画ビジネスは巨大産業に成長した。映画スターが大金持ちになり、スキャンダルで世を騒がせるようになった（喜劇王チャールズ・チャプリンと美男スターのエロール・フリンは、法律で許されるより幼い女性と交際することを好んだらしい）。セシル・B・デミル監督の一九二三年の映画『十誡』は映画ファンを魅了し、一九三〇年代頃には、映画が先延ばしの元凶と指摘されるケースが増えた。[*7]

それでもこの当時は、自宅や職場を離れて映画館に足を運ばないと映画を楽しめなかった。しかし、時代はすぐに変わった。第二次大戦が終わると、テレビが登場した。テレビを所有するアメリカ人の割合は、一九五〇年には九%だったが、一九五五年には一挙に六五%にはね上がった。一九五〇年代に大人気をはくしたテレビドラマ『アイ・ラブ・ルーシー』の放送時間には、街から人影が消え、商店はシャッターを下ろした。テレビの普及率が九〇%に達していた一九六二年、ポピュラー・サイエンス誌は「一日の時間を一時間増やす方法」と題した記事を載せ、テレビと先延ばしの関連を指摘した。[*8]

一九七〇年代半ば、また新しい誘惑が登場した。はじめて商業的成功を収めたテレビゲーム『ポン』がわが家にやってきたのは、私が八歳のときだった。父がゲーム機を白黒テレビと接続し、二つのコントローラーをコードでつないだ。『ポン』は卓球のゲームだ。プレーヤーはコントローラーを一つずつ持ち、それを操作して画面上の「ラケット」を動かす。画面上で自分のほうに「球」が飛んでくると、ラケットで相手側にはね返す。相手が球をラケットに当てそこなえば、こちらの得点になる。いたって単純なゲームだ。それでも、魔法のおもちゃに思えた。私はとりこになった。案の定、一九八三年に出版された心理学の教科書では、テレビゲームで遊ぶことが典型的な先延ばし行動の一つとされている。[*9]

こうして歴史を振り返れば、今日の社会で先延ばしがこれほど深刻な問題になっている理由が理解できるだろう。仕事をすることで得られる喜びの大きさが何十年もの間ほぼ変わっていないのに対し、私たちを仕事から引き離す誘惑は強まる一方に思える。先の図3で言えば、遊びたいというモチベーションの高さを示す横線（点線）の位置が高くなったのに、課題処理のモチベーションの曲線（実線）は元のままなのだ。

　最近のコンピュータゲームは『ポン』などお話にならないくらい進化しており、誘惑の強さで言えば、一九一一年にウィリアム・バッグリーがあげた三つの「魔手」をはるかに凌駕する。いまや、いつでもどこでもゲームをプレーする人が多くなった。大学の講義中の教室で対戦型のオンラインゲームにふける学生も珍しくない時代だ[*10]。

　しかも、コンピュータゲームやオンラインゲームは改良され続けている。『グランド・セフト・オート』や『ギターヒーロー』『ワールド・オブ・ウォークラフト（WoW）』などの大人気ゲームの新バージョンが発表されるたびに、やるべきことを「先延ばししない」という選択がますます難しくなる。ビジュアル、ストーリー、キャラクターの動き、コントローラーの操作性など、あらゆる面に磨きがかけられていく。人々の関心の争奪戦では、もはや仕事はゲームに歯が立たない。ゲーム軍対仕事軍の戦争にたとえて言えば、ゲーム軍が機関砲や狙撃銃、グレネードランチャーなどを装備しているのに、仕事軍がいまだに弓矢で対抗しているようなものだ。

　これでは、年齢を問わず、ゲームのとりこになる人が増える一方なのも不思議でない。ゲーム依存症を治療する施設も続々と新設されている。たとえば韓国では、若者のおよそ一〇人に一人が深刻なゲーム依存症の症状を示しており、なかには一日に一七時間もゲームに費やしている人もいる。そこで韓国政府は、二四〇ものカウンセリングセンターや治療プログラムを設けている。特定のゲームに対する依存症を解消するためのウェブサイトも登場している。「WoWデトックス・ドットコム」は、『ワールド・オブ・ウォークラフト』にはまり込んでしまったプレーヤーとその配偶者のためのウェブサイトだ。

しかし、先延ばしを助長するという面では、テレビのほうがもっと始末に負えない。[*11] 一九五〇年代の草創期以来、テレビは私たちの時間を奪う技を洗練させ続けてきた。ケーブルテレビと衛星テレビが登場して多チャンネル化が実現し、かなりの確率で、常にどこかのチャンネルで興味を引かれる番組が見つかるようになった。いま見ている番組に少しでも退屈すれば、リモコンに手を伸ばしてほかのチャンネルを探せばいい。

それに、一つの家庭が複数のテレビを所有するのが当たり前になり（調査会社ニールセン・メディアリサーチの調べによれば、いまや人間の数よりテレビの数のほうが多いという）、いつでも好きな場所でテレビを見られるようになった。多くの人はテレビを見すぎていることに罪悪感を覚え、一日の終わりには、「こんなに長い時間、テレビを見なければよかった」と後悔する。[*12]

最新の国勢調査によると、アメリカ人は一日平均で四・七時間テレビを見ている。カナダ人は平均三・三時間、タイ人は平均二・九時間、イギリス人は平均二・六時間、フィンランド人は平均二・一時間だ。一方、私たちが読書に割く時間は国際平均で一日二四分でしかない。このペースでいくと、あなたがこの本を読み終わるまでにはかなりの期間を要するだろう。

近年は、放映済みのテレビ番組を収録したＤＶＤが発売・レンタルされることが珍しくないし、DVDレコーダーなどに視聴者が自分で番組を録画することもできる。テレビ局の番組表どおりの時間に番組を見ることが時代遅れにすら見える。未来のテレビはもっと便利になり、私たちの選択肢はほぼ無限に広がるだろう。たとえば、どんな映画でもインターネットを通じて一秒以内でダウンロードできる技術がすでに存在する。もし、この技術の一部でも一般家庭向けに実用化されれば、私たちがテレビの前で過ごす時間はさらに増えるだろう。なにしろ、あらゆる映画やテレビ番組や動画を、誰でも、ほぼどこにいても、目を見張るほどきれいな映像で見られる時代が来るのだ。

テレビを見る時間が増えれば当然、ほかの活動に費やす時間が奪われる。データのあるすべての国で、テレビの視聴時間が増えている。二〇〇〇年から二〇〇八年まで九年の間に、アメリカ人がテレビを見る時間は一日平均四・一時間から四・七時間に増加した。比率にして一五%の伸びである。時間は有限なので、その分はほかの活動が割を食っている。[*13] テレビを見るために後回しにされるのは、退屈な仕事や用事だけではない。家族と食事をする時間や友達と語り合う時間も犠牲になっている。

これで終わりではない。将来、状況はもっと深刻になるかもしれない。新しい敵は、いまのところテレビほど私たちの時間を奪ってはいないが、潜在的な力はずっと大きい。その敵とは、インターネットである。インターネットは、コンピュータゲームとテレビとその他もろもろの要素を一カ所で提供できる。大学生のおよそ八〇%はすでに、インターネットがとりわけ勉強の妨げになっていると述べている。[*14] 確かにインターネットの世界には、どんなに風変わりな趣味や関心にもこたえられるウェブサイトやブログがある。音楽や動画もダウンロードできるし、友達とメールのやり取りもできる。

インターネットと先延ばしの関係をめぐる最新の展開は、フェイスブック、ベボ、マイスペース、ツイッターなどのSNS（ソーシャル・ネットワーキング・サービス）の登場だ。ニューヨーク・タイムズ紙によると、マイスペースは二〇〇四年前半に誕生して一年足らずで、大学生が勉強を先延ばしする主たる原因の一つになった。ひょっとして新しい書き込みがあるのではないかと思って、一日に何百回もマイスペースの更新ボタンをクリックする学生がざらだという。[*15] この行動パターンは、B・F・スキナーの強化スケジュールの実験でラットや鳩が示した反応と大差ない。実験のラットや鳩は、もしかするとエサをもらえるかもしれないと期待して、実験装置のレバーを何百回となく押した。

フェイスブックのことを自分で調べると、時間が奪われて本の出版が遅れかねないので、すでにフェイスブックにどっぷりはまっている「エキスパート」を探すことにした。大学生に幅広く浸透しているオンラインサービスだけのことはある。五分とかからずに、うってつけの人材が見つかった。ある女子大学院生だ。この学生は一日に九〇分間もフェイスブックにアクセスし、「シュミーブス」という名前の愛犬のために、フェイスブックに「ドッグブック（犬用のページ）」まで設けている。この学生に、実際のフェイスブックのウェブサイトを見ながら教えてもらうことにした。

「まず理解しておくべきなのは」と、大学院生は説明を始めた。「フェイスブックを使えば、友達みんなとつながれるということです。どういう形でつながりたいかも選択できます。私はほかの人の写真に興味があるのですが、ほら、このセクションを見れば、ほかのユーザーが自分のページに載せている写真をプレビューできます」

そのセクションが画面上で大きな面積を占めているように見えると、私は感想を言った。

「はい、フェイスブックに友達が大勢いますからね」

どれくらい友達がいるの？

「えーっと。六〇三人ですね」

確かに、かなりの人数だ。でも、本当に六〇三人も友達がいるの？

「そうじゃないんです。ほとんどはただの知り合いです。フェイスブックでは、そういう知り合いと本当の友達を区別して扱えます。誰にどの情報まで閲覧させるか、誰に自分のページにコメントを書き込めるようにするかを自分で選べます。これが私の『ウォール』です。ここに、友達がコメントを書き込んでくれます。ね？」

なるほど。

「何人かの友達は特別扱いしています。たとえば、ジェンという友達がフェイスブックを更新するたびに、メールで連絡が届くように設定してあります。こういう設定をしてある友達は三人だけです」

そのメールはどのくらいの頻度で届くの？

「だいたい、一日に二回くらいですね」

メールが届いたあと、どれくらい時間がたってから、新しい書き込みの内容を確認するの？

「メールの情報はたいてい断片だけなので、フェイスブックにアクセスして全文を読みます」

すぐに？

「はい。メールが来てすぐに」

映画を見ていたり、食事をしていたり、家族と過ごしたりしているときでも？

「もちろんです。家族と一緒にいても、まずフェイスブックを見ますね」

ずいぶんご立派なマナーだこと。そのほかには、フェイスブックでどんなことを？

「いろんなことをしていますよ。関心がある相手を挨拶がわりに『ポーク（つっつく）する』こともできます。ほかのユーザーに、バーチャルなプレゼントも贈れます。それに……」

どうして、プレゼントなんてするの？

「そういう仕組みが用意されているからです。無料のプレゼントや企業提供のプレゼントもあるし、お金を払って購入するプレゼントもあります。私はお酒にちなんだバーチャルプレゼントをずいぶんもらいました。どうして、そういうプレゼントばっかり贈られるんでしょうね、私。あと、フェイスブックを使えば、イベントの招待状も送れます」

じゃあ、いろいろな人と会って交流する機会が増えたわけだ？

「そうでもないんです。実際の社交の機会が減って、かわりにフェイスブックの時間が増えた感じです。でも、親しい友達のことは、前よりも深く理解できた気がします。おもしろい情報なり、旅行先で撮ったビデオなりがあれば、どんな些細なことでもフェイスブックに投稿できます。あ、見てください！　チェルシーの犬がうちのシュミーブスを友達に承認してくれたわ！」

このあと彼女は、フェイスブック上にある先延ばし関連のグループをいくつか教えてくれた。「重度の先延ばし人間です」という名前のグループは、会員数一万八〇〇〇人以上。「主専攻は昼寝とフェイスブック、副専攻は先延ばし」というグループは会員数三万人以上。「宿題をやっていたはずなのに、気がつけばいつもフェイスブック」というグループは会員数九〇万人以上。さらに、「先延ばし」のフェイスブックページ（ファンページ）に登録しているユーザーが六〇万人以上いる。誘惑のパターンの多様性を反映して、実にさまざまなグループがつくられている。フェイスブックのユーザーはこのようなグループに参加することにより、自分が先延ばし人間だと宣言し、先延ばしについて仲間と語り合う場を得ている。

皮肉なことに、そうした場でたびたび話題になるのは、フェイスブックに費やす時間を制限したり、フェイスブックをやめたりするにはどうしたらいいかという問題だ。たとえば、親にフェイスブックのパスワードを変更させて、試験が終わるまで内緒にしてもらってはどうか、などというアイデアが話し合われる。

フェイスブックを否定するつもりはない。魅力的で興味深いオンラインサービスだと思うし、ネットワークづくりなど、有益な機能もあると思う。事実、人脈づくりは成功のカギを握ると、自己啓発の大家ナポレオン・ヒルも言っている。その半面、私たちの集中力をごっそり奪う力をフェイスブックがもっていることも否定できない。フェイスブック上でおこなわれている活動の多くは、人脈づくりではなく、課題からの逃避行動にすぎない。フェイスブックに中毒性があることは、いったんやめた人の半数がまた戻っていることからもわかる。[*16]「フェイスブック断ち」は長続きしないのだ。

マーケティングと「辺縁系天国」

先延ばし癖をおさえ込むのは難しい。脳の神経生物学的メカニズムに深く根ざした行動なので、それは致し方ない。すでに述べたように、脳の中では辺縁系が目先のことに反応し、前頭前野が長期的なことに気を配る。火をおこす場合にたとえれば、辺縁系は「ガソリン缶をもってこよう！」という発想になるのに対し、前頭前野は「木の枝を燃やすほうが弱い火力を長続きさせられる」と考える。辺縁系は一〇〇万ドルの小切手をいますぐ受け取りたいと考え、前頭前野は一週間に五〇〇〇ドルずつを死ぬまでずっと受け取りたいと考える。辺縁系と前頭前野が一緒になって最終的な結論をくだすが、この両者がコンビを組む結果、先延ばしが避けられなくなる。事例を使って説明しよう。

ここに、二つのスナックメーカーがあると思ってほしい。社名は、片方が「栄養ばっちりスナック」社、もう片方が「おいしい誘惑スナック」社としよう。「栄養」社が製造するのは、健康のことを考えたスナック。肥満になるのを避け、ヘルシーに生きたいという長期的・抽象的な目標の達成に役立つお菓子だ。前頭前野は、この会社の商品を歓迎する。「誘惑」社のスナックは、糖分と脂肪分がたっぷり。あとのことを考えなければ、とてもおいしい。辺縁系が喜ぶお菓子だ。さて、ショッピングモールに両社が自社商品専門の販売店を設けるとしよう。売り上げがいいのは、どちらの店だろう?

ビジネススクールでマーケティングを勉強したことがなくても、予想がつくに違いない。舌の上の「いま」がウエスト回りの「一生」を打ち負かす。ほとんどの人にとって、「栄養」社のスナックは明日の選択。それに対して、「誘惑」社のスナックは今日の選択。「誘惑」社のほうがたくさん売り上げる。しかも、「誘惑」社のほうが商品の価格を高く設定できる。映画館で高額のポップコーンが売れることからわかるように、私たちは衝動に屈して買い物をするとき、安いお店をわざわざ探す努力をしないからだ。こうして「誘惑」社は国際的な巨大食品企業にのし上がり、「栄養」社は経営が傾く。

別に、産業界が消費者を強制しているわけではないし、陰謀を仕組んでいるわけでもない。企業は、市場で主流のニーズにこたえて商品を開発しているにすぎない。市場の見えざる手が「辺縁系天国」をつくり出しているのだ。社会のいたるところで目の前の物質的なものが過大に強調される結果、私たちは誘惑に負け、キャリアの追求、地域のボランティア活動、子育て、信仰など、長い目で見ればもっと有意義な活動を先延ばしにしがちになっている。物質主義と大量消費文化は、自由市場のもとで私たちの神経生物学上の性質が野放しにされたとき、必然的に表れる現象なのだ。

そうした誘惑のプロセスは、精緻なマーケティングから始まる。私はそれをよく知っている。出会ったとき、妻のジュリーはこの分野で学位を取るために勉強していたのだ。マーケティングの技術にはさまざまな用途がある。ジュリーの指導教官は、消費者にタバコを買わせないために、どのような警告ラベルを用いるべきかを割り出そうとしていた。しかしほとんどの場合、マーケティングは経済的な利益を上げることを目的としている。子ども向けのテレビ番組に始まり、政党が打ち出すメッセージにいたるまで、マーケティングの専門家は私たちの嗜好に合わせて「商品」に修正を加え、ときには新たなニーズをつくり出そうとする。私たちを誘惑することによって、脳の辺縁系にたえず訴えかけようとするのだ。

とくに食品業界はマーケティングを徹底しておこない、消費者がどういう食品を最も好むのかを明らかにし、それをどのように売ればいいのかを見いだそうとしている。アメリカ食品医薬品局（ＦＤＡ）長官とエール大学医学大学院の学長を歴任したデービッド・ケスラーが著書『過食にさようなら』で指摘しているように、食品業界は途方もない情熱を傾けて、栄養面で問題のある食品を消費者に買わせようとしている。[*17] 見栄えがして、口当たりのいい食品をつくるためになされる工夫の徹底ぶりは、薄型テレビやブルーレイプレーヤーの開発過程にも引けをとらない。食品に含まれる糖分、脂肪分、塩分の割合を微調整して、いくら食べてもあとを引き、もう少し食べたいと感じさせるような食品がつくり出されている。

商品の開発段階だけではない。売り込みの段階でも、辺縁系へのはたらきかけは続く。ほとんどの国の経済では、経済活動の約一〜二％を広告が占めている。どの商品の場合も、広告で強調されるのは商品の最も具体的で目立ちやすい要素だ。[*18] 今度、スーパーマーケットに行くとき、前頭前野が重んじる栄養分や価格の情報に比べて、商品の見かけや味がいかに強調されているかを見てみてほしい。

誘惑が最も強力なのは、商品がすぐ手に入る場合だ。簡単に手の届く場所にあると、買いたいという衝動が増幅される。[*19] この法則を利用したビジネスの実例はいたるところにある。「手に入るのはいま、支払うのはあと」と売り込むセールステクニックはその一例だ。「もしご決断いただければ……いますぐに、ご利用いただけます!」などと売り込むのである。[*20] 「いつでもどこでも食品が売られている。あなたに買ってもらうために、すぐ手に入るようにしてある。購入するチャンスがいつもそこにある」と、ユニリーバ健康研究所のデービッド・メスラは指摘している。[*21]

その行き着く先は、すべての人にとって「買いやすい」環境に商品が置かれる状態だ。あらゆる商品が流通のいずれかの段階で消費者の関心をとらえ、スーパーマーケットのレジ前に置いてあるキャンディーのように衝動買いされやすくなる。世界がそういう場になれば、私たちは誘惑の檻から抜け出せなくなる。意志の力が一瞬でも緩むと、誘惑に打ち負かされてしまう。

問題は、それだけではない。マーケティングの専門家は、私たちの辺縁系に訴えかける商品や売り方を工夫するだけでなく、邪魔者である前頭前野を黙らせるために細心の注意を払う。癖や習慣に従った行動は、前頭前野による判断抜きでおこなわれがちだ。そこで、マーケティングの専門家は自分たちに都合のいい癖や習慣を消費者にもたせようと血道を上げる。[*22] 私たちの購買行動のかなりの割合は、じっくり考えて選択した結果というより、反射的におこなわれている。たとえば、ケンタッキー・フライドチキンの一一種類の特別のハーブとスパイスの香りに鼻孔をくすぐられると、途端にパリパリのフライドチキンが食べたくなる。元々どういうつもりだったかに関係なく、いったん「スイッチ」が入ると、私たちは感情を乗っ取られて、深く考えることなしにフライドチキンを買ったり、特製コーヒーを買ったりする。[*23]

私たちは誰でもこうした弱みをもっている。私は映画館に行くと、やたらと高いポップコーンを買ってしまう。科学的に見て、この行動は意識的な選択というより、映画館に足を踏み入れたことで引き金が引かれた「儀式」という性格が強い。[*24]

消費者行動論が専門のコーネル大学のブライアン・ワンシンク教授の研究によれば、食に関する私たちの選択はおおむね、空腹の程度とはあまり関係がなく、食器のサイズや目の前にある食べ物の量、食べ物の見栄えなどの外的状況の影響を強く受ける。ワンシンクはノーベル賞のパロディ版「イグノーベル賞」を受賞した研究で、被験者に内緒で中身を注ぎ足せる仕組みのスープ皿を考案して実験をおこなった。[*25] すると、この「減らないスープ皿」で食べた被験者は、普通のスープ皿で食べた被験者に比べて、食事を終わりにするまでに飲んだスープの量が七六％も多かった。

私たちの日々の行動の約四五％は、「スープは一皿分すべて飲むものである」といった類いの習慣に基づく行動によって占められている。この割合をさらに高める目的で、人々がある行動を取りやすい状況をつくり出したり、ある場面である行動を取るのが当たり前だと人々に思い込ませたりすることが、大きなビジネスになっている。[*26]

私たちの行動が習慣に支配されていることは、PDA（携帯情報端末）や携帯電話の使い方を見ればよくわかる。iPhoneやブラックベリーを肌身離さず持ち歩き、あらゆる場所で友人や知人にメールを送る人が少なくない。運転中にメールを打つ人までいる。運転中に携帯電話を使えば（たとえヘッドセットで通話するにせよ）目の前の状況への反応速度が大幅に低下することは、科学的な研究結果を見るまでもなく、常識で考えればわかるはずなのだが。[*27]

PDAや携帯電話の中毒性の強さは、ウェブスター・ニューワールド・カレッジディクショナリーというアメリカの辞書の編集部が二〇〇六年の「今年の言葉」に、「クラックベリー」を選んだことによく表れている。ブラックベリーなどの機器には「クラック（コカイン）」を思わせる中毒性がある、というわけだ。携帯電話が生活に欠かせない存在になっている証拠に、私たちの脳が携帯電話を体の一部のごとく認識する場合まである。携帯電話をどこかに置き忘れると、自分の手足が切り取られたかのような不安を感じる人がいるのだ。

もっと一般的な症状としては、「ブラックベリー指」がある。端末操作のために酷使して親指を痛めてしまう症状で、アメリカ理学療法協会により労働災害の一つとして認定されている。人々は関節や靱帯を痛めるほど猛烈に、携帯電話でなにをやっているのか。調査会社のコムスコアでは、iPhoneにダウンロードされたアプリの上位二五点がどのような用途のものだったかを調べてみた。すると、一点を除くと、すべてがエンターテインメント系、ゲーム系、ソーシャル・ネットワーキング系に分類できた。唯一の例外は「懐中電灯（フラッシュライト）」アプりで、ｉＰｈｏｎｅを懐中電灯がわりに使うためのものだった。[*28]

賢者たちの警告

現代社会のあらゆる場面で、人間の先延ばし癖につけ込もうとする動きがある。『すばらしい新世界』などで知られるイギリスの作家オルダス・ハクスリーは、一九五八年のエッセイ『素晴らしい新世界ふたたび』で警告した――「心理学とさまざまな社会科学の手法を総動員」して、「人々の無知と非合理性につけ込むための最も有効な方法」を見いだし、それにより人々を支配することを目指す企てがなされている、と。[*29]

一九八五年には、アメリカの批評家ニール・ポストマンがハクスリーの『すばらしい新世界』を意識した著書『死ぬまで楽しむ』で、こう書いた。「専制政治の台頭にたえず目を光らせ、それと戦おうとする合理主義者たちは、『飽くなきまでに娯楽を欲しがる人間の性質』を警戒することを忘れている」。[*30] 経済史が専門のオックスフォード大学のアブナー・オファー教授は二〇〇六年の著書『豊かさの課題』で、インターネットの普及が世界のさまざまな害悪の一因になっていると指摘した。[*31] ひとことで言えば自由市場では誘惑がますます強力になり、重要な目標を成し遂げることがいっそう難しくなる傾向があるのだ。[*]

こうした知識人の面々や私が主張していることは、本当なのか。疑うのであれば、自分の周囲を見回してみればいい。あなたの周囲に、レクリエーションやエンターテインメントの機会がどれだけあるだろう？　大型テレビに始まり、インターネットのポータルサイトにいたるまで、平均的な家庭でも何百種類にも上るかもしれない。歴史上、いまほど大量の誘惑がつくり出され、手近な場で提供され、巧みに売り込まれている時代はなかった。

旧約聖書のアダムとイブの前に差し出された誘惑は、蛇が売り込むリンゴだけだった。いまや誘惑の果実は、キャラメルとチョコレートでコーティングをされて、テレビＣＭや新聞の折り込み広告、ウェブサイトのポップアップ広告など、巨額の予算をかけた大々的な宣伝を通して売り込まれている。[*32]強い誘惑が身のまわりに増えれば、先延ばしが深刻になることは避けられない。

＊　心理学者のスチュアート・ヴァイスも二〇〇八年の著書『破産――なぜアメリカ人はお金を貯められないのか』で同様の指摘をしている。「強い欲求を感じれば、いつでもすぐ、衝動のままにその欲求を追求できる時代になった。その結果、私たちは過去のいずれの時代にもまして大きな困難に直面している。アメリカ人が莫大な借金を抱えているのは、まったく意外でない」

果てしなき闘い

私たちは、近代的な生活に背を向けることなどできない。自由市場はいくらか形を変えるにせよ今後もなくならないし、新たな発明のペースは加速し続けるだろう。そうした発明のなかには私たちに恩恵をもたらすものも多いが、有益な発明ばかりではないはずだ。脳の辺縁系にはたらきかけて購買を促す手法は資本主義の骨格に組み込まれており、資本主義というマシン全体を停止させない限り、それはなくせない。私たちに目先の快楽を与え、痛みを先送りさせる——それと引き換えに、あとで味わう痛みが大きくなるのだが——性格をもつ商品やサービスを送り出す人たちは、私たちがそれに金を払う以上、ぜったいにいなくならない。

このような世界で生きるのであれば、誘惑（と、それが生む先延ばし）とたえず闘うことが避けて通れない。せめて幸いなのは、あなたがいまこの本を読んでいることだ。本書の後半では、誘惑と先延ばしに対処する方法を紹介する。「先延ばし方程式」を実地に活用するために、方程式の構成要素を一つずつ検討していく。しかし、読者にお預けを食わせるつもりはないのだが、その前に、先延ばしが個人レベルで、そして社会全体のレベルでどのような弊害をもたらすのかを見ておこう。

一つの先延ばし行為だけを取り出せば、些細な問題にしか見えないかもしれない。しかし全体としての弊害の大きさを知れば、この敵と闘う意義が理解できるだろう。私は四〇〇〇人の人たちを調査し、どういう局面で最も先延ばしをおこなっているか尋ねてみた。次の第5章ではその調査結果を紹介し、先延ばしが個人レベルでどのような悪影響を生むのかを説明する。

第5章

私たちが失うもの、悔やむもの

キャリアも財産も健康も危ない

私たちはなすべきことをなさず、なさざるべきことをなしています。

――聖公会祈禱書

一九世紀イギリスの詩人サミュエル・テイラー・コールリッジは、この時代の「最も偉大な詩人」と呼ばれてもおかしくなかったが、その称号はたいてい、友人だったウィリアム・ワーズワースに与えられている。コールリッジに悲劇をもたらした弱点は、先延ばしだった。やらなければならない仕事や約束したことを先送りにし、ときには予定から何十年も遅れることすらあった。今日の英文学のクラスでも取り上げられる代表的な作品にも、先延ばしの影が見て取れる。『クーブラカーン』と『クリスタベル姫』は、手をつけてから二〇年近くたっても完成せず、未完のまま発表された。『老水夫行』は、完成にはこぎつけたものの、予定より五年も遅れて刊行された。

コールリッジの先延ばし癖のひどさは、知らない者がいなかった。甥で編集者のヘンリーは、

「（おじは）先延ばし癖にむしばまれている」と記した。コールリッジ自身もこう書いている。「（先延ばしは）私の道徳性を深く、広く侵す病だ……自由を愛し、強制を嫌うがゆえにものごとを後回しにするなどという立派なものではなく、先延ばし癖の表れでそのような行動の傾向を示すにすぎない」

コールリッジの先延ばし癖のすさまじさを最も的確に表現したのは、コールリッジと同じく、先延ばしと薬物依存という二つの悪癖をもっていた親友のトマス・ド・クインシーだ。ド・クインシーは自伝『阿片常用者の告白』でこう書いている。

私が思うに、過剰な先延ばしはコールリッジの生活を特徴づける際立った要素だった。少なくとも、この時期にはそういう状態になっていた。面会の約束をしても、誰も無条件には信じなくなっていた。本人はまったく悪気でないのだが、約束を本気にする人はいなかった。食事やパーティーに彼を招待した人物は当然のごとく、馬車を用意して自分で足を運ぶなり、代理人を差し向けるなりして、彼を連れ出さなくてはならなかった。手紙は、宛名が女性の筆跡になっていて興味を引かれない限り、すべて「手紙の墓場」に放り込まれた。私が知る範囲では、そういう手紙が開封されることはほとんどなかった。

コールリッジの言い訳の数々は伝説の域に達している。たとえば、詩の出版権を（気の毒なことに原稿料前払いで）購入していたコットル夫人という出版業者に宛てた手紙。阿片を吸引したときに見た夢をもとに詩を書く約束だったが、「ポーロックからやって来た人物」に邪魔されて、夢の内容を思い出せなくなってしまったと、コールリッジは手紙に書いている。最終的に『クーブラカーン』という題名で刊行された詩は、予定されていた二〇〇〜三〇〇行ではなく、わずか五四行で終わっていた。「作品を書き上げるより、言い訳をしたり、自分を責めたりすることが得意」な文筆家たちが用いた言い訳は数知れないが、コールリッジの「ポーロックからやって来た人物」は最も有名な例だと、アメリカの詩人ロバート・ピンスキーは述べている。

先延ばし癖により、コールリッジはどのような代償を払わされたのか。「(コールリッジの)生涯は、先延ばしと言い訳、嘘、借金、不名誉、失敗の連続という惨めなものだった」と、イギリスの作家モリー・レフェビュールは著書『アヘンへの隷属』で書いている。常に金の問題に悩まされ、なにかを始めようとして入念な計画を立てても、ろくろく手をつけずに終わったり、未完のまま終わったりすることがほとんどだった。健康状態はきわめて悪く、アヘン常用がそれに輪をかけていたが、治療を受けることを一〇年間も先延ばしし続けた。締め切りのストレスのせいで、仕事を楽しく感じなくなっていた(「作品の構想を練る時間に感じる喜びは、早く書き上げねばならないという思いによって台なしになってしまう」と、本人も書いている)。ワーズワースのような数少ない友人もなくし、妻とも別居した。

要するに、先延ばしは人生のあらゆる部分をぶち壊しにしかねないのだ。もっとも、コールリッジの域に達するのは最悪の先延ばし人間だけだ。ほとんどの人は、いくつかの領域だけで深刻な先延ばしに陥る。平均的な現代人の先延ばしの実態を明らかにするために、私は自分のウェブサイトを通じて調査をおこなった。調査に回答した人は、これまで四〇〇〇人に達する。この調査で私が尋ねたのは、人生の一二の主要な領域それぞれでどの程度の先延ばしに陥っているのかという点と、どの領域で先延ばしが最も深刻かという点だ。[*1]

次の表は、その調査結果をまとめたものである。左の列は、人生の主要な一二の領域。中央の列は、それぞれの領域における回答者の先延ばし度(五段階評価)の平均(「2」はめったに先延ばししない、「3」はときどき先延ばしする、「4」は頻繁に先延ばしする)。右の列は、その領域を「最も先延ばしが深刻な三つの領域」の一つに選んだ回答者の割合である。中央と右の列の両方で数字が大きい領域は、どれだろう? それが社会全般で先延ばしの深刻な領域とみなせる。

先延ばしは、学校で、職場で、そして私生活(とくに健康面)で人々の生活に悪影響を及ぼしている。回答者の八九%は、この三つの場のうちの少なくとも一つで深刻な先延ばし癖を抱えていると答えている。コールリッジさながらに、三つの場すべてで先延ばしが深刻だと答えた人も九%いた。

この調査により、一二の領域をいくつかのカテゴリーに分類できることがわかった。たとえば、お金の問題を先延ばしすると答えた人は、教育とキャリアでも先延ばしに陥るケースが多い(領域2、領域3、領域6)。つまり、この三つの領域のどれかで問題を抱えていれば、残り二つでも問題を抱えている可能性が高い。お金、教育、キャリアの領域——人生における「成功」に関わるカテゴリー——は、概して先延ばしが最も目立つ領域だ。

12の主要領域		先延ばし度の平均(1〜5)	先延ばしが深刻な人の割合
❶ 健康	エクササイズ、ダイエット、病気の予防・治療	3.4	42.2%
❷ キャリア	就職、転職、昇進のための努力	3.3	56.8%
❸ 教育	試験勉強、学位の取得	3.3	32.9%
❹ コミュニティ	ボランティア活動、政治的活動	3.2	12.1%
❺ ロマンス	恋愛、セックス、告白、結婚	3.0	24.0%
❻ お金	貯金、公共料金などの振り込み	2.9	35.9%
❼ 自己	能力や態度、行動の改善	2.9	29.6%
❽ 友達	親しい人たちとの付き合い	2.9	23.5%
❾ 家族	親やきょうだいとの触れ合い	2.7	18.9%
❿ レジャー	スポーツ、レクリエーション、趣味	2.7	11.4%
⓫ 精神生活	信仰、哲学、人生の意味の探求	2.5	8.5%
⓬ 子育て	子どもとの触れ合い	2.3	4.1%

第二のカテゴリーは、「自己改善」に関わる領域。健康に関して先延ばしをする人は、精神生活、レジャー、自己の領域でも先延ばしをおこなう傾向が強い（領域1、領域7、領域10、領域11）。また、このカテゴリーは、コミュニティとロマンスという社会生活の領域とも深く結びついている（領域4、領域5）。

残る一つは、「親密な人間関係」のカテゴリー。友達、家族、子育ての領域がここに含まれる（領域8、領域9、領域12）。最も先延ばしが軽度なのがこのカテゴリー。子育てに関して先延ばしをしていると回答した人は非常に少なかった。子育ての過程で噴出する緊急の問題の数々は、ほかのあらゆることより優先的に対処されているようだ。

先延ばしによってどういう代償を払わされるかは、成功、自己改善、親密な人間関係のいずれの分野で先延ばしをおこなうかによって異なる。成功の分野で先延ばしをする人は、必然的に資産が増えない。自己改善に関して先延ばしをする傾向の強い人は、心身の両面で健康がそこなわれやすい。

一方、人間の幸福の度合いは、成功と自己改善の影響も受けるが、親密な人間関係の影響を最も強く受ける。私が一二〇〇件近い先行研究をメタ分析したところ、ある人の幸福度を左右する最大の要素は、充実した人間関係だとわかった。せっかく資産や健康に恵まれていても、それを一緒に楽しむ人がいなければ価値が薄らいでしまう[*2]。

どの分野にせよ、先延ばしをおこなえば代償を払わされる。先延ばしの度合いがひどいほど、その代償は大きくなる。具体的に見ていこう。

貯金とキャリア

仕事を先延ばしする人が最もよく口にする言い訳は、「追い込まれたほうがいいアイデアが浮かぶんですよ」というものだ。そう感じる理由は、非常にはっきりしている。締め切り間近にならないと仕事に手をつけないとすれば、もっぱら締め切り直前にアイデアが生まれるのは当たり前のことだ。

しかし、土壇場で生まれるアイデアは、早い段階から取りかかる場合より質も量も劣る。厳しいスケジュールのもと、強いプレッシャーがかかる状況では、概して人間の創造性が低下するからだ。[*3] 締め切り前夜に突貫工事で課題に取り組み、目がしょぼしょぼしてきた午前三時に思いついたアイデアは、たいてい平凡で、ぱっとしない。画期的なアイデアとは、一般的に、念入りな準備の上に花開くもの。骨折って題材への理解を深めたうえで、時間をかけてアイデアを「孵化」させる必要があるのだ。

期限が迫ったほうが効率よく課題を処理できると言い張る人もいる。この主張は、部分的には正しい。タイムアップのブザーが鳴る直前に、私たちのモチベーションが最も高まることは間違いない。しかしこの理屈の問題点は、「早い段階で課題に取り組むと効率が悪化する」というふうに、狡猾に話をすりかえていることだ。もし、それが正しいとすれば、明日だけ働くより、今日と明日の二日間働くほうが好ましくないということになる。どう考えても理屈に合わない。

教育、キャリア、所得など、いずれの領域を見ても、先延ばし人間はおおむね、そうでない人より成功できない。しかも残念なことに、人生における成功の度合いに及ぼす影響が重大な領域ほど、つまり教育よりキャリア、キャリアより所得のほうが総じて先延ばしの弊害が大きい。

具体的には、私の調査によって以下のことがわかった。[*4] まず、高校生と大学生を見ると、先延ばし癖のある学生・生徒のうち、平均以上の成績を取っている人は四割だけ。六割は平均以下だった。幸運な四割のグループに属している人も、先延ばし癖が自分の足を引っ張っていることはしっかり認識するべきだ。聡明な頭脳など、ほかの資質により、先延ばしのマイナスを補っているだけにすぎない可能性が高いからだ。間違っても、この悪癖がプラスに作用しているなどと誤解してはならない。

この点では、私も偉そうなことは言えない。学生時代は、期末試験のテスト勉強を先延ばしした挙げ句、遅れを取り戻すために徹夜で勉強したことがよくあった。しかし、その作戦がとんでもない悲劇を招いた。あるとき、フランス語の試験の後半をすやすやと眠りこけて過ごしてしまったのだ。おかげで、今日にいたるまで外国語への苦手意識が抜けない。誰に話を聞いても、程度の差こそあれ、たいてい似たような経験をしている。

学生は、寝ていない時間のざっと三分の一を先延ばしで無駄にしている。[*5] 平均すると、試験直前でさえ二日間に合計八時間以上も娯楽に費やしている。[*6] スケジュールを上手に管理できないことは、学生たちにとって最大の悩みの種であり、大学で単位を落とす原因でもある。[*7]

この習性は、失うものがもっと大きな局面でも同様に発揮される。博士号取得を目指して大学院で学ぶ学生のほとんどは学位を取る前に大学院をやめたり、博士論文をいつまでも書き上げられなかったりする。その大きな原因が先延ばしだ。論文が未完成の学生は、「博士（ＡＢＤ）」というカッコつきの肩書きで呼ばれる。「ＡＢＤ（＝all but dissertation）」とは、「学位論文が未完成なことを除けば」という意味である。[*8] この落とし穴にはまり込む学生がとても多い証拠に、ジョージ・チャムという漫画家は、大学院生の先延ばしの実態をテーマにした漫画を描いて生計を立てているほどだ。驚いたことに、せっかく名門大学院に入学し、必要な科目をすべて履修し、データも集め終わり、あとは論文を書き上げて口頭試問に備えるだけの段階までたどり着いても、少なくとも半分の学生は途中で挫折する。それまで莫大な時間をつぎ込み、しかもやり遂げれば目覚しい恩恵がある（平均して給料が三割高くなる）にもかかわらず、である。[*9]

先延ばしがキャリアに及ぼす悪影響は、教育に及ぼす悪影響よりさらに大きい。先延ばし癖の持ち主の六三％は、キャリアにおける成功の程度が平均以下だった。先延ばし人間は、キャリアの滑り出しで早くもつまずき、職探しを先送りにしてしまう。そのせいで、先延ばし癖のない人より長く無職で過ごす傾向がある。[*10]

先延ばし人間は、職に就けても、学生時代より課題が過酷だと感じる傾向がある。無理もない。仕事である以上、学校より締め切りが厳格に適用される。アメリカのカルゴン・カーボンという会社の顧問弁護士だったマイケル・モクニアックは、一四〇万ドル相当の請求書の処理を先送りしすぎたせいで職を失った。[*11] また、仕事上の課題はときとして学校の課題に比べて量が多く、締め切り間際に一息に仕上げることがはるかに難しい。仕事の場ではいつ不測の事態が発生しても不思議でないので、締め切り直前に複数の課題が同時に持ち上がる場合もある。

もっとも、先延ばし癖の持ち主の六三%が平均以下ということは、裏を返せば、残り三七%はこの悪癖をもっているのに人並み以上の成功を収めていることになる。たとえば、あなたが勤務先の会社のCEOを「ママ」と呼び、会長を「パパ」と呼ぶ境遇にあれば、どんな悪癖の持ち主でも出世できるかもしれない。あるいは、先延ばしすることがそもそも難しい職に就けば、先延ばし人間でも悲惨な結果を招かずにすむだろう。セールスやジャーナリズムの仕事など、日々のゴールが決められている職種は、際限なく課題を先延ばしする余地が比較的小さい。

資産全般を見ると、先延ばしの影響はいっそう大きいようだ。あくまでも自己申告だが、先延ばし人間のうちで自分が資産づくりに成功していると思う人はわずか二九%にとどまった。残りの人たちは、自分の資産が平均以下だと感じている。

先延ばしの魔の手は私たちの生活のさまざまな場所に入り込み、銀行口座の残高にも影響を及ぼす。[*12] たとえば納税者の先延ばし癖のおかげで、アメリカ政府は年間に少なくとも五億ドル以上も税収が増えている。いちばんよくあるパターンは、税務申告を先延ばしした末に、あわてて書類を作成し、署名を忘れて提出してしまうというもの。その結果、税務書類が期限内に受理されず、延滞税を納める羽目になるのだ。[*13]

貯金をすると、物理学者アルバート・アインシュタインをして「人類最大の発明」と言わしめたものの恩恵を受けられる。それは、複利の力だ。あなたが銀行に預けたお金は、単に利息を生むだけではない。利息がまた利息を生む。あなたの子どもが孫をつくって、子孫がどんどん増えるのに似ている。大ざっぱに言えば、複利で計算すると、二〇歳から三〇歳までの間、毎年五〇〇〇ドルずつ貯金すると、三〇歳以降毎年五〇〇〇ドルずつ貯金するより豊かな老後を迎えられる。一六二六年にニューヨークのマンハッタン島を二四ドル相当のビーズなどと交換に手放したアメリカ先住民がそのお金を貯金して複利で運用していれば、いまマンハッタン島を丸ごと買い戻し、さらにこの島の上にあるすべてのもの——ロックフェラー・センターのクリスマスツリーに始まり、トランプタワーの役員会議室の革張り椅子にいたるまで——を買い取れただろう。[*14]

問題は、先延ばし人間が将来に備えてお金を貯めようと思っても、その計画をほとんど実行に移さないことだ。イソップ童話の「アリとキリギリス」で言えば、アリではなくキリギリスのように振る舞ってしまう。そういう行動パターンのせいで、複利の恩恵を受けたり、投資の配当を手にしたりするチャンスを失う。それが重大な結果を招く場合もある。二〇〇六年にフィナンシャル・サービシズ・レビュー誌に掲載された論文は、次のように結論づけている。「人生の遅い段階になって貯蓄を始める場合は、非常に多くの金額を貯金に回さなくてはならず、高所得層以外がその負担に耐えられるか疑問である」[*15]

しかも、先延ばし人間はえてして、クレジットカードの返済が自転車操業状態に陥る。未払いの残高を毎月積み残し続けるのである。家族が所有するクレジットカードすべての未払い残高を合計すると、アメリカの世帯ではその金額が一万ドルを上回る場合が多い。[*16] いわゆる「ユニバーサル・デフォルト」条項により、アメリカのクレジットカード会社は、利用者がなんらかの支払い（電話料金でも電気料金でもいい）を滞らせれば、一方的に金利を引き上げられる。ほとんどまう。

入会勧誘キャンペーンで〇%金利を適用されていた利用者も、その特典をたちまち剝奪されてしあれば一一三%に上る場合もある。いずれにせよ、どこかで一度でも延滞すればそこでアウト。近くに達する。大手百貨店シアーズのカードの利用者であれば三二%、メキシコに在住する人での先延ばし人間はこの落とし穴にはまり、最も高い金利を適用されている。その利率は年二九%

ここで、再び複利効果が頭をもたげてくる。ただしこの場合、複利はきわめて邪悪な性質を発揮する。アメリカのクレジットカード会社は、先延ばし人間の悪癖のおかげで高額の利息を手にし、莫大な利益を得ているのだ。[*17] カード会社は愛情をこめて、延滞ぎみの利用者のことをカード業界の「お得意様」と呼ぶ。[*18]

先延ばし癖が個人の財務状態に悪影響を及ぼすことを示す研究結果は多いが、ここでは、ビジネススクールのMBAプログラムで学ぶ学生たち――まさに「未来のリーダーたち」だ――の行動に光を当てた研究を紹介しよう。実験の被験者は、シカゴ大学ビジネススクールの学生たち。熾烈な競争の世界に生きていることを誇りにしている学生も多いが、先延ばしにより破滅的な行動を取るケースがしばしばあることが実験でわかった。[*19]

まず、学生たちに何度かゲームをさせる。ゲームの勝者には、最大で三〇〇ドルの賞金を授与する。賞金の受け取り方に二つの選択肢を用意し、学生に選ばせる。その場ですぐに小切手を受け取るか、それとも二週間待って、割り増し金額の小切手を受け取るかを選ばせるのだ。この実験で学生たちが取った行動は、先延ばし人間がそうでない人たちより概して貧しい理由を浮き彫りにしている。三分の二の学生は、いますぐ小切手を受け取るほうを選んだが、なんと平均して四週間後まで換金しなかったのである。

まだピンと来ない読者のために、ラストの事例を紹介する。文字どおり、人生の「ラスト」――つまり遺言づくりの先延ばしについて見てみよう。アメリカの著述家リーバイ・キャロル・ジュドソンは一八四八年、先延ばし人間が遺産分配計画の決定を後回しにしがちであることを指摘した。「ほとんどの人間は、病に倒れるまで遺言を作成しない。遺言をつくる気になったときにはたいてい、すでにかなり衰弱していて明確な遺言を残せず、相続人たちより弁護士の取り分が多くなる結果を招く[*20]」

この文章が書かれて一世紀半あまりたっても、状況はほとんど変わっていない。あなたも遺言を作成していないか、以前つくった遺言の有効期限が経過しているのに、新規につくり直していないのではないだろうか[*]。遺言づくりを先延ばしした結果が明らかになるときには、あなたはもうこの世にいないが、おそらく醜い負の遺産を家族や親戚、友人に残す[*21]。それなのに、法律上有効な遺言を残さないまま死ぬ人のほうが多い。アメリカでは、すべての死者の四分の三がそれに該当する。作曲家のジョージ・ガーシュウィン、ロックミュージシャンのリッチー・バレンス、実業家のハワード・ヒューズ、ザ・フーのドラマーだったキース・ムーン、ソウル歌手のバリー・ホワイトはみな、遺言なしで世を去った。エーブラハム・リンカーンとマーティン・ルーサー・キング・ジュニアは、改革の先延ばしと闘うべく政治的活動をおこない、しかも殺害予告をたびたび受けていたのに、命を奪われたとき遺言を残していなかった[**]。

遺言なしで死亡した場合に遺産がどのように処分されるかは、国の法制度によって異なる。すべて国庫に入る国もあるし、憎しみ合っていた兄弟や姉妹に財産が渡ってしまう国もある。別居していてもまだ離婚が成立していない夫や妻がいれば、遺産がその人物（とその新しいパートナー）のものになる国もある。いずれにせよ、あなたの大切なパートナーや親友、支援している慈善事業などには、なにも残せない可能性がある。あなたの財産は二束三文で売り払われて換金されて、山わけされかねない。遺産相続に関する法律では概して、親より子が優遇されるので、あなたが死ねば、まだ若くて無分別な息子や娘が財産をごっそり手にし、好き放題に無駄遣いする事態を招くかもしれない。

＊　その点、私は違う……と言っても、この本を書いたのをきっかけにあわてて遺言をつくっただけなのだが。妻と二人の子どもたちのために、この箇所の原稿を書いた数日後に遺言を完成させた。

＊＊　「いかなる職業にも当てはまることだが、法律家にとって重要なのは、勤勉であることだ。今日できることを明日に積み残してはならない」とリンカーンは述べ、「いますぐやらないことは、二度とおこなわれない」とキング牧師は述べているのだが。

健康的な生活習慣

大腸癌の予防と早期発見のために大腸内視鏡検査が重要だということは、誰でも知っている。

しかし、この検査を受けることを想像するだけでぞっとすると、ほとんどの人が言う。検査の手順を詳しく説明されるだけで――実は、いまから私がこの本でその説明をするのだが――不快になる人も多い。

大腸内視鏡検査の最初のステップは、腸をなるべくきれいに掃除すること。そのために、非常に強力な下剤を大量に飲む。口に入れたものがほぼそのままの状態で下から出てくるまで、それを続ける。あわせて、浣腸もおこなう場合が多い。こうして、上と下から腸の中を空っぽにする。それがすむと、ようやく医師に検査してもらえる。ガウンに着替え、横向きに寝て、一センチほどの内視鏡を直腸に挿入される。内部を見やすくするために、たいてい空気を送り込んで腸を膨らませる。鎮静剤を投与される場合もある。検査は三〇分くらい続く。終わったあとは、肛門がぬるぬるしたように感じる。ざっとこんな感じだ。

少なくとも五〇歳以上の人は、この検査を定期的に受けたほうがいい。ところが、それを先延ばしにしている人が驚くほど多い。癌の専門医でさえ、そういう人がいる。私の義父は大きな医学研究センターを運営していて、大腸内視鏡検査の意義を十分理解していたはずなのに、検査を受けなかった。不愉快な検査だというのは、説明を聞くだけで想像がつく。しかし検査を後回しにすれば、大腸癌で死ぬリスクが高まる。大腸癌は、肺癌に次いで二番目に死亡率の高い癌だが、肺癌と違って、早い段階で癌の芽を見つけられれば治療しやすい。大腸癌は0～4の五つのステージ（段階）をへて進行し、ステージが進むにつれて生存率が急激に落ち込んでいく。

恐怖心や不快感や羞恥心のせいで大腸内視鏡検査を後回しにする失敗は、非常に有能な人たちの間でもよく見られる。アメリカのニュースキャスター、ケイティ・カーリックは、そのせいで夫を亡くした。私の父は二人目の妻を亡くした。ようやく医師の診察を受けたときは、もはや検査の必要がなかった。検査するまでもなく病状が明らかなほどに、癌が進行していたのだ。最後の一年、次第に衰弱していく義母と、それを見守る父の姿を見て、これほど悲劇的なことはないと、私は強く感じた。しかし医療の世界では、珍しくない話だ。大腸癌以外の病気や健康上の問題でも、早期発見・早期治療が好ましいのに、検査を先延ばしにする人が非常に多い。先延ばし人間にとりわけ不健康な人が多いのも無理はない。

先延ばし人間は、検査や治療をなかなか受けないだけではない。そもそも治療が必要な状態をつくり出す行動を取りやすい。先延ばし癖は、健康上のリスク要因でもあるのだ。先延ばし癖の持ち主は衝動性が強く、誘惑に屈しがちで、目先の快楽に走るのと引き換えに将来の痛みを背負い込む傾向が強いからだ。

しかも、先延ばし人間は健康のために好ましい行動をあまり取ろうとしない。先々に恩恵を得られるとわかっていても、目先の苦労を避けたがる。たとえば、あなたはデンタルフロスで歯の掃除をしているだろうか。やったほうがいいことは理解しているはずだし、やってみようと思うこともときどきあるだろう。しかしあなたが先延ばし人間だとすれば、おそらくデンタルフロスの習慣が身についていないのではないか。[*22] 私のかかりつけの歯科医によれば、いままでに治療した最悪の患者は、歯垢が分厚い壁をなしていて、歯の表面が完全に隠れていたという。治療前の歯の写真を見せてくれると言われたが、断って賢明だったと思っている。

もしあなたが重度の先延ばし人間であれば、いま手元にたばこがあるかもしれない。とりあえず、大麻たばこでないだけマシということにしよう（過去に一度や二度は大麻たばこを吸ったことがあるかもしれないが）。あなたはたばこに負けず劣らず、お酒も好きなのではないか。でも、お酒はほどほどにしたほうがいい。たばこを吸ったまま、酔いつぶれるのはまずい。たぶんあなたは、火災検知器の電池交換を先延ばしにしているはずだからだ。ディナーは、サラダだけで軽くすませるのではなく、カロリーたっぷりの食事をおなかいっぱい食べるのだろう。あなたが自動車を運転するとき、まわりの人たちがおびえた目で見ているのにお気づきだろうか。気の短いあなたの運転は、危なっかしくて仕方がないのだ。遠慮ない指摘に、どうか腹を立てないでほしい。と言っても、どうせ無理だろう。あなたはかなりの癇癪持ちのはずだから。図星だろう。[*23]

喫煙、過剰な飲酒、ドラッグ、向こう見ずな振る舞い、大食、危険な運転、喧嘩、不用心なセックス……これらはすべて、先延ばし人間が過剰におこなう行為だ。先延ばし人間の持ち前の衝動性が触発されて、欲求の追求を後回しにできなくなる結果、そういう行動に走る。もしあなたがこれらの行動パターンの半分以上に該当するのであれば、健康的なライフスタイルのお手本とは言いがたい。おそらく、そのツケをいずれ払わされる。

善行の先延ばし

アウグスティヌスは四世紀に生まれたキリスト教の神学者だが、現代の私たちにとっても非常に興味深い存在だ。なにしろ、ミュージシャンのスティングが歌詞で取り上げているほどだ。アウグスティヌスはキリスト教に改宗する前、当時広く信仰されていたマニ教を信じており、聖人というイメージからすると考えられないほど、肉欲の快楽を味わいつくしていた。マニ教は子づくりのためのセックスを否定したが（この点はマニ教が滅亡した理由の一つと言われている）、快楽のためのセックスは容認していた。アウグスティヌスと複数の愛人たちはセックスの快楽におぼれた。[*24] そうした享楽的な生活ぶりを知れば、この聖人がビールの守護聖人とされていることも意外でないだろう。酒はアウグスティヌスにとってきわめて大きな誘惑の種だったのだ。

キリスト教に改宗したあとは、性欲をおさえることに苦労した。「主よ、私に純潔な日々を送らせたまえ。ただし、いますぐにではなく！」という言葉には、アウグスティヌスの性欲の強さがよく表れている。禁欲生活を送ることを先延ばしし続け、それゆえに激しく打ちのめされたように感じていた。[*]

同様の苦しみは、きわめて多くの人が経験している。[**] 世界の有力な宗教は総じて先延ばしを厳しく戒め、救いと悟りにいたる道を歩むうえでの回り道と位置づけている。[*25] そういう教えは理にかなっている。善行を先延ばしにして、悪しき行為に手を染めれば、精神の堕落を招く。いくつか例を見てみよう。

ヒンドゥー教のとくに重要な聖典は、叙事詩『マハーバーラタ』の一部である『バガヴァッド・ギーター』だ。[*26] この聖典の一節でクリシュナ神は、「不摂生で、野卑で、高慢で、不道徳で、邪《よこしま》で、怠惰で、意気消沈していて、ものごとを先延ばしする人間」は動物に転生すると述べている。

イスラム教では、「先延ばし」に相当するアラビア語の「タスウィフ」がほぼ「善行の先延ばし」を意味するくらい、善行をなさないことを強く戒めている。[*27] イスラム法の土台をなす文献である『イスラムの柱』も先延ばしにたびたび言及しているが、好ましい資質として触れている箇所は一つもない。[*28]

主要な宗教のなかで最も戒律がゆるやかな宗教と言われることの多い仏教でも、紀元前一世紀頃から伝わる最古の経典『パーリ語経典』で一貫して、先延ばしを明確に戒めている。[*29]「先延ばしをやめなくてはならない。やりたいことを実行し、なりたい自分になるための時間が永遠に残されていると思い込もうとするのは、おしまいにすべきである」と、アメリカ生まれのチベット仏教の僧スーリヤ・ダースも述べている。[*30]

しかし、先延ばしが最も問題になっている宗教は、文献で言及される頻度から判断する限り、キリスト教だろう。キリスト教の説教には、先延ばしをしてはならないと説くものが非常に多い。その主たる原因はおそらく、キリスト教が悔い改めることをきわめて重んじている点にある。[***] 罪深い利己主義的な生涯を送っても、死の直前に許しを乞えば、罪はあがなわれると、キリスト教では考える。簡単に言えば、期末試験の直前に泥縄式で間に合わせることが認められているため、善行を先延ばしする人間がどうしても多くなる。

主要な宗教がことごとく先延ばしを戒めているのは、私たちがいつ死ぬか予測できないからだ。いつ死ぬかわからない以上、悔い改めて道徳的に振る舞い、善行をおこなうのに適切な時期は、いま以外にない。ヒンドゥー教の聖典『マハーバーラタ』に収められている逸話がわかりやすい。主人公のユディシュトラが物乞いに対して、明日お金をやると約束した。それを聞いていた弟のビーマが裁判所の勝訴の鐘を打ち鳴らした。「なんだよ?」と、ユディシュトラが尋ねた。「どうして鐘を鳴らした?」。ビーマはこう答えた。「そんな約束をすれば、もう勝ったようなものだからね。明日どうなるかなんて、まったくわからないのだから」。イスラム教の第四代カリフのアリーもこう述べている。「死が差し迫った人間はみな、もっと時間が欲しいと願うが、まだ時間をもっている人間はみな、ものごとを先延ばしにしては、言い訳ばかりしている」

宗教的な発想に立てば、もしある日突然、私たちの生命が停止すれば、それまで善行と瞑想と改悛を先延ばししてきた人の魂は永遠に地獄に堕ちかねない。あらゆる宗教が聖なる戦いで敵とすべきなのは、邪悪な力ではなく、ごく自然な人間の性質だ。実際、どの宗教も信者の先延ばし癖と戦ってきた。宗教が信者に約束するご褒美はほとんどの場合、遠い将来にならないと得られないからだ。死後の救済は、目先の快楽をもたらす罪深い行為と比べて、魅力の面でどうしても大きく見劣りがする。どの神を信じるかをめぐり世界には深い亀裂があるが、先延ばしという問題を抱えている点では、すべての宗教が多くの共通点をもっている。

＊ アウグスティヌスは著書『告白』でこう書いている。「あなたの言葉の正しさを、あなたがあらゆる面で実証なさるとき、私はそれに納得していないながらも、いつもながらの怠惰で無気力な言葉を繰り返すのです。『いますぐやります。でも、少しだけ待ってください』。しかし、その『いま』はいつまでたっても訪れず、『少し』は永遠に続くのです」

＊＊ たとえばカトリックの聖人であるガブリエル・ポセンティは、重い病気を患うたびに修道院に入ろうと思うのだが、病気から回復するといつも決意が消し飛んでしまった。それを何回か繰り返してようやく、決意を貫いて修道院での生活を始めた。しかし遅すぎたようだ。その数年後、結核で世を去った。

＊＊＊ 一八世紀アメリカの神学者ジョナサン・エドワーズは、『先延ばし、すなわち未来に依存することの罪深さと愚かしさ』と題した著書を残している。「先延ばしは魂の誘拐犯であり、地獄の勧誘者である」と、一八世紀スコットランドの牧師エドワード・アービングは述べているし、「先延ばしは地獄ではぐくまれたものである。地獄に堕ちたキリスト教徒はことごとく、この邪悪で有害な悪魔の策略の犠牲になったのだ。ものごとを先延ばしするのは愚かである」と、一九世紀アメリカの牧師ジョン・H・オーギーは書いている。

罪悪感と後悔の日々

先延ばし人間は、そうでない人たちより貧しく、不健康なだけでなく、不幸せに感じている。その一因は、先延ばし行為に付随するストレスと後ろめたさにある。ものごとを先延ばししていると、その罪悪感により、課題を実際におこなうときに味わう苦労以上に大きな苦しみを背負い込む。ようやく課題に取りかかったとき、ほっとする場合も多い。「なんだ、思っていたほどたいへんじゃなかった！」と感じるのだ。先延ばし克服のハウツー本の著者リタ・エメットの言葉を借りれば、「課題をおこなうことそのものより、課題をおこなうことへの恐怖心のほうが私たちから多くの時間とエネルギーを奪う」のである。

先延ばしに関するオンラインフォーラムは、しばしば先延ばし人間の懺悔室の様相を呈する。以下は、「プロクラスティネーターズ・アノニマス（無名の先延ばし人間の会）」と「プロクラスティネーション・サポート（先延ばし人間支援の会）」のオンラインフォーラムに寄せられたコメントの一部である。

「私はいろいろな面で成功を収め、人生で多くのことを成し遂げてきました。ですが、いつも惨めな気分を味わっています。やるべきことを先延ばしした挙げ句、罪悪感に押しつぶされて、最後に長時間ぶっ通しで働いてどうにか仕事を仕上げ、もうこんなことはしまいと誓うのですが、そのうちにまた先延ばしを始めてしまいます。いま、いろいろなことを長い間先延ばししすぎたせいで、仕事が山積みになっています。どうすればその状態から抜け出せるかわかりません。そもそも抜け出すことが可能なのかと、不安を感じています」

「二週間前に新学期が始まり、最初のうちは順調でした。宿題はすべて早めに片づけ、おかげで自由な時間もたっぷり楽しめました。ところが、また昔の私に逆戻りしてしまいました。最悪の結果を考えると不安でたまりません。中間試験まで、あと二カ月くらいあります。私は過去の成績ほど出来の悪い学生ではないはずなのですが、勉強に本腰が入りそうにありません」

「『私はひどい先延ばし癖の持ち主なのです』と言うと、みんな笑って『私も同じですよ』と言います。でも、みんなはうまくいっているように見えます。先延ばしのせいで、破滅の瀬戸際まで追い込まれてはいないでしょう。私と違って。誰か私を助けてください」

「やるべきことを、やるべきときにやる。それが自分の好きな課題かどうかに関係なしに。本当に、そういう人間でありたいのです。普通の人はちゃんとそうしているのに。そんな当たり前のことさえできないことに、心が痛みます」

「オンライン会議室に頼っていることからして、とても恥ずかしいのです。こんなにも自制心が欠けているとは、私はいったいどういう人間なのでしょう。自分の悪癖との闘いを長年続けてきました……討ち死を運命づけられている戦いをしているように感じています」

「シャレにならない悪癖なのに、それが愉快な欠点であるかのように自分を欺き続けてきました。でも実は、とても悲惨なことになっています。電子メールの返事を書くのに何カ月もかかります。そのせいで、私生活の面でも、人間関係の面でも、お金の面でもツケを払わされています……私が素早くやり遂げられることは、デザートをたいらげることだけです」
先延ばし人間が払わされる代償は、罪悪感と仕事の質の低下だけではない。このタイプの人は、いますぐ満足感を味わいたい。映画『チャーリーとチョコレート工場』に出てくる女の子ベルーカ・ソルトみたいに、なんでも片端から欲しがる。しかし、いますぐ満足感を手にしようとすれば、将来のもっと大きなご褒美を手放す羽目になる場合が多い。目先の快楽を味わうために、不快なことを先延ばしするのは、クレジットカードで大量の買い物をするのに似ている。いまはお金を払わなくても買い物を楽しめるが、いずれ代金を支払わなければならない。しかもそのときは利息が加わり、支払い額がふくれ上がっている。テレビやコンピュータゲーム、インターネット、数独のパズルなどで日々を無駄に過ごせば、将来後悔することが目に見えている。
私たちは、短期的には「やったこと」を後悔するが、長い目で見れば「やらなかったこと」を後悔する。間違ったことをする以上に、やるべきことをやらないほうが大きな打撃をもたらすのだ。実行しない、試みない、後回しにする。これらは人間の性だ。誰でも程度の差こそあれ、こうした欠点を抱えている。人生の三つの主要な領域——成功、自己改善、親密な人間関係——のいずれかで、あなたも先延ばしを後悔した経験があるはずだ。もしそうでないとしても、これから後悔するときが来るに違いない。[*31]
人生を振り返ると、もっと勉強すればよかったとか、あのとき勇気を振り絞ってデートに誘えばよかったとか、時間を割いてお母さんに電話をすればよかったとか後悔することは珍しくない。私たちはみな、「失われた可能性」という亡霊に取り付かれて生きている。「〜だったかもしれない自分」を思い描き、できたはずなのに、あるいは、できたかもしれないのにやらなかったことを悔やみ続ける。[*32]

私は自戒を込めて、この文書を書いている。兄のトビーはサルコイドーシスという病気を患っていた。俳優のバーニー・マックの命を奪った重い病気だ。私たちがついに人工呼吸器をはずす決断をし、トビーが息を引き取るのを見守っていたとき、自分がいかに愚かな時間の使い方をしていたかを思って、胸が押しつぶされそうになった。兄の出演する舞台を見に行くのを先延ばししていたことを後悔した。もっと早く病院に駆けつけなかったことを後悔した。もっと兄と一緒にファストフードを食べながら、テレビでB級映画を見て過ごせばよかったとか、そういう些細なことの数々を後悔した。あんなに賢くて愉快な人物はほかに知らなかった。それなのに、トビーの存在を当たり前のように思っていた。

人生とは、意味のある偶然が重なるものだ。葬儀の直後、私は新聞を読んでいて、たまたま一篇の詩を見つけた。メアリー・ジーン・アイアンの詩だ。自分の軽率さを戒めるために、新聞から切り抜いておいた。いまもデスクの引き出しの中に入っている。たぶん、この章を締めくくるために、ずっとそこで待っていたのだろう。こんな詩だ——

普通の一日よ、あなたのありがたさを私に気づかせてほしい
あなたがいなくなる前に、私があなたから学び、あなたを愛し、あなたを祝福するように

させてほしい
完璧な明日という、ほとんどありえないものを追い求めるあまり、私があなたの前を素通りしないようにさせてほしい
私があなたをしっかり捕まえているようにさせてほしい。私がいつもそうできるとは限らないから
ある日、私は爪を立てて地面を掘り、あるいは枕に顔を埋めて
あるいは、自分の体を精いっぱい広げ、空に手を突き出して
この世界にあるすべてのものをもらうより、あなたに戻ってきてほしいと願うに違いない

さあ、この本を閉じて、やるべきことに取りかかろう。躊躇してはいけない。故郷のお母さんに電話をかけよう。学校のレポートを書きはじめよう。意中の相手をデートに誘おう。いまこそ、あなたがずっと待っていた「行動のとき」だ。

予想どおりの行動

さて、本を閉じて、行動を起こしただろうか。いや、まだ行動していない。あなたがすぐに課題に取りかかることはないだろうと、私には予想がついていた。でも、心配しなくていい。そんなに簡単にいかないことはわかっている。第7章以降で、あなたの行動パターンを変えるための

道案内をしていくので待っていてほしい。

しかしその前にもう少し、先延ばしの代償を論じたい。次の第6章では、先延ばしが社会全体に及ぼす経済的打撃を説明する。そのコストの大きさは、おそらくあなたの最も大胆な予想をも上回るだろう。

第6章

企業と国家が払う代償

アメリカで1年間に生じる損失は10兆ドル

一時の感情や目先の関心事は、政策や公益や正義といった抽象的な問題や未来の問題に関する思考を押しのけ、人間の振る舞いをたちどころに、そして強力に支配する。

――アレクサンダー・ハミルトン（アメリカ建国期の政治指導者）

アメリカほど、先延ばしに関する有益な事例が豊富な国はない。すべての先延ばし研究の三分の二近くは、アメリカ人を対象におこなわれている。この国で先延ばしにより多大な損害が生じていることを考えれば、それは意外でない。

しかし、その「多大な損害」の具体的な金額はどのように割り出すのか。手順は次のとおりだ。まず、国全体でどれだけの勤労者がいるのかを求める。アメリカの場合、その数は一億三〇〇〇万人を上回る。以下では、計算を簡単にするために、端数を切り捨てて一億三〇〇〇万人ちょうどと考えることにする。次に、勤労者の年間の平均賃金を求める。五万ドルを超すという試算もあるが、ここでは控えめに四万ドルとして話を進めよう。続いて、勤労者が年間に何時間働くかを求める。ＯＥＣＤ（経済協力開発機構）のデータによれば、アメリカ人は年間一七〇三時間働いている。一日八時間労働とすれば、年に二一二日あまり働いている計算だ。[*1]

最後に、人々が一日にどれだけ、ものごとを先延ばしして時間を浪費しているかを求める。アメリカ・オンライン（ＡＯＬ）とサラリー・ドットコムが一万人以上の勤労者の労働習慣を調べたところ、一日八時間の労働時間のうち二時間以上を先延ばしで無駄にしているとわかった（昼休みやその他の正規の休憩時間を別にして、である）。ここでも、計算を簡単にするために二時間ちょうどと考える。[*2]

すると、アメリカでは一億三〇〇〇万人が一日八時間のうち二時間、すなわち年間四一四時間を先延ばしで浪費しているとみなせる。アメリカ人の一時間の労働時間の価値は、年間賃金の四万ドルを年間労働時間の一七〇三時間で割って、二三・四九ドル（勤務先の企業が上げる利益はこの数字に含まれていないので、会社が利益を上げていれば、勤労者一人当たりの一時間の価値はもっと高くなる）。したがって、勤労者が先延ばしにより勤務先に及ぼしている損害は、二三・四九ドル×四一四時間で、一人当たり年間で最低九七二四ドルほどという計算になる。[*3]この数字にアメリカの勤労者の総数を掛け合わせると、一二六四一二〇〇〇〇〇〇〇〇ドル。つまり、一二兆六四一二億ドルである。

しかもこの計算では、すべての段階で控えめの数字を用いた。一カ国で一年間に生じる損失を控えめに試算しただけで、一〇兆ドルを軽く超すのだ。ノーベル経済学賞を受賞した経済学者のゲーリー・ベッカーの言葉を借りれば、「現代の経済においては、人的資本（簡単に言えば、労働者の能力のこと）こそ、富と成長を生み出すうえで際立って重要な資本である」[*4]。だとすると、私たちの仕事時間の四分の一が先延ばしで浪費されていることの損失はあまりに大きい。

こんな数字はちょっと信じがたい？　そう思うのであれば、一人が一日に先延ばしして過ごす時間を二時間ではなく、一時間と想定してもいい。平均賃金ではなく、すべての勤労者が法律の定める最低賃金を支払われているものとして計算してもいい。それでも、アメリカの勤労者の数が一億三〇〇〇万人に達することを考えれば、国全体での先延ばしによる損失額が莫大な金額になることに変わりはない。

仕事時間中の先延ばしは、問題の一部でしかない[*5]。貯蓄する能力や迅速に政治的決断をくだす能力も、先延ばし癖によって大きくそこなわれる。これらの側面での損失額も一〇兆ドルを超すだろう。以下で、順番に詳しく説明する。

職場のサボりが生み出す経済損失

職場で先延ばしが横行すればするほど、損失は大きくなる。先延ばしをするのは、平社員だけではない。マネジャーやCEOも先延ばしをする。「ヤング・プレジデンツ・オーガニゼーション（若き社長の会）」という財界団体がある。年商一〇〇〇万ドル以上の企業を経営する四五歳未満の経営トップが集まる団体だ。その会員九五〇人を対象にした調査では、ほとんどの人が「不快な課題に取り組む」ことに困難を感じると答えている[*6]。

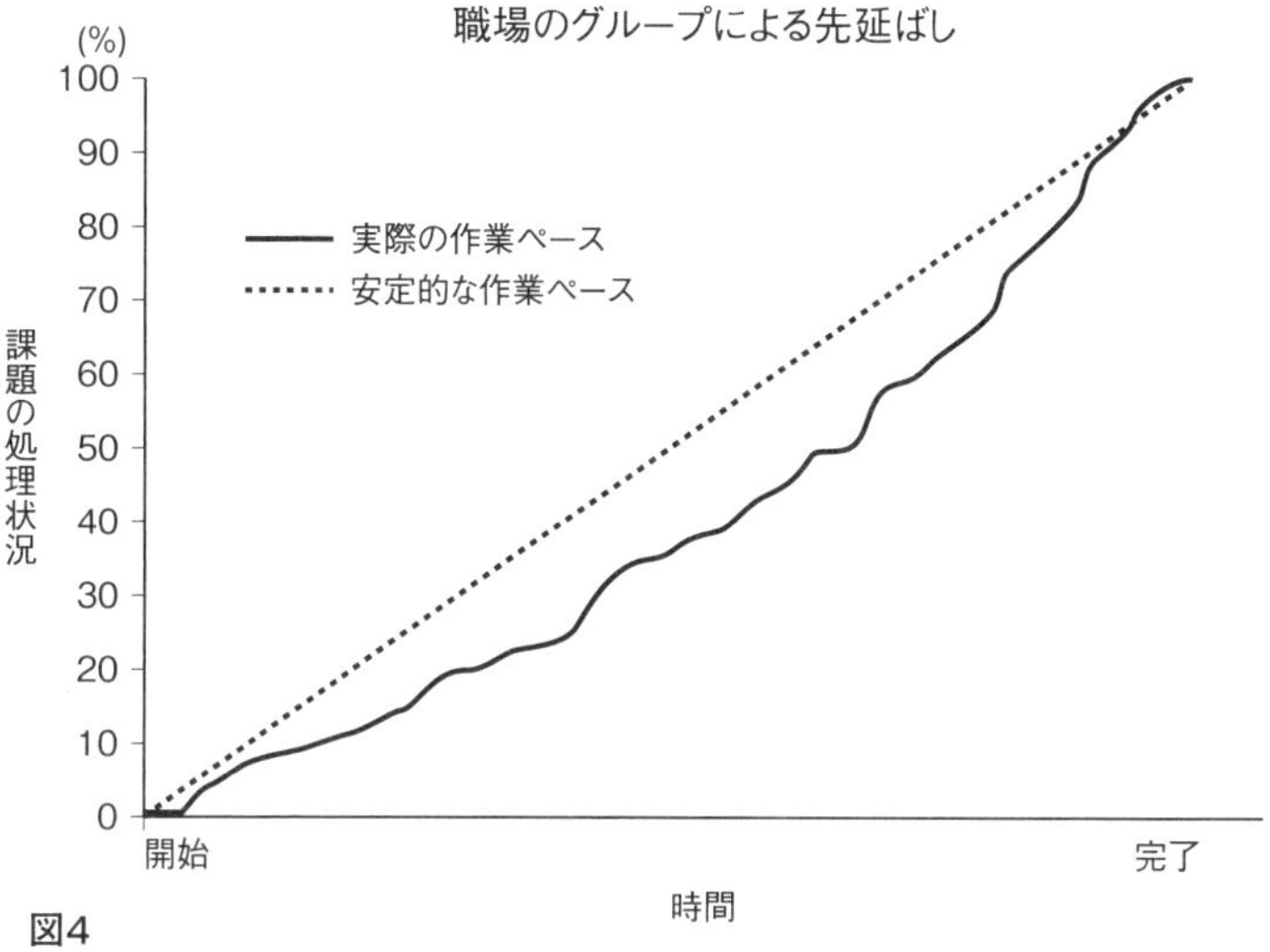

図4

　私の研究によれば、企業などの組織内のチームやグループも課題を先延ばしする。[*7] 図4は、ビジネス上の課題に取り組むグループがプロジェクトに着手してからやり遂げるまでの平均的な作業ペースをグラフにしたものだ。実線は、実際の平均の作業ペース。点線は、一定の速度で終始作業すると仮定した場合のペースである。第2章で見た大学生の課題先延ばしのグラフとそっくりなことに気づいただろうか。職場のグループも学生と同じように、ゆっくりスタートして、締め切りが近づくとペースアップするのだ。[*]

　なぜ、ビジネスの世界のあらゆる場面に先延ばしが蔓延しているのか。最大の原因は、学生の勉強の妨げになっているのと同じ要因——つまりインターネットである。「e-breaking（電子息抜き）」「cyberslacking（電脳サボり）」などという言葉もあるように、インターネットは職場で時間の無駄遣いを生む最も深刻な原因だ。[*8] およそ四人に一人は、勤務時間中にオンラインゲームをした経験があると答えている。オンラインゲームを提供するウェブサイトの利用数は、午後五時になると急激に落ち込む。ほとんどの人の勤務時間が終わる時間にオンラインゲームの利用が激減するのだ。それがなにを意味するかは言うまでもないだろう。[*9]

オンラインゲームだけではない。インターネットで動画を見たり、おもしろい動画の情報を友達に教えたりすること――「video snacking（動画のおやつ時間）」と呼ばれる――も、仕事の大きな妨げになっている。動画視聴件数は昼休みの時間に一気に増えるが、どの時間帯にも動画は頻繁に見られている。遠くない将来、動画の視聴はすべてのインターネット利用の半分を占めるようになると予測されている。[*10]「私が目の当たりにしている動画のアクセス件数から考えると、アメリカ経済の生産性に不安を感じざるをえない」と、オンラインサービス大手アメリカ・オンライン（AOL）の動画部門責任者であるミゲル・モンテバーデは述べている。[*11] なんと、ポルノサイトにも同様の傾向が見られる。アクセス数の七〇％が午前九時～午後五時の時間帯に集中しているのである。[*12]

そして、SNS（ソーシャル・ネットワーキング・サービス）も忘れるわけにいかない。カナダの新聞によると、トークスイッチという会社は、SNSの脅威をまざまざと見せつけられた。あるとき、六五人の社員全員が同時にフェイスブックにアクセスしていることを発見したのだ。[*13]

ほとんどの企業は不適切なインターネット利用を社員に禁止しているが、ルールを徹底するのは難しい。社員はコンピュータのスクリーンを操作し、コンピュータでなにをやっているか遠くから見えにくくできる。そうすれば、上司が席のそばに来る前に仕事用のソフトウェアを立ち上げる時間を稼げる。文書作成ソフト「ワード」のシェルでインターネットにアクセスするためのソフトウェアもある。「キャンチュー・シー・アイム・ビジー（私が忙しいのがわからないの？）」というウェブサイトでは、傍目には図表やグラフを操作しているみたいに見えるゲームをオンライン上で提供している。

対抗するために、企業の三社に二社はサーバーにファイアウォール（防御壁）を設け、なんらかの形で社員のインターネット利用を制限している。オンラインセキュリティの専門企業ウェブセンスでは、自社の社員のインターネット利用状況を自動的に監視し、私用のネットサーフィンが二時間を超すと、アクセスを遮断している。ギャンブル、ポルノ、動画、ＳＮＳ関連のウェブサイトへのアクセスを広範に、恒久的に制限している企業や団体も多い。[*14]

しかし、インターネットの利用を禁止しても、先延ばしを撲滅できるわけではない。職場での先延ばしはさまざまな形で現れる。ほとんどのウィンドウズパソコンには、ソリティア（一人でおこなうトランプゲーム）のソフトがあらかじめインストールしてある。このゲームは長年にわたり最も人気のあるコンピュータゲームであり続けていて、第四三代アメリカ大統領ジョージ・Ｗ・ブッシュも愛好者だという。[*15] コンピュータに挿し込んで使うＵＳＢメモリーに、ゲームを保存している人もいる。それに、携帯電話やスマートフォンを使えば、好きなだけインターネットにアクセスできる。

電子機器にいっさい触れないようにしても、問題は解決しない。職場での一日はたいてい、長い時間をかけて新聞を読むことから始まる。私が姉の家に泊まると、朝は新聞の奪い合いになる。新聞に載っている数独パズルを早くやりたいからだ。ビル・クリントンはアメリカ大統領時代、ホワイトハウスで毎日、ニューヨーク・タイムズ紙のクロスワードパズルを解いていた。

先延ばしを助長するのは、ゲームやパズルだけではない。「人間は誰でも、どんな量の仕事でもこなせる。ただし、いますぐやるべきとされている仕事だけは別だ」と喝破したのは、二〇世紀前半に活躍したアメリカの作家ロバート・ベンチリーだ。私たちは重要でない仕事に手をつけて、重要な仕事を先延ばしする。先延ばしの原因になる「重要でない仕事」の典型は、電子メールだ。いまや、働く人の四割は電子メールを使って仕事をしている。[*16]

電子メールの着信を知らせるメッセージがコンピュータに表示されると、それまでやっていた作業を中断し、最新のメッセージを読む。しかも、電子メールはひっきりなしに送られてくる。ところが、本当に有益なメッセージはごく一部だ。大多数は電子的なゴミでしかない。一部はスパム(一方的に送りつけられる宣伝用メール)だが、私たちにとって最大の脅威は、味方のなかの敵だ。私たちが受け取るゴミメールのかなりの割合は、いわば「友好的スパム」なのである。友人や同僚が悪気なしに、社交行事の案内や善意のチェーンメール、町の噂や新しい複雑な企業方針などに関して、次々と電子メールを送りつけてくる。この種のメッセージはひょっとすると重要な情報かもしれないので、目を通さないわけにいかない。

奪われるのは、実際に電子メールを読んだり書いたりしている時間だけではない。マイクロソフトの社員を対象にした調査によると、電子メールで業務を中断されたあと、集中力を取り戻して、それまでやっていた仕事に再び着手するまで、平均して一五分かかる。[*17] 情報関係の職に就いている人は、一日に電子メールの着信を五〇回もチェックし、携帯メールを七七回以上利用している。[*18] これでは、仕事がはかどるはずがない。調査会社ベーセックスの調べによると、電子メールによる仕事の中断時間とその後に集中力を取り戻すために要する時間を合わせると、一日の勤務時間の四分の一以上(時間にして約二時間)が失われているという。[*19] 複数の作業を並行しておこない、集中力を向ける対象を頻繁に切り替えると、仕事の処理能力が大幅に落ち込むことがさまざまな研究によりわかっている。[*20] 電子メールをチェックしていると、いかにも仕事をしているように見えるが、見かけほど仕事は進んでいないのである。

＊ グループ単位の先延ばしが蔓延している証拠に、その現象を言い表すための学術用語もある。ビジネスを研究している学者たちは、「断続平衡」という言葉を使うことが多い。

蓄えなき老後がやって来る

そこなわれるのは、私たちが生産的な活動に費やす時間だけではない。せっかく生産的な活動で利益を得ても、先延ばしのせいで目減りしかねないのだ。私たちの資産は、稼ぐ金額だけでなく、貯める金額に左右される面が大きい。複利の効果が発揮されることを考えると、貯蓄は資産を増やすための確実な道だ。しかも、銀行に預けた金は投資に回るので、国の経済にも好ましい影響が及ぶ。

貯蓄はときに、きわめて大きな効果を生み出す。二〇〇四年以降、平均的なシンガポール人は平均的なアメリカ人より豊かになったが、それはおおむね、シンガポール人が熱心に貯蓄した結果だ。[*21] 先延ばしが社会にはびこると、貯蓄があまりおこなわれなくなり、安易に借金がされるようになって、人々の財務状態が悲惨なことになりかねない。あなたの老後の資金計画は大丈夫だろうか。

宝くじで大金を当てる「計画」を別にすれば、あなたの老後資金は三つの柱で支えられている。一つの柱は、政府だ。しかし、政府は収入以上に金を使う悪癖があるので、将来、国民に約束している(雀の涙ほどの)公的年金を全額支給できる保証はない。アメリカの場合、二〇四〇年に人々が受け取れる公的年金は、予定の三分の二ほどにとどまる見通しだ。二〇〇八年の金融危機の影響で、その金額はさらに減る可能性が高い。[*22] 二つ目の柱は、勤務先の企業だ。確定拠出型年金の制度では、年金の掛け金として給料のうちのいくらを天引きさせるかをあなたが決め、たいていそれと同額を勤務先の会社も拠出するものとされている。[*] 三つ目の柱は、あなた自身だ。自分で老後のための資金を貯蓄・運用するのである。最も当てにできるのはこの柱だが、問題はすべてがあなた次第ということだ。

社会で先延ばしがますます蔓延するようになり、老後資金の三つの柱がぐらつきはじめている。ほとんどの人が昔ほど貯蓄をしなくなっているのだ。[*23] 個人で老後資金を蓄えようとしないばかりでなく、確定拠出型年金の掛け金も拠出しようとしない。掛け金を増やせば、企業負担分が増えて実質的にただでお金をもらえるのに、である。
とりわけ状況が深刻なのはアメリカだ。かつて二けたあった世帯貯蓄率は、数十年にわたって下落し続け、二〇〇五年についにマイナスに転じた。つまり、将来のために今日の収入の一部を蓄えるのではなく、多額の借金をして、明日の収入を前借りして今日使っているのだ。アメリカ人は平均して、収入より〇・五％多く金を使っている。そのために、マイホームを担保に借金するだけでは足りず、およそ五人に一人は老後のために蓄えたファンドを担保に金を借りており、ますます老後資金が心細くなっている。[*24]
おまけに、借金のなかには、俗に言う「嘘つきローン」（無審査ローン）で融資されているものもある。この種の借金は、はじめのうちは返済可能に思えるが、やがてその人の財務状態を破綻させる。「給料日ローン」（次の給料日までの短期の少額融資）を利用すれば、困窮している人たちがとりあえず一息つけるが、先々の財務状態はいっそう厳しくなる。給料日ローンを繰り返し利用する自転車操業状態になると、利息金利は年間で五〇〇％を超すケースも多い。[*25]先延ばし人間は、この種の金融商品の餌食になりやすい。大きなコストが発生するのは将来のことで、さしあたりは恩恵を得られるからだ。
こういう状況が望ましくないという点で、専門家の意見は一致している。老後のことを考えれば、なんらかの蓄えをしなくてはならない。理想としては、四〇代以上の人は所得の一〇〜二〇％以上を蓄えたほうがいい。[*26]二〇〇八年の金融危機で年金基金の運用額は平均して二割以上減ったが、それ以前から、老後資金の蓄えが不十分だと感じるアメリカ人が増えていた。[*27]その不安は的はずれでない。仕事を退くとき、アメリカ人のおよそ八割以上は、蓄えが十分でないことに気づく。しかし、そのときにはもう手遅れなのだ。[*28]

老後のための貯蓄を先延ばしすれば、悠々自適の引退生活でなく、お金に困る哀れな老後を送る羽目になりかねない。そういう事態を避けるために、アメリカ政府はいくつかの制度を用意している。個人年金の拠出額を課税対象所得から控除しているのは、いいアイデアだ。この種の制度を十分機能させるためには、控除を認めるだけでなく、はっきりした締め切りを設ける必要がある。先延ばし癖の持ち主は、締め切りが近づいてはじめて行動を起こすからだ。その点、確定申告までに個人年金用の掛け金を拠出しなければならないという仕組みは、有効なものに思える。老後資金の貯蓄という長期にわたる課題を一年単位の課題に細分化できる利点がある。[*29]

実際には、これでもまだ十分でない。そこで世界の国々の政府は、ほかの対策も推進している。企業の年金プログラムへの自動加入制度はその一例だ。[*30] 社員は勤務先企業の企業年金プログラムに自動的に加入するものとし、しかも本人が変更しない限り、掛け金や運用方法に関して標準コースを選択したものとみなす。年金プログラムから脱退したり、掛け金を減らしたりするのは個人の自由だが、先延ばし人間はそういう決定も先延ばしにしがちだ。結果として、この種の制度を設けることにより、年金加入率が目覚ましく向上する。[*31]

このほかの巧みな戦略としては、行動経済学者のリチャード・セイラーとショモロ・ベナルチが考案した「ＳＭａｒＴプラン」がある。[*32] ＳＭａｒＴとは、「Save More Tomorrow（＝明日、もっとたくさん蓄える）」の略。このプランは、未来を軽く考えるという先延ばし人間の習性を逆手に取ったものだ。先延ばし人間は、いますぐ掛け金を負担することには気のりがしなくても、将来負担することにはあまり抵抗を感じない。そこで、「あとで貯蓄する」という選択を「いま」おこなうように促すのだ。[**] 具体的には、来年から年金プログラムに参加するかどうかをいま決めさせる。来年からの参加を約束する書類をいったん作成すると、先延ばし人間はあとで取り消しや変更の手続きをすることを億劫に感じて先延ばしする。その結果、予定どおり掛け金を払いはじめる。この点は、自動加入制度と同じカラクリだ。

＊　国によって呼び名は違うが、アメリカ、カナダ、イギリス、フランスなど、多くの国の政府が確定拠出型年金制度を推進している。

＊＊　しかも、年金の拠出額を将来の昇給額の範囲内にとどめるものとし、掛け金の天引きが始まっても手取り額が現在より減らないようにしてある。これは、「昇給の錯覚」を利用した巧妙な手法だ。昇給の金額はたいてい物価上昇率に連動して決まるので、給料が上がっても実質的に豊かになるわけではない。それでも、昇給すると余裕資金が手に入ったように感じて、出費に対する抵抗感が薄らぐのだ。

政治の意思と行動のギャップ

私たち個人と同じように、政府も収入より多く金を使う悪癖をもっている。いま私がこの本を書いている時点で、世界の国々の中央政府の債務は途方もない金額にふくれ上がっている。公的債務がGDP（国内総生産）の五割を上回る国も少なくない。あなたがこの文章を読む頃には、もっと状況が悪化しているだろう。アメリカでは、その金額はGDPの一〇〇％、一六兆ドルに達している可能性が高い。

どうして、私たちはこんなにも借金の泥沼にはまり込んでしまったのか。あらゆる先延ばし人間に共通する特徴である「意思と行動のギャップ」は、一国の政府も悩ませている。支出を減らそうと心に決めても、いざその決意を実行に移す段階になると、心変わりしてしまうのだ。アメリカ議会はこれまでも再三、政府の借り入れ可能額の上限を定める法律を制定して、支出に歯止めをかけようと試みてきた。わかりやすく言えば、クレジットカードの利用限度額を定めるようなものだ。[*33] しかし残念ながら、この措置は、アルコール依存症の人物が酒蔵に鍵をかけ、鍵を鍵穴にさしたままにしておくに等しい。政治家は新たな法律を可決して、もっと高い金額に上限を設定しなおせる。アメリカの政治家たちは、それを何百回も繰り返してきた。

目先の問題を手っ取り早く解決するための行動ばかり取りたがるのは、政府の性質だ。本当に重要な問題より、目の前の問題が優先される。アメリカ建国の父たちも、この点を理解していた。章の冒頭で、アメリカ合衆国憲法の父、アレクサンダー・ハミルトンの言葉を紹介したが、権利章典（合衆国憲法の人権規定）の生みの親であるジェームズ・マディソンも次のように述べている。「最初のうちは課題を先延ばしし、最後になってあわてて行動するのは、この種の（立法）機関の性質である」

政府の債務に関して、初代大統領ジョージ・ワシントンはこんな言葉を残している。「国家の

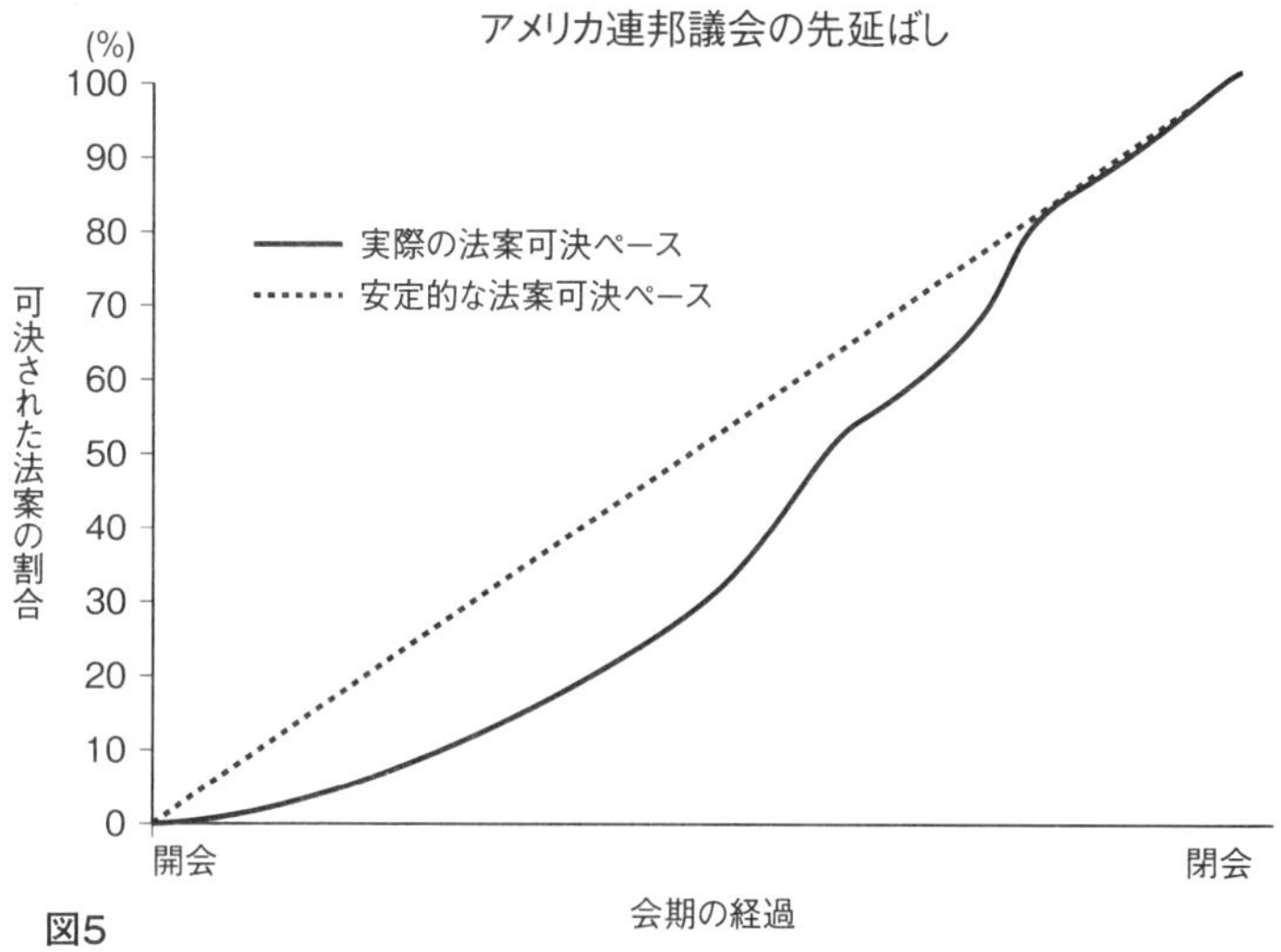

図5

公的な信用がまだ完全に確立できていない面があるとすれば、先延ばしがそれに好ましい影響を及ぼすことはない。我々は、可能な限り揺るぎない土台の上に信用を築かなくてはならない。債務が積み重なって、やがて政府全体を危機に陥れることは避けなくてはならない」

建国の父たちは正しかった。図5を見てほしい。第2章の図2(大学生の課題先延ばしのグラフ)と先の図4(職場のグループの課題先延ばしのグラフ)に似ているが、図5は、一九四七〜二〇〇〇年のアメリカ連邦議会の平均的な法案可決ペースを示したものである。[*34] 見てのとおり、議会は会期の終盤に大量の法案を可決させる傾向が強い。

政治的な駆け引きで採択が遅れる法案もあるが、ほとんどの場合は先延ばしが遅れの原因だ。しかも、議員たちの先延ばしの度合いはことのほかひどい。このグラフでは、実線と点線の隙間の面積が広いほど、先延ばしが深刻だとみなせる。議会のグラフを先の二つのグラフと比較すると、議員たちの先延ばし癖が平均的な大学生以上に悪質なことがわかる。

弊害は、財政再建が遅れることだけではない。国が取り組むべき長期的な目標や課題がことごとく先送りされてしまう。ときには、指導者の先延ばし癖が国の存立を脅かす場合もある。実は、アメリカ独立戦争の勝敗は、先延ばしが原因で決まった面もあったのかもしれない。植民地軍総司令官のジョージ・ワシントンは一七七六年一二月、ニュージャージーで、イギリスの雇ったドイツ人傭兵部隊の駐屯地を攻撃し、部隊を壊滅させた。このとき、ドイツ人傭兵部隊の司令官のもとには、植民地軍による攻撃を警告するメモが届いていた。しかし司令官はカードゲームをなかなか切り上げず、メモに目を通さないうちに襲撃を受けてしまった。[*35]

第二次大戦時の指導者であるイギリスのウィンストン・チャーチルとアメリカのドワイト・アイゼンハワーは、それぞれの政府内の先延ばし癖とあからさまに闘っていた。両国の政府は、第二次大戦前はナチス・ドイツとの戦争に対する準備を、第二次大戦後は旧ソ連との冷戦に対する準備を先延ばししていたのである。[*36]

今日、世界のすべての国の政府が直面している最も切迫した問題は、環境破壊と資源枯渇だ。いま、いくつかの環境上の危機が進行しており、それらの危機はことごとく同じ時期にピークを迎える。その時期とは、二〇五〇年前後である。遠い先の話だと感じるかもしれない。しかし環境問題は、針路を変えるのに時間がかかる巨大タンカーに似ている。何十年も早めに対策を始めないと間に合わない。環境問題という巨大タンカーが目の前に現れたときには、もはや針路を変更できないのだ。ところが、各国政府は環境問題への対策を先延ばしにし続けている。[*37]

まず、私たちの足元の土壌がむしばまれている。[*38]現在すでに、すべての農地のおよそ四〇％がダメージを受けていたり、農業が不可能になっていたりする。残っているわずかな農地だけで、二〇五〇年までに九〇億人を突破するとされる世界の人口の食料をまかなえるのか。それだけの農作物を生産するうえで欠かせない淡水が手に入るかどうかも心もとない。二〇五〇年までに、世界の国の七五％が深刻な水不足に悩まされるとみられている。[*39]海の状況も似たり寄ったりだ。[*40]海洋のおよそ四〇％は、水質が汚れていたり、漁業資源が乱獲されていたりして、世界で魚が次々と絶滅している。このままいけば、二〇五〇年には天然の魚介類を捕る漁業が完全に壊滅すると予測されている。

温暖化を論じるまでもなく、地球には重大な問題が山積みなのだ。きわめて暗い未来が訪れるという点で、大方の意見が一致している。温暖化懐疑論の立場に立つ未来学者のフリーマン・ダイソンでさえ、このままでは地球の未来は暗いと考えている。「地球の資源は減り続けていて、地球はますます危うくなっている。私たちが未来を見通して行動できないせいで、この惑星は急速に大都市のスラム地区のような状態に移行しつつある」

温暖化に関して言えば、二〇五〇年までに地球の平均気温が三度程度上昇すると予測されている。[*41]あなたがどの国に住んでいるとしても、この変化が好ましい結果をもたらすことはない。アマゾンの熱帯雨林など、生態系が丸ごと崩壊するとみられている地域もある。地球上の動植物の種のおよそ三分の一が絶滅し、何十億人もの人たちが飢餓に苦しみ、餓死者が続出する。このような未来が自分にとってどういう意味をもつのか考えるべきだ。

政府機関は、かなり前から警告を受けていた。一九九二年には、ノーベル賞受賞者の大半を含む世界の有力な科学者一七〇〇人が「世界の科学者たちから人類への警告」という声明に署名し、次のようにきっぱりと訴えた。「地球の管理人として、私たちの行動と生活を大きく改めるべきである。さもなければ、人類が途方もない悲劇に見舞われ、世界の人々の住み家である地球が取り返しのつかない破壊をこうむることが避けられない」

環境危機を避けるためにどうすべきか、私たちはずっと前から知っていたのに、その知識を行動に移すことを先延ばしし続けてきた。[*42] もっと早く適切な行動を取っていれば、現在の危機はすべて避けられたかもしれない。いま行動を起こせば、まだ危機を和らげられるかもしれない。問題は、知識や技術の欠如ではない。モチベーションの欠如が問題なのだ。

政府が本当に重要な問題を後回しにして、目先の問題ばかり優先させがちなことに気づいていたアメリカ建国の父たちは、その弊害を小さくする狙いで、ある制度をつくった。政治家が後先考えない行動を取ることにブレーキをかけるための仕組みを用意したのだ。それは、議会の二院制である。ジョージ・ワシントンはトーマス・ジェファーソンに、なぜ下院だけでなく上院も必要なのかを次のように説明した。

「どうして、私たちがコーヒーをわざわざカップからソーサーに移し替えて飲むのか、ご存じだろうか?」と、ワシントンは言った。

「冷ますためでしょう」と、ジェファーソン。

「だとすれば」と、ワシントンは言った。「法案の熱を冷ますために、上院というソーサーに移してから飲むようにすればいいのです[*43]」

ワシントンのお勧めのコーヒーの飲み方がエチケット違反だという点はさておき――ある本によると、「紅茶やコーヒーをソーサーに移してから飲むことは……きわめて不作法であり、礼儀が重んじられる場ではけっしておこなわれない」そうだ[*44]――二院制は手堅い政治システムとして、多くの国で採用されている。私たちはどうしても、本来やるべきことを後回しにし、すぐに実行できることに手を出してしまう。そこでアメリカ合衆国憲法は、良識の府である上院での法案審理を立法プロセスに組み込むことによって、この問題を和らげようとした。二院制では一院制より法案成立に時間がかかるので、「すぐ実行できるか」以外の要因に基づいて意思決定がなされると期待されたのである。

行動経済学を政策に

最近まで、現代社会で人間の衝動性をありがたがるのは、その性質につけ込もうとする人たちだけだった。しかし、時代は変わりはじめている。人間の非合理性を考慮に入れる行動経済学の考え方が政府の公共政策に取り入れられるようになった。ギャラップ社主催の「グローバル行動経済学フォーラム」のようなイベントが開催されて、さまざまな政治的立場の経済界と政界のリーダーたちの注目を集めている。イギリスのデービッド・キャメロン首相とアメリカのバラク・オバマ大統領は、それぞれ保守政党とリベラル政党の政治家だが、いずれも行動経済学に基づく政策を検討している。[*45]「問題に正面から取り組むべきであり、未来の大統領や未来の世代に課題を先送りすべきでない」というオバマの大統領就任演説の一節は、とりわけ心に響く。その考え方の一部は、すでに政策として実行に移されている。企業が企業年金プランへの社員の自動加入制度を設けやすくする法律は、その一つの例だ。しかし、おこなうべきことはまだ多い。

私たちは、個人としても社会全体としても、先延ばしが原因で途方もなく大きな代償を支払わされている。人類の歴史が始まったときからずっとそうだった。しかしいまなら、それに終止符を打てる。第7章以降では、先延ばし癖を矯正するための行動指針を紹介する。あなたがどういうタイプの先延ばし人間だとしても――自信がないタイプでも、課題に取り組むことが嫌いなタイプでも、衝動に突き動かされて行動してしまうタイプでも――それぞれに有効な方法がある。

もっと若い頃に知りたかった、と思うかもしれない。でも、知ってのとおり、早めに行動することは人間の性質を考えれば難しい。ようやく、私たちが先延ばしを卒業する時期が来たのかもしれない。

第7章

自信喪失と自信過剰の最適バランス

「どうせ失敗する」を克服する

モチベーション＝期待×価値／衝動性×遅れ

前向きな態度でものごとに臨みさえすれば、問題がすべて解決するわけではないだろう。しかし、まわりの人たちに前向きな態度を取られたくない人が大勢いるというだけでも、そういう態度を取ってみる価値が十分ある。

――ハーム・オルブライト（アメリカの著述家）

私の人生を振り返ると、景気の悪いときに職探しをしていた頃ほど、気持ちがふさいだ時期は、ほかにほとんどなかった。就職活動では、自信を打ち砕かれたり、屈辱を味わわされたりすることが珍しくない。まさに究極の試練を経験するのである。

立て続けに不採用の通知を受け取り、無職の日々が続くと、先が見えない不安がわいてきて、自分の値打ちに自信がもてなくなる。未払いの請求書がたまり、焦りがつのってくる。自分の実力以下の職で手を打つしかないと、追い詰められた気持ちになる。ところが、とうとう妥協して「格下」の求人に応募すると、そういう職さえ手に入らないことを思い知らされる。

あとは、「信じる」ことができるかどうかが問題になる。自分を信じるのでもいいし、神様を信じるのでもいいし、なんらかの計画の有効性を信じるのでもいい。どんなにひどい経験が続いていても、次の面接で道が開ける、次のきっかけが好結果につながる、次の一日は違う結果になると信じなくてはならない。成功を収める人間と先延ばし人間の違いは、そこにあるからだ。自信をもてないと、ソファーで怠惰に過ごしたいという誘惑に勝てなくなる。テレビをいつまでも見続けたいという欲求を断ち切れなくなる。そうして、未来の夢は絵に描いた餅に終わる。[*1]

なぜか。「信じる」ことができれば、期待をいだきやすくなり、先延ばし方程式でモチベーションを高める柱を築けるが、自信をもてなければモチベーションが減退するからだ。新しい課題や難しい課題に対して自信をいだけない人は珍しくないが、なかには自信喪失が慢性化し、なにごとも「どうせ失敗する」と決めつける人もいる。そういう低い自己イメージは、イメージどおりの悪い結果を招く。失敗を予想すると、失敗の確率が高まるのである。どうせ失敗すると思っている人は、本腰を入れて努力しないからだ。成功するためには、適度の楽観主義をもつことによりモチベーションを高める必要がある。

しかし、過度の楽観主義も先延ばしの原因になりかねない。[*2] イソップ童話の「ウサギとカメ」

の話を思い出してほしい。ウサギとカメの競走で、カメよりはるかに足が速いウサギは勝利を確信して途中で昼寝をし、まじめにゴールを目指したカメに抜かれてしまう。楽観主義の研究に長年取り組んできた心理学者のマイケル・シェイヤーとチャールズ・カーバーは、こう指摘している。「楽観主義が過剰になったり、非生産的な結果を生んだりするケースもあるようだ。たとえば、歯止めなき楽観主義をいだくと、努力をせず、好ましいことが起きるのをただ待つようになり、結果として成功の確率を減らしかねない」[*3]

課題をやり遂げるまでに要する時間を想定するときはとりわけ、過度の楽観主義に陥りやすい。心理学の世界では、この落とし穴を「計画の錯誤」と呼ぶ。ごくありきたりの課題を終わらせるまでにどれだけ時間がかかるのかさえ、ほとんどの人は正確に予測できない。[*4] 家族にクリスマスプレゼントを買うにせよ、取引先に電話をかけるにせよ、レポートを完成させるにせよ、たいていい思っていたより時間がかかる。私自身、いまこの章の原稿の推敲をしているが、こんなに締め切りぎりぎりまで作業が終わらないとは想定していなかった。

計画の錯誤に陥ることが避けがたいのは、誤った先入観が私たちの記憶に埋め込まれているせいだ。私たちは未来の課題の所要時間を予測するとき、過去に同様の課題に要した時間を思い返す。しかしその際、過去の所要時間を実際より短く考え、課題達成の過程でつぎ込んだ努力と直面した障害を軽く考えてしまう。この計算違いにより、先延ばしの弊害にますます拍車がかかる。締め切りから逆算してぎりぎり間に合う時間に作業を始めたつもりが、残された時間では十分でなかった、という結果になりかねない。

重要なのは、マイナス思考の悲観主義と能天気な楽観主義の適度なバランスを取ることだ。モチベーションを研究しているオハイオ大学の心理学者ジェフリー・バンクーバーは、モチベーションを最大限に高めるうえで最適な楽観主義の水準があることを見いだした。バンクーバーの研究によると、私たちはモチベーションに関してけちん坊だ。目標を達成するために必要最低限の努力しかしようとしない。そのために、努力のレベルをたえず微調整しており、成功の可能性がないと判断すると努力をやめてしまう。[*]

図6を見てほしい。[*5] 縦軸はモチベーションの高さ、横軸は楽観主義の強さ（つまり、課題をどの程度簡単だと考えるか）を表している。誰でも、なるべく少ない努力でなるべく大きな成果を手にしたい。横軸の左端では、課題が非常に難しい。どうせ成功しないとわかっているのに、わざわざ努力する必要などないと、私たちは考える。横軸を右に進むにつれて次第に課題が簡単になり、楽観主義が高まってくると、ある時点で大きな転換点が訪れる。モチベーションが突如、最高潮に達するのだ。「かなりの努力が必要だけど、成功する可能性はある」と思うのである。

しかしそのあと、横軸をさらに右に進んで、もっと楽観主義が高まると、モチベーションがゆっくりと落ち込みはじめる。そしてついに、横軸の右端に達する。課題をたやすく達成できると感じる状況だ。簡単すぎる課題に対して、私たちはあまりモチベーションがわかない。大して努力しなくても成功できると楽観するからだ。先延ばし人間の大半はグラフの左側に位置して（＝過度の悲観主義に陥って）いるが、右側に位置して（＝過度の楽観主義に陥って）いる人もなかにはいる。[*6]

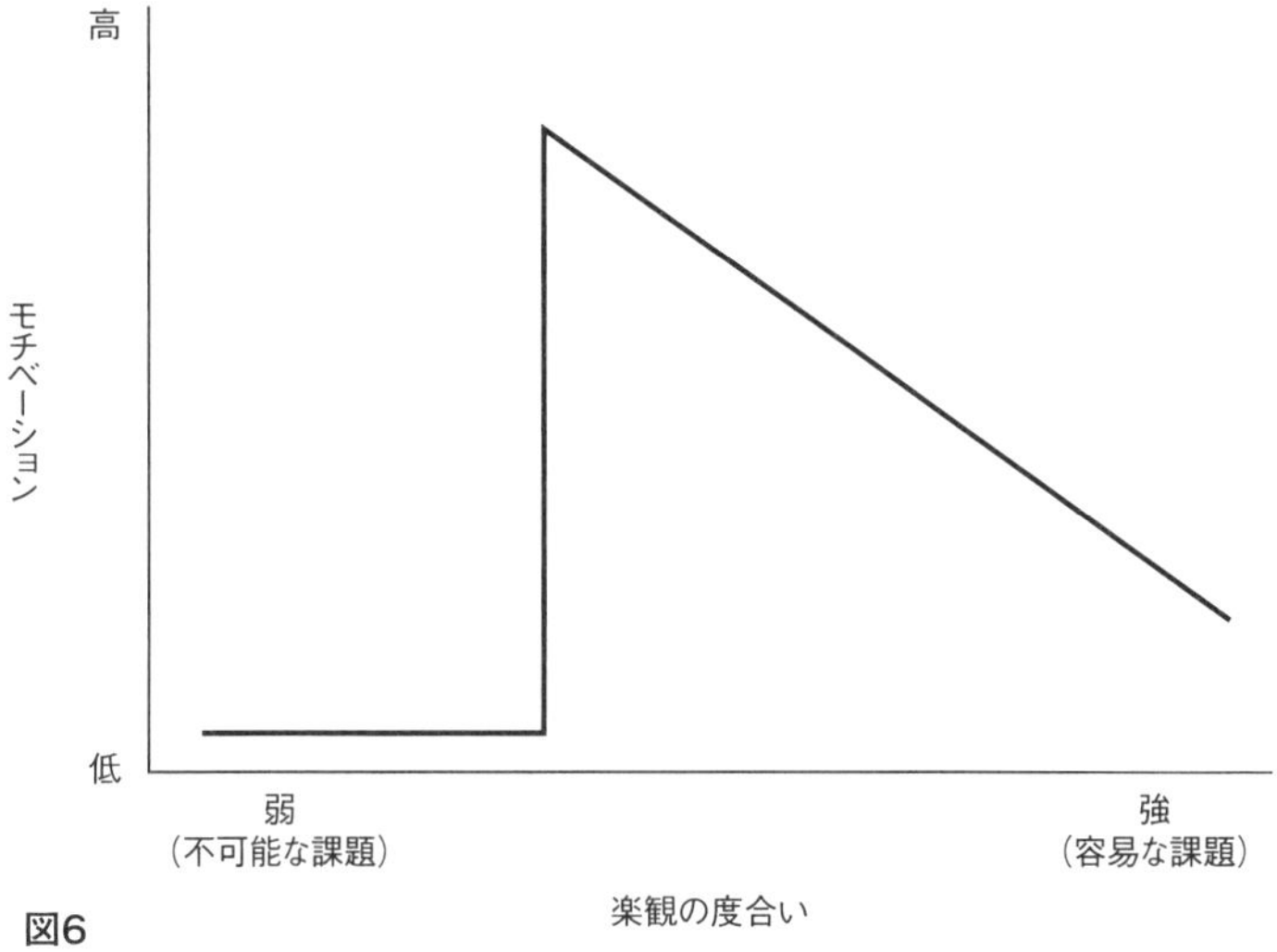

図6

以下ではまず、過度の悲観主義を抜け出すために、楽観主義を強めて期待を高める方法を紹介する。そのあと、自信過剰型の先延ばしに光を当て、過剰にふくれ上がった期待を穏やかにしぼませる方法を考える。

＊　スポーツチームは、いつもこの問題に足を引っ張られる。前年に好成績を収めれば翌年もうまくいくと油断しがちなのだ。米プロバスケットボール協会（ＮＢＡ）のＭＶＰに五度輝いた名選手、ビル・ラッセルはこう述べている。「一度優勝するより、連覇を果たすほうがずっと難しい……前回の優勝チームは、自分たちが翌年も自動的に優勝するものと決めてかかりやすいからだ」

適度な楽観主義者になる

適度な楽観主義は、困難な課題に粘り強く取り組む背中を押してくれる。楽観的にものを考えられる人は、「次はきっとうまくいく」と思える。「成功するためには、あと二、三〇回試みる必要がある」と現実的に計算するより、挑戦を続ける後押しになる。では、どうすれば、前向きな発想を身につけられるのか。「ポジティブ思考をしよう!」といった類いのスローガンや格言は、多くの人に好まれるわりに、効果が乏しい場合が多い。この手のスローガンが最も有効なのは、もともとポジティブ思考を実践している人だ。ポジティブ思考を実践できていない人にとっては、むしろ有害な場合もある。*7

でも、あきらめるのは早い。楽観主義を強める方法を探る科学的研究が始まって、すでに五〇年以上がたつ。有効な方法が三つ見つかっている。

成功の螺旋階段

フットボールにせよ卓球にせよ、あなたが好きなスポーツのスター選手は「成功の螺旋階段」の法則を体現している可能性が高い。私は総合格闘技のファンだ。一九九〇年代半ばに格闘技に目覚め、友達とテコンドーを始めた。すぐに膝を痛めて競技はやめたが、試合の観戦は続けている。なかでも、ブラジルのホイス・グレイシーとアメリカのマット・ヒューズには魅了された。この二人の格闘家は無敵に見えた。しかし、一つひとつの勝利がライバルにとって教材になった。やがて、ほかの選手に対抗策を編み出されたり、技をまねされたりして、二人は王座から陥落した。総合格闘技の世界では、五年前のチャンピオンがいまもトップレベルの選手であり続けることは不可能に近い。

そうしたなか、長期にわたりトップレベルにとどまり続けている数少ない選手の一人がカナダのジョルジュ・サンピエールだ。いまの成功は、過去の失敗――マット・セラという選手に対する苦い敗北――のおかげだと、サンピエールは述べている。「あの負けは人生で最も素晴らしい出来事だった。技術の面では、あれをきっかけに格段に進歩した」という。敗北の一年後に再戦すると、サンピエールはセラを一方的に攻め立て、レフェリーストップで勝利を収めた。

サンピエールが不屈の格闘家として大成できたのは、過酷な子ども時代に始まり、逆境を克服し続けてきた人生の賜物だ。粘り強い努力を重ねて最初の失敗を成功に変え、それにより自信を得て戦いを続けて、実力に磨きをかけていった。[*8] サンピエールの人生は「成功の螺旋階段」の一例だ。手ごわいけれど達成可能な目標を順々に設定し、一つずつ目標を突破していったのだ。この方法であれば、目の前の目標が自分の能力に応じたものになり、モチベーションがわいてくる。一つの勝利を重ねるたびに自信が深まり、前に進もうという意欲をさらにかき立てられる。

これは、その昔、ポリネシア人たちが南太平洋の島々に植民していったプロセスと似ている。故郷の島の港から海の向こうを見ると、遠くに未知の島影が見える。きちんと準備して航海すれば、たどり着ける距離だ。そこで出港し、航海を続けた末、その島に上陸する。そして新しい島の高台に上ると、また遠くに未知の島が見える。そこで、また航海に乗り出す……。[*9] 一歩前進することによって、次の一歩が可能になるのである。

慢性的な自信喪失に陥っていて、どうせ失敗すると思ってばかりいる人は、「成功の螺旋階段」のテクニックを活用すればその状態を抜け出せるかもしれない。では、どうやって螺旋階段の最初の一段に足をかければいいのか。私たちの日常生活には、ものごとを成し遂げる経験を積み重ね、順序立てて自信を築いていく仕組みがない。しかし、アウトドア教室やサバイバル教室は絶好の機会になりうる。この種のプログラムでは、企業の幹部候補生や非行少年などがコーチに鼓舞されて、野山で過酷な試練に次々と挑む。

最も歴史があるのは、アウトワード・バウンドという団体だ。参加者は、少人数のグループで川下りやヨットセーリング、ロッククライミング、洞窟探検、オリエンテーリング、乗馬などの手ごわい冒険をやり遂げることを通じて、問題解決能力と責任感をはぐくむ。冒険に乗り出す前も（どんな装備を持って出かけるか）、冒険の間も（どっちに進むか、どうやって進むか）、一人ひとりがきわめて重要な決定をくださなくてはならない。数々の研究から明らかなように、このようなアウトドア教室は、参加者の自己イメージを改善し、とくに自信を高める効果がある。[*10]

アウトドア教室で激流の川を渡ったり、山を登ったり、不測の事態にどう対処すべきかを考えたりすることを通じて、明確な成功体験を味わい、その体験をはっきり記憶にとどめ続けられる。成功の体験があれば、人間は将来にわたり精神を前向きに保てる。「私にはできた！」という記憶が「私にはできる！」という気持ちを呼び起こすのだ。参加者の自己評価によると、プログラムの終了後も自信が高まり続けていると答える人が多い。大自然のなかで「無理かもしれない」と思っていた課題をやり遂げた人は、日常の生活に戻ると、それまでより高い目標を設定するようになる。こうして、成功体験が自信を生み出し、それが努力の背中を押し、それがさらに成功を生む……という好循環が実現する。「成功の螺旋階段」とは、そういうことだ。

親は、わが子がその螺旋階段を上りはじめるきっかけをつくれる。適切な課外活動を通じて、ものごとを達成する機会を与えれば、子どもの学業成績と自尊心が向上し、ドラッグの使用や非行、中退のリスクを減らせる。[*11] とくに、ボーイスカウトやガールスカウトは、明確な課題を与えて子どもの自信を高める活動のお手本と言っていい。[*12] これらの活動は、実践を通じて学ぶことを旨とし、団員がなにかを達成するごとに評価し、進歩の度合いに応じてバッジを与えるシステムを取っている。[*13] 火をおこす、テントを張る、野外でキャンプをする、仲間のために食事をつくる……子どもたちは、こうした一つひとつの成果を親に報告し、(このほうがもっと重要なのだが)自分がやり遂げたこととして記憶しておける。成功体験の物語が積み重なれば、子どもたちは次の新たな試練に立ち向かう自信をもてる。[*]

私の親友の息子は、自分に自信をもてず、不安を抱えていた。うまくいくという期待をいだけないので、ものごとをすぐにあきらめてしまう。そこで親友夫妻は、非常に厳格なテコンドー道場に息子を通わせた。その子は何度か挑戦して、ついにテコンドーの黄帯を獲得した。少年にとって、これが大きな転機になった。喧嘩に強くなったからではない。学校の勉強などで少年がものごとをあきらめそうになると、親友夫妻は、あきらめずに頑張ったから黄帯を獲得できたこと、そして黄帯を手にしたときの喜びがひとしおだったことを息子に思い出させた。難しい課題をやり遂げた経験があれば、新しい試練が出現しても克服するために努力できるのだ。

もっとも、大人の場合は、子どものようにはいかない。あなたはアウトドア教室に参加する暇がないかもしれないし、私と違って格闘技に興味がないかもしれない。それに、もうボーイスカウトやガールスカウトに入団する年齢ではない。それでも心配はいらない。「成功の螺旋階段」をつくり出す方法は、ほかにもたくさんある。

コツは、取り組みやすい課題から始めて、少しずつ順を追って進歩していくようにすること。そして、意思がくじけそうになる大きな課題を小わけにして、手に負える範囲のものにすることだ。「一頭の巨大なゾウをたいらげたければ、一度に一口ずつ食べよ」の精神で、難しいプロジェクトを小さなステップにわけ、早い段階でなんらかの成果を手にできるようにすればいい。

たとえば、長大なレポートに手をつける気になれなければ、とりあえずできることを探せばいい。レポートのタイトルだけでも決められないか。使えそうな引用をいくつかメモしておけるのではないか。似たようなテーマの文献を見つけて、アイデアのヒントや構成の手がかりを得られないか。ジョギングを一キロするのが無理であれば、まず次の信号まで走ればいい。そこまで走ったら、その日はおしまいにしていい。次の日は、二つ先の信号まで走る。こうやって、少しずつ距離を伸ばしていく。その際、自分の進歩を記録するといい。どれだけの日数で一キロ走れるようになるか、自分でわかるようにするのだ。日々の成果を他人に知らせる必要はない。自分だけの秘密にしておいて、それを励みに頑張ればいい。

一歩一歩は小さな前進にすぎないとしても、それを積み重ねれば、いつかは進歩を成し遂げられる。ゴールに向けてささやかでも前進したと感じられれば、自信になる[*14]。成功は成功の親なのである。

本章以降の三章には、随所に「先延ばし克服の行動プラン」というコーナーを設けてある。紹介したテクニックを簡単に、先送りせずに実行に移すための指針を示した。では、その第一弾をお届けしよう。

先延ばし克服の行動プランⅠ――成功の螺旋階段

興味のあることがらを選び、自分の現在の能力を少しでも高めるよう努力してみよう。その分野で成果を上げて自信が深まれば、ほかの分野でも難しい課題に取り組めるようになる。第一歩として、たとえば以下のことを試みてはどうだろう。これはあくまでもいくつかの例にすぎない。自分でもぜひ、新しい方法を考えてみてほしい。

●職場や地域の活動で、みずから進んでもっと大きな仕事を引き受けてみる。ホームレスのために住居を建設するボランティア活動をおこなうなど、肉体労働をともなう課題であれば、いっそう好ましい。筋肉の張りが自分の努力と成功を思い出させてくれる。

●訪ねてみたかったけれど、たぶん行かないまま終わるだろうと思っていた土地に、足を運んでみる。言葉がわからない国を旅すれば、とくに効果が大きい。

●川下り、山登り、バンジージャンプ、スカイダイビングなど、アウトドア活動や冒険的な活動をやってみる。

●新しいことを学ぶ。料理やキックボクシング、写真、音楽などのレッスンを受講する。小さな上達を確認して、それを自分の勝利と考えよう。
●以前からの趣味でいっそう高いレベルを目指す。ジョギングの習慣がある人は、マラソン大会への出場を目指して本格的なトレーニングを始めてはどうか。音楽ゲームの『ギターヒーロー』が好きな人は、もっと難しいソロに挑戦してもいいだろう。
●うんざりするような課題をなるべく小わけにする。進歩の度合いを記録に残し、成功を積み重ねていく。

＊「4Hクラブ」もそうした機能を果たしている団体の一つだ。農業教育を促進するための団体として出発したが、「実践を通じた学習」をモットーに、いまでは科学などさまざまな分野で若者の成長を助けている。4Hクラブ出身者のなかには、この団体の活動を通じて自信がはぐくまれたと振り返る人が非常に多い。

鼓舞される物語・仲間

私が子どもの頃、動物園はいまと違って、動物たちが暮らす場所というより、檻の中に動物を閉じ込めておく場所だった。昔、父親に連れられて、動物園にゾウを見に行ったことがある。檻の中に母ゾウと子ゾウが並んでいて、二頭とも右の後足を地面とつながれていた。太くて重い金属の鎖でつながれているのは、子ゾウのほうだった。母ゾウは、頼りないロープでつながれているだけだった。

「どうして、パパ？」と、私は尋ねた。「なんで、太い鎖で大きいほうのゾウをつながないの?」。違うよ、と父が教えてくれた。子ゾウはまだ自由の身になろうとして暴れるので、太い鎖が必要だ。しかしそのうちに、いくら暴れても鎖が切れないのだと思い知り、母ゾウと同じようにに抵抗しなくなる。「どうせ逃げられっこない」とゾウが思うようになれば、頼りないロープでも太い鎖と同じように、脱走を防げるのだ。

この動物園のゾウの話は、本当は私の子ども時代の経験談ではなく、聞く人の心を鼓舞するためによく語られる有名な話だ。「私たちには未開拓の力が潜んでいるが、挫折を経験して闘志を失ってしまったせいで、挑戦すれば簡単に潜在能力を発揮できることに気づいていない」というメッセージがここには込められている。このゾウの話を聞くと、私は心を強く揺さぶられる。自分を縛っているロープを断ち切りたいという思いがふつふつとわき上がってくるのだ。

このように私たちの心を鼓舞する物語や言葉はたくさんある。たとえば、シェークスピアの戯曲『ヘンリー五世』で、アジャンクールの戦いの前夜に王が兵士たちの前でおこなった「聖クリスピンの祭日の演説」もそうだし、第二次大戦中にイギリスのウィンストン・チャーチル首相が議会でおこなった「我々は断じて降伏しない」という演説もそうだ。

共感できる要素のある成功者の伝記は、とりわけ効果が大きい。カナダの先住民クワキウトル族出身の女性、カヤダ・シャッテンの場合もそうだった。シャッテンは、アルコール依存症の両親の下で貧しい子ども時代を送ったが、いまは起業家として世界規模のビジネスを展開し、莫大な資産を築いている。このような人生の大転換を遂げられた一因は、子ども時代に背中を押されたことにあると、自分で述べている。幼い頃にロシアのエカチェリーナ二世の伝記を読んで、この女帝を自分の人生のお手本にしたのだ。クワキウトル族の族長の一族であるシャッテンは、エカチェリーナ二世と自分の間に共通点を見いだせたのだ。あなたも、自分にぴったりの成功物語を見つけられるかもしれない。あなたの人生と共鳴し、あなたの秘められた能力を引き出せるような成功者の人生の物語を探してみよう。

しかし、とりわけ自信の乏しい人が最初の一歩を踏み出す背中を押すためには、物語だけでは十分でない場合もある。悲観主義者は、せっかく勝利を収めても否定的なことばかり考えて、勝利の意義を打ち消してしまう。「これくらい、誰だってできるよ」「運がよかっただけだ」「あんなことはもう二度とないだろう」などと考える。[*15]

こういう人が成功を自分の努力の結果と考え、「努力すればいいことが起きる」と思うようになるためには、積極的な後押しが必要だ。一般的に、そういう後押しは、身近に接する人やお手本となる人物を通じて得られる。とくに思春期以降は、同世代の仲間グループの影響がきわめて大きい。[*16] 好ましくない仲間とつき合えば、足を引っ張られるが、好ましい仲間とつき合い、仲間の成功を目の当たりにすれば、「私にもできるはず！」と思える。どういう人と接するかによって、自分の可能性や目標についての考え方が形づくられる。すぐにあきらめる態度にせよ、粘り強く努力する態度にせよ、ものごとに対する姿勢には感染性があるのだ。[*17]

前向きの態度をはぐくむのに打ってつけの団体もある。ロータリークラブなどの奉仕団体は世界に何百万人もの会員を擁し、地域で奉仕活動に取り組んでいる。もっと小規模な団体でもいい。私の妻は地元の町で「フェイマス・ファイブ」という女性団体の昼食会に参加し、女性のリーダーシップについて学んでいる。私はスピーチ技術の上達を目指すトーストマスターズという団体に加入している。トーストマスターズはいつも私を歓迎し、背中を押してくれる。自分で新しいグループをつくってもいい。[*18] たとえばアメリカ建国期の政治家ベンジャミン・フランクリンは、「ジャントー（結社）」ないし「革エプロンクラブ」と称して、毎週金曜の夜に仲間たちをパブに集めて、ビールを飲みながら、地域社会に貢献する方法を語り合った。

先延ばし克服の行動プラン2——鼓舞される物語・仲間

多くの成功物語に触れて、モチベーションをかき立てよう。前向きな考え方の人たちと接することも効果的だ。自分が成功できると信じていて、さらに、あなたが成功できると信じてくれる人たちとつき合おう。そういう人たちに囲まれて過ごせば、あなたも自分が成功できると信じられるようになるだろう。

●心を鼓舞される映画を見る。私が気持ちを奮い立たされた映画には、たとえば、『ザ・ダイバー』『マイ・レフトフット』『アポロ13』『インビクタス／負けざる者たち』『ホテル・ルワンダ』などがある。

●心を鼓舞される伝記や自伝を読む。自分と似た立場や境遇の人物の成功物語を読めば、とくに効果が大きい。書店で店員に相談してみよう。

●心を鼓舞される講演やスピーチを聞く。スポーツ選手や企業経営者が自分の体験を語る機会は頻繁にある。そういう講演会を探して、話を聞きに行ってはどうだろう。

●地域団体や社会奉仕団体、職業団体などに参加する。自分を高めようとしていたり、社会や世界をよくすることを目指していたりする人たちと親しく接すれば、前向きな発想が身につく。

●自分で新しいグループをつくる。メンバーが互いに励まし合えるのであれば、ランニングのサークルでもいいし、聖書の勉強会でもいい。ベンジャミン・フランクリンのように、単に酒を飲みながら議論を交わす集まりでもいい。

脳内コントラスティング法

プロスポーツ選手は、目標を達成するために「ビジュアル化（視覚化）」のテクニックを活用することが多い。寝る前に、自分が完璧なゴルフのスウィングをする場面なり、フィギュアスケートのトリプルアクセルを決めてきれいに着氷する場面なりを具体的に思い浮かべる。理想的なプレーを頭の中で詳細に再現すると、脳のミラーニューロンという神経細胞が活性化されて、プレーを実際に成功させた場合と同じくらいくっきりと、そのプレーが脳に刻み込まれる。[*19] ビジュアル化は、「脳内コントラスティング（対比）法」という手法の一環として実践すれば、先延ばしを克服する役にも立つ。

ニューヨーク大学の心理学者ガブリエル・エッティンゲンの研究をもとに、脳内コントラスティング法の手順を見ていこう。[20] まず、実現したい状態を具体的に思い浮かべる。新しい車が欲しいのであれば、運転席でハンドルを握り、あたりを走らせながら、新車をみんなに見せびらかしている自分の姿をイメージする。憧れている仕事があれば、その仕事に就いて活躍している自分を思い浮かべる。どうだろう？ 脳内に明確な映像を描けただろうか。

よろしい。では、次に進もう。この第二のステップが最も重要だ。いま思い浮かべた理想の状態と、現在の自分を対比する。いま乗っているオンボロ自動車を思い浮かべてほしい。安月給を嘆いて自虐的な冗談を言っている自分を思い浮かべてほしい。そうすると、現状の自分が夢の実現を妨げる障害物に思えてくる。脳内コントラスティング法は、単に楽観主義を生み出すのではなく、やる気を高めるという楽観主義の利点を最大限拡大するためのテクニックだ。これを実践している人は、先延ばしに陥ることなく、ただちに目標を追求しはじめる。

もし第二のステップを省略して、明るい未来だけを思い浮かべると、どうなるのか。「創造的ビジュアル化」と呼ばれるテクニックでは、それを推奨している。要するに、理想とする状態をありありと思い浮かべることによって、目標の現実味を高めようという発想だ。しかし、このテーマを二〇年にわたって研究しているエッティンゲンによれば、そうやって空想することは、触れ込みどおりの成果をもたらすどころか、逆効果を生みがちだという。モチベーションのエネルギーが吸い取られてしまうのである。[*] 創造的ビジュアル化によって創造される好ましいものは、豊かな空想生活だけだ。

エッティンゲンの調査によると、試験勉強にせよ、就職活動にせよ、禁煙にせよ、恋人づくりにせよ、人間関係の改善にせよ、最も成果が上がらないのは、明るい未来を思い描くことだけをしている人たちだった。愉快な空想だけするくらいなら、この類いのテクニックをいっさい用いないほうがましなのだ。[*21]

先延ばし克服の行動プラン3――脳内コントラスティング法

脳内コントラスティング法を実践するために、創造的ビジュアル化の信奉者がいまやっていることをやめる必要はない。新しいステップをつけ加えればいいのだ。いままでどおり、アファーメーション（肯定的な言葉を自分に言い聞かせる）をおこない、自分のミッションステートメント（自分がなにを目指すかを箇条書きにして文章に書き出す）の作成を続け、そのうえで自分の現状を明確に意識すればいい。以下に、脳内コントラスティング法の手順を整理しておこう。

●まず、邪魔の入らない場所で腰を下ろし、心を落ち着けて頭の中を空っぽにする。そのうえで、自分が送りたいと考える人生の未来像を思い浮かべる。

●次に、恋愛や、仕事、健康、家庭生活など、思い浮かべた理想の未来を構成する個別の側面に目を向ける。

●その未来像を魅力的と感じる理由を具体的に思い描く。そのために、日記をつけてもいいし、写真を集めてもいい。あるいは、単に静かに思いをめぐらせるだけでもいい。

●そのあと、理想の自分と現実の自分を対比させる。重要なのは、両者のギャップをくっきり際立たせること。理想の未来を思い浮かべたときと同じくらい明確に、理想と現実のズレを意識しよう。

●理想と現実のギャップをはっきり意識したうえで、それでも理想の未来を実現できる可能性に楽観的でいられれば、目標達成に向けたモチベーションがいっそう高まる。ギャップを埋めるために積極的に行動しはじめると、先延ばし癖は消し飛ぶ。やるべきことが明確になると、やる気がわいてくるのだ。

＊　精神分析学者のジークムント・フロイトも、これより早く同じ結論に達している。空想をすると、願望が映像化されて、それだけで満足してしまう。オンラインポルノ依存症の人が現実の異性と触れ合わずに満足するのと似ているかもしれない。

少量の悲観主義を取り入れる

自信過剰は、自信不足と同じくらい弊害がある。二〇〇三年のイラク戦争開戦の四一日前、アメリカの国防長官ドナルド・ラムズフェルドは、「（戦争は）六日、ないし六週間で終わるだろう。六カ月かかるとは思えない」という見通しを披露した。アメリカをはじめとする連合軍は、「解放軍」としてイラク市民に歓迎されるはずだった。コストは五〇〇〜六〇〇億ドル程度と見積もられていた。しかし、楽観的な予測はあらかた裏切られた。戦争のコストは一兆ドル近くに達している。軍部の自信過剰が不毛な泥沼の戦争につながる例は、残念ながらきわめて多い。[*22]

ビジネスの世界でも、自信過剰が同様の問題を生むケースは多い。企業の吸収合併はおうおうにして、スケジュールどおりに進まなかったり、予算内で完了しなかったりする。[*23] 超音速旅客機コンコルドの失敗を招いた一因も自信過剰だった。赤字になるという予測を裏づけるデータが続々と集まっていたのに、エールフランスとブリティッシュ・エアウェイズはコンコルドの開発を推し進めた。[*24]

起業家も同じ失敗をしがちだ。章の前半で述べたように、楽観主義は強すぎても弱すぎてもよくない。[*25] 自信がなければ新しいビジネスなど始められないが、自信過剰に陥ると失敗する場合が多い。自信が肥大化して根拠のないものになれば、先延ばしが助長される。自信過剰な人間は深刻な問題を軽く考え、対処が遅れるのだ。[*26]

ある種の人生哲学は、自信過剰の弊害を増幅させる。フランスの啓蒙思想家ヴォルテールの小説『カンディード』の登場人物パングロスのように、世間知らずで楽天的な人間は、この落とし穴にはまりやすい。過去数世紀に唱えられた成功哲学のいくつかは、徹底したポジティブ思考を土台にしている。一九世紀の宗教家フィニアス・クインビーが主導した「ニューソート運動」もそうだし、ノーマン・ビンセント・ピール牧師が著書『積極的考え方の力』で提唱した考え方もそうだ。[*27]

このタイプの成功哲学の最も新しい例は、オーストラリアのテレビプロデューサー、ロンダ・

バーンの著書『ザ・シークレット』（と同名の映画）だろう。バーンいわく、私たちの思考には「引き寄せの法則」がはたらくので、似たもの同士が磁石のように引き寄せられる。したがって、ポジティブな考え方をすれば、ポジティブな結果を引き寄せられるという。この成功哲学を信奉している人は何百万人もいるが、私の考えは違う。[*28] 引き寄せの法則は、思考と行動を切り離し、頭の中で考えるばかりでなにも実践しない姿勢を助長する。この種の発想は、有名な絵本の『ちびっこきかんしゃだいじょうぶ』で険しい山道を一生懸命登る小さな機関車が繰り返す「ぼくにはできる。ぼくにはできる」という言葉を、「自然にうまくいくさ。自然にうまくいくさ」に言い換えるに等しい。この二つには、天と地ほどの違いがある。[*]

過度の楽観主義の罠に落ちないためには、いくらかの悲観主義をもつ必要がある。精神分析学者のジークムント・フロイトが言う「現実原則」を実践し、現実を直視しなくてはならない。現実原則を実践する人は、子どものように衝動のまま行動するのではなく、夢を実現するためにどういう代償を払う必要があるかを現実的に考える。その一環として、どこに落とし穴があるかを予測し、失敗を回避したり、失敗のダメージを和らげたりする方法を検討する。

人類ではじめて月面に立ったアメリカの宇宙飛行士ニール・アームストロングは、月探査の際にこの行動方針を取った。「過大な自信をいだかないように、細心の注意を払っていました」と、アームストロングは振り返っている。「自信過剰になると、思わぬものに足をすくわれる恐れがあります」

現実を確認することは、危機管理をおこなうために欠かせない一歩だ。「計画を立てない人間は、失敗するための計画を立てている」とか、「一〇〇グラムの予防措置は一キロの事後対策と同じ価値がある」といった格言もある。[29]この原則を先延ばし対策に当てはめると、二つのテクニックを引き出せる。一つは「失敗を計算に入れる」というもの、もう一つは「先延ばし癖を自覚する」というものだ。

＊このような主張をしているのは、私だけではない。『ザ・シークレット』の着想の源になったウォレス・ワトルズの『富を「引き寄せる」科学的法則』が出版される一五〇年以上前に、ベンジャミン・フランクリンは著書『富への道』で勤勉の大切さを説いている。仮に「引き寄せの法則」のような呪術的思考の力を認める立場に立つとしても、その効力は、『ザ・シークレット』で言うのとは逆の方向に作用すると伝統的に考えられてきた。好ましいものが好ましいものを引き寄せるのではなく、好ましいものが悪いものを引き寄せると言われてきたのだ。いいことがあったあとに自慢すれば幸運が続きづらくなり、いいことがありそうだと豪語すればその予測ははずれやすくなると考えられている。そこで欧米には、自慢話をしたあと、不運を遠ざけ、幸運を続かせるために、おまじないとして「knock on wood」「touch wood」と言ったり、木や木製品に触れたりする習慣がある。

失敗を計算に入れる

生活態度を大きく変えようとして、最初の挑戦で成功する人は珍しい。たいてい、何度も試みてようやく成功する。新年の誓いをしても、五回試みてはじめて、誓いが半年以上続くケースも多い。[30]私自身、たばこをやめるまでに、何度か禁煙に挫折した。アルコールやドラッグの依存症を克服するのはもっと難しい。なにを成し遂げようとするにせよ、つらい繰り返しを覚悟しなくてはならない。希望的観測をしても、先延ばしが助長されるだけだ。

心理学者のジャネット・ポリビーとピーター・ハーマンは、その種の失敗パターンを「虚偽期待症候群」と呼ぶ。生活態度を大幅に、あるいは短期間に、あるいは容易に転換できるという過剰な自信をいだくと、成功の確率が下がる。現実離れした期待をいだいている人は、ささやかな成果を正当に評価しないからだ。「一〇キロやせるつもりだったのに、五キロしかやせられなかった」「ずっと禁煙を貫いていたのに、パーティーに出席したときに吸ってしまった」「毎週スポーツジムに通っていたのに、今週に限ってサボってしまった」……こうしたことを失敗とみなし、目標達成に向けて頑張る弾みを失う。そして、たいてい努力をやめてしまい、自己変革の誓いを立てる前より惨めな気持ちになる。

このようなパターンにはまって自分に幻滅する人は珍しくない。無理もない。自己啓発産業は人々に途方もなく大きな約束をし、途方もなく高い期待をいだかせている。自己啓発書のうたい文句ほど素早く自分を変えられない大多数の人は、自己変革の方法論に欠陥があるとは考えず、自分に問題があるのだと感じてしまう。

自己変革を成功させるためには、楽観主義と現実主義のバランスを取る必要がある。ゴールへの道は険しく、ときには道をはずれることもあるだろうが、このバランスを保っていれば、またゴールに向けて歩き出せる。[*31] 私が禁煙を始めたときは、二つの要素に注意を払った。一つは、禁煙を破った期間に何本たばこを吸ったか。もう一つは、禁煙をどれくらいの期間続けられたか。

第一の要素の数字が減り、第二の要素の数字が増えれば、自分が進歩しているとみなせる。

簡単に先延ばしを完全に克服できると自分に言い聞かせるのではなく、先延ばし癖を和らげることをまず目標にしたほうがいい。先延ばしを金輪際しないことを目標にするより、これまでより少しだけ早く課題に取りかかることを目指し、早めに課題に着手するケースを増やすことを心がけたほうがうまくいく。ささやかな進歩でも、ときにはきわめて大きな効果を生む。試験の二日前まで勉強に取りかからない学生が一日早く勉強を始めれば、泥縄式で知識を頭に詰め込むために使える時間が一・五倍に増える。アメリカのウェスタン小説作家ルイス・ラムーアの言葉を引用しよう。「大きな勝利を手にするための道は、一キロずつではなく、一メートルずつ歩まなくてはならない。小さな勝利を遂げ、足場を固めて、また次の小さな勝利を遂げることを繰り返すのだ」

先延ばし克服の行動プラン4――失敗を計算に入れる

人生は、いつも思うとおりに運ぶとは限らない。完璧を求めるのではなく、困難にぶつかったり、後退したりすることを予測しておくべきだ。そうすれば、壁にぶち当たっても、簡単に道をはずれずにすむ。健全な悲観主義を取り入れるためには、たとえば以下のような方法がある。

● ゴールへの道のりで、どのような要因が妨げになる可能性があるかを考える。過去の自分の経験を正直に振り返ったり、同様の挑戦を経験した人たちに助言を求めたりすればいい。あるいは、関連のオンラインフォーラムをのぞいてもいいだろう。

●自分が先延ばしに陥る「定番」のパターンをリストアップし、紙に書いて、目に見える場所に張り出す。

●危険なパターンを割り出したら、そういう状況に身を置かないように気をつける。携帯メールが先延ばしの元凶であれば、職場に入る前に携帯電話やスマートフォンの電源を切ってしまおう。

●ピンチからの「復旧プラン」をあらかじめ用意しておく。たとえば、スポーツジム通いをサボりはじめたとき、どんな非常ボタンを押せばいいだろう？　友達に会って、ハッパをかけてもらうことに決めておいてもいい。あるいは、トレーナーによる個人指導を申し込むことにしておいてもいい。

●モチベーションが落ち込んだときは、用意しておいた「復旧プラン」を始動させる。それにより、モチベーション減退の程度を緩和し、そういう時期から早く脱け出すのだ。

先延ばし癖を自覚する（重症者向け）

重度の先延ばし人間は、ちょっとやそっとの対策では効果がない。かなり本格的なテクニックを用いなくてはならない場合もある。そのために参考になるのは、アルコール依存症からの脱却を目指す人たちの自助グループである「アルコホーリクス・アノニマス（無名のアルコール依存症者たち)」で実践されている一二のステップだ。その最初のステップは、自分が「アルコールに対して無力である」と認めることだ。

腑に落ちない人も多いだろう。なにしろ、楽観主義に真っ向から反する。そんな自己認識をいだくと、一回でも酒を口にした途端に、いっさいの自制をかなぐり捨てて、好き放題に酒を飲み始める危険が高まる。[*32] それでも意外なことに、とりわけ重度のアルコール依存症や先延ばし癖の持ち主の場合、自分の無力さを認めると、問題克服への道が開ける場合もある。

具体的には、一度でも意志がくじけると自己コントロールがすべて崩れると考えるようにする。そうすれば、たまに道をはずれても大事にいたらないと思うより、はるかに強いモチベーションをいだける。[*33] 誓いを破ってはそのたびにそれを正当化するというパターンに陥らないためには、完全に節制を貫くのが一番だ。一杯だけ酒を飲んだり、一枚だけ板チョコを食べたり、一本だけたばこを吸ったりしたからといって、すぐに重大な結果を招くわけではないので、私たちはどうしても自分をあざむいて、問題を軽く考えようとする。しかし、「あと一日先送りしても大丈夫」といつも考えれば、行動の日は一生やって来ない。[*34]

一九七〇年代に先延ばしを研究した心理学者のモーリー・シルバーとジョン・サビーニは、勉強を先延ばしする学生を例に、この問題を説明している。[*35]

さて、次の五分間の行動をいま決めるとしよう。選択肢は、レポートの執筆作業を進めるか、ゲームセンターでゲームをして遊ぶかだ。いま、ゲームをワンプレーしたからといって、レポートが締め切りに間に合わなくなるわけではない。その意味で、ゲームを選んでも長期的なコストはほとんど発生しない。むしろ、短期的に見れば、五分間レポートを書くより、ゲームを五分間するほうがずっと楽しい。それに、たった五分間でレポート執筆がどれだけはかどるというのか？　そういうわけで、あなたは必然的にゲームを選ぶ。五分間ゲームを楽しむと、また次の五分間の行動を決めなくてはならない。状況は、五分前とほとんど変わっていないように見える。そこで、あなたは前回と同じ結論に達する。いったんゲームを選択し、一晩を五分刻みで考えるようになると、ゲーム代の小銭が底をつくか、機械が壊れるか、ほかの人にゲーム機を譲らなくてはならなくなるまで、延々とゲームを続ける結果になる。たとえ五分でもサボれば、レポート執筆が少しずつ遅れるのに、一回のプレー時間が短いので、つい誘惑に負けてしまうのである。

課題に取り組むか先延ばしするかを決めるとき、すぐに着手しないことを正当化する言い訳にはいつも事欠かない。明日になればもっと態勢が整うので、明日始めよう。腹がへっては戦ができないので、まずなにか食べよう。ゲームが一区切りしたら始めよう。この電子メールを書き終えたら始めよう。このテレビ番組が終わったら始めよう。こんなに楽しいパーティー（やテレビやその他の娯楽）を逃す手はない。いままでとても頑張ったのだから、少しくらい息抜きをしてもバチは当たらない。みんなだって先延ばしをしているじゃないか。一度サボっても、大した影響はない。まだ時間はたっぷりある。どうせもう遅れているのだから、いまさらちょっと急いでも意味がない。こうした言い分は、すべて先延ばしの言い訳にすぎない。課題を先延ばしする不安と罪悪感を和らげるための屁理屈だ。

この落とし穴を避けるための確実な方法は一つしかない。ビクトリア朝時代のイギリスの素晴らしい格言に従えばいいのだ。「けっして例外を認めてはならない」という教えである。*これは、アルコホーリクス・アノニマスが、メンバーに呼びかけていることでもある。早く課題に取りかかるという決意をいっそう固めるために、一度でも誓いを破れば破滅を招くのだと考え、先延ばしへの最初の一歩を踏み出せば永遠に先延ばしの鎖に縛りつけられるのだと強く信じる必要がある。明日の状況は、ほとんど今日と変わらない。今日サボれば、目先の快楽を手にするために明日もサボる。一度でも課題を先送りすると、翌日も翌々日も同じように先送りする。一日の遅れはごくわずかでも、積み重なれば課題達成の足が大きく引っ張られる。

ものごとを後回しするのは悪魔と取引するに等しいと、ドイツの文豪ゲーテは傑作『ファウスト』で書いている。

今日の一日をだらだらと過ごせば、明日も同じ繰り返しになる
しかも、明日はそれがますますひどくなる
一つひとつの先延ばしがさらに遅れをもたらし
無駄にした日々を悔やむことで、また時間を無駄にする
あなたは、真剣に生きているだろうか？　いまこの時間を大切にせよ

勇気をもって行動してこそ、才能と力と魔法が生まれる
ものごとを実行してはじめて、頭脳が活発に動く
取りかかるのだ。そうすれば、課題は完了する！

先延ばし克服の行動プラン5――先延ばし癖を自覚する

あなたが慢性的な先延ばし癖の持ち主で、その都度言い訳を考え出しては、自分をあざむいてものごとを先延ばしししているとすれば、このテクニックが役に立つかもしれない。あなたは、先延ばしという悪癖にがんじがらめになっている。そこから脱け出すためには、まず自分が先延ばし人間だという不本意な事実を受け入れる必要がある。

●理由をつけて計画の実行を後回しにして、困った事態を招いた経験がこれまで何度あったかを思い返す。日記をつけて、自分の先延ばし行動を記録にとどめる。

●自分の最大の弱点が意志の弱さだと認識する。意志の弱さゆえに、「今度だけ」と言い訳して先延ばしをする可能性が高いと理解しておく。

●一度でも先延ばしをすれば、その後もずるずると自分に先延ばしを許すことになると認識する。はじめに先延ばしをすれば、いつまでも最初の一歩を踏み出さないまま終わる可能性が大幅に高まるのだ。

＊ 出典は、心理学者ウィリアム・ジェームズの一八九〇年の著書『心理学の根本問題』である。この言葉は、ジェームズが発明家アレキサンダー・ベインの以下の言葉を言い換えたものだ。「なによりも重要なのは、戦いに一つも負けないことである。一つ失点するたびに、ほかの局面で収めた数々の成功の効果が失われていく」。その意味では、ジェームズがビクトリア朝時代のもう一つの素晴らしい格言としてあげている言葉も参考になる。「なんらかの決意をしたのであれば、それを実行できる最初の機会を逃してはならない」

科学が裏打ちするテクニック

この章では、主として第2章で紹介したエディーのような自信喪失型の先延ばし人間に向けたアドバイスを紹介した。エディーは自分のセールスの能力を信じられなくなり、そのせいでますますセールスに成功しないという悪循環にはまっていた。もしエディーが自分のささやかな成功をもっと認めていれば、「成功の螺旋階段」の最初の一段に足をかけられたかもしれない。セールスパーソンの支え合いグループで背中を押してもらえれば、セールスの仕事を失わずにすんだかもしれない。

あなたは、仕事や私生活や健康に関して進歩を遂げる自信を失っていないだろうか。生活態度を改める計画を立てても、その計画をやり遂げる能力が自分にあると本気で信じていないのではないか。第2章の自己診断テストで「エディー指数」が24点以上だった人は、この章で紹介したテクニックを検討するといい。

一方、数こそ少ないが、なかには自信満々すぎる人もいる。自信過剰は、それはそれで自信の欠如と同じように危険だ。自信や楽観主義は、言ってみればビタミンAのようなもの。ビタミンAは、足りなければ視力低下などの害が生じるが、たくさん摂取しすぎればさまざまな障害の原因になる。重要なのは、悲観主義と楽観主義の適度なバランスを取ることだ。成功できるという自信をもつべきである一方、自信満々なあまり行動を後回しにすることがあってはならない。

あなたが前向きな期待を高める必要があるタイプにせよ、過剰な期待を弱める必要があるタイプにせよ、あきらめる必要はない。本章で紹介したテクニックにはすべて、科学的な根拠がある。実践すれば早期に効果が表れはじめるし、練習を積めばもっと効果が上がるようになる。

第8章

やるべきことに価値を吹き込む

「課題が退屈」を克服する

$$モチベーション＝\frac{期待×価値}{衝動性×遅れ}$$

楽しいときは、時間が飛ぶように過ぎ去るが、楽しくないときは、時間という飛行機のエンジンが故障を起こす。

――ジェフ・マレット（アメリカのコミック作家）

大学のモチベーション論の授業では、最初に「仕事の不幸自慢大会」をすることにしている。不幸自慢で盛り上がるのは、人間の習性だ。数人のグループにわかれて、メンバーのなかで最も悲惨な仕事上の体験を選び、それがなぜ悲惨だったのかを分析する。学生たちが悲惨な体験談を披露しはじめると、教室のあちこちで、「うわー」などと共感と同情の声が上がる。豚の糞の山をシャベルで運び続けた夏を振り返る学生もいれば、灼熱の太陽の下で蚊に刺されながら木を植えて過ごした数カ月を語る学生もいる。

しかし、多くの学生が「最低の仕事」だと考えるのは、肉体的に過酷な仕事ではない。最低なのは、うんざりするくらい退屈な仕事だ。ある聡明な若者は、段ボールが流れてくるベルトコンベヤーの前に立って、きちんと真ん中に載っていない段ボールがあれば位置を直すという作業を延々と続けたことがあるという。私はプールのウォータースライダーの安全監視員のアルバイトをしたことがあるが、仕事の中身はわずか数メートルの担当範囲をひたすら監視し続けるという退屈きわまるものだった。

この類いの仕事をしていると、早く終業時間にならないかと、時間ばかりが気になる。[*1] 業務内容はあらかじめ細かく決められているので、裁量がほとんど与えられておらず、創意工夫の余地もきわめて乏しい。同じことを延々と繰り返すだけ。質の高い仕事ができたかどうかを知るすべもない。ミスをしたときだけ非難される。『モダン・タイムス』や『リストラ・マン』など、主人公がそうした苦行を抜け出す映画は、カルト的な人気を誇っている。新しいところでは、テレビドラマの『ジ・オフィス』がいくつもの国でリメイク版が制作されて、大ヒットしている。このドラマの魅力の一端は、意味を見いだしづらい仕事に就いていても、それに押しつぶされない登場人物の姿だ。しかし、工場やオフィスの現場では、映画やドラマのようにいく場合ばかりではない。

いわゆる「近代的」な職場をつくり出した最大の立役者は、フレデリック・ウィンスロー・テイラーだ。「科学的管理法」の創始者として知られる人物である。[*2] テイラー以前は、ほとんどの仕事が専門的な熟練労働で、職人が長年の徒弟経験を通じて技術に磨きをかけていた。管理者が仕事ぶりを直接的に管理する余地はほとんどなかった。職人たちがどのように仕事をしているのかよくわからないので、監督しようにも簡単でなかったのだ。職人たちにしても、仕事のやり方を管理者に教えて得なことはないので、わざわざそれを教えなかった。[*3]

テイラーの考案した手法が画期的だったのは、管理しやすい断片に仕事を切りわけたことだった。しかしその結果、働く人間が自立性を発揮する余地の乏しい、単純な繰り返し作業の仕事が生み出された。一九世紀後半から二〇世紀前半にかけて、テイラーの唱えた科学的管理法が普及しはじめると、仕事の意味と喜びを奪い、人間をロボット化するものであり、許しがたいという批判が高まった。

アメリカ政府のマサチューセッツ州ウォータータウンの兵器庫に科学的管理法が取り入れられた際は、反発した従業員がストライキをおこない、議会が特別に調査する事態に発展した。「人間を家畜や機械のごとく扱う仕組み」を押しつけられれば、人々が怒りを感じるのも無理はないと、議会の調査委員会は結論づけ、政府機関でのテイラー主義の導入を防ぐ措置を導入した。自動車王ヘンリー・フォードが自動車工場で同様のシステムを採用したときは、工場の作業員の退職率が一〇倍近くにはね上がり、平均すると一カ月もせずに辞めていくようになった。

それでも、テイラー主義には決定的な強みがあった。この手法を導入すると、業務の効率が高まり、利益が拡大したのだ。フォードは工場の作業員を集めるために給料を引き上げなくてはならなかったが、それでも業務の効率が向上したおかげで、給料を二倍に増やしたにもかかわらず、T型フォードの製造コストを半分近くに下げられた。しかしそれにともない、単調で退屈な仕事に携わる人が増えたことは否定できない。

退屈でモチベーションの上がらない仕事を強いられれば当然、仕事がいやになる。[*4] 淡々と作業を続ける以外に選択肢がないケースはともかく、多少なりとも仕事を先延ばしする余地があれば、どうしても仕事を後回しにしてしまう。とはいえ、仕事の世界で「やりたいこと」と「やるべきこと」が一致していた時代を取り戻すことを夢見るのは現実的でない。現実離れした夢想にふけるより、自分がいやな課題に取り組むよう仕向ける方法を考えるほうが賢い。やりたいこと以外は放置される運命にあるからだ。もちろん、いずれは逃げきれなくなって、あわてる羽目になるのだが。

ゲーム感覚と目的意識

誰でも、退屈な課題は後回しにする傾向がある。退屈だと感じると、目の前の課題が重要でないと感じるからだ。[*5] 事実、先延ばし人間には、日々の課題を「単調な苦役」と感じている人が多い。世界中にあふれている退屈な課題のなかでも、ことのほか嫌われているのが定型の書類仕事だ。会社の勤務表や経費関係の書類、企業や政府でひっきりなしに要求されるデータの作成などの機械的な作業は、(実際は重要な場合もあるのかもしれないが)無意味な仕事に思えてしまう。第5章で紹介した弁護士のマイケル・モクニアックを覚えているだろうか。この人物は一四

○万ドル相当の請求書の処理を先送りし続けた結果、企業の顧問弁護士の職を失った。

しかし幸い、退屈感をぜったいに取り除けない仕事はない。どんな仕事でも、気の持ち方次第で楽しめる。[*6] 以下では、退屈な課題を楽しく感じるためのテクニックをいくつか紹介しよう。

退屈を和らげるには、課題をもっと手ごわくすればいい。ただし、あまり難しくしすぎると、気持ちがくじけてしまう。[*7] 課題の難易度と自分の能力の適度なバランスを取ることは、心理学で言う「フロー状態」――ものごとに完全に没頭している状態――をつくり出すうえで重要だ。[*8]

問題は、仕事の難易度がたいてい一定なのに対し、働き手の能力は経験を重ねるにつれて高まることだ。未経験の仕事で、自分の能力より仕事の難易度が高い場合は、うまく仕事ができずに不安がわいてくる。やがて、腕を上げると、仕事が楽しくなってくる。しかし、その状態は長続きしない。完全に上達してしまうと、退屈を感じはじめる。すべて過去にやったことの繰り返しだからだ。

退屈感がエスカレートして仕事をサボるのを防ぐためには、「ゲーム感覚」で臨むテクニックを用いるとうまくいく場合が多い。達成すべき目標を自分で定めて、ゲーム感覚で目標に挑むのだ。いままでの半分の時間でできないか？　片手でできないか？　目をつぶってできないか？

『だめんず・コップ』という映画では、田舎の警察官たちが日々の退屈な業務に耐えるために、このテクニックを取り入れた。あるポテトチップス工場で働く女性作業員は、有名人の顔に似た形のチップスを製造ラインで見つけることに楽しみを見いだして、退屈をまぎらわせている。[*9] 競泳の選手のなかには、練習で延々とプールを往復することに退屈しないように、サメに追いかけられていると想像することにしている人が多い。

ところで、本棚にはほかにもたくさん本があるのに、あなたはこの本をここまで読み続けてくれた。おそらく、あなた自身か身近な誰かが先延ばし癖に悩まされていて、本書の記述を有益で面白いと感じたからだろう。自分に関係があると思えば、私たちは本を読み続ける。同じことは、読書以外にも当てはまる。課題を自分に関係があるものだと感じ、自分にとって重要な目標の追求に役立つと思えば、先延ばしに陥るリスクが小さくなる。[*10] 裏を返せば、自分で決めたゴールに関係のない課題は、やる気をかき立てにくい。[*11] 意に反して押しつけられる課題には、渋々取り組むことになる。

私が教えている大学には、MBAを取得するために、一日の仕事を終えてから自発的に夜間コースに通っている社会人が大勢いる。一生懸命に勉強するよう社会人学生たちの背中を押しているモチベーションの連鎖反応をたどると、こんな感じになるだろう。

昇給し、楽しく仕事をするために、出世する。
←
会社で出世するために、MBAを取得する。
←
MBAを取得するために、単位を取る。
←

単位を取るために、いい点数を取る。
↑
いい点数を取るために、試験の準備をする。
↑
試験の準備のために、一生懸命勉強する。

一連の小目標すべての土台にあるのは、「昇給し、楽しく仕事をするために、出世する」という大目標だ。[*12] 将来の大目標を達成するためには、当座のモチベーションを高めてくれる小目標をいくつも設定し、それを順々に達成していく仕組みをつくる必要がある。この連鎖をどこかで断ち切ると、モチベーションが漂流しはじめる。ゴール達成への決意が揺らぎ、集中力は風船のように、風の吹くままに流されてしまう。

年齢を重ねると先延ばしをあまりしなくなる理由は、この目的意識という要素で説明できる面が大きい。私たちは大人になるにつれて、ものごとの因果関係が理解できるようになり、若い頃は無意味に感じた活動にも意味を見いだせるようになる。

生涯を通じて追求する大目標は試行錯誤しながら見つけるしかないが、ここでは、あらゆる課題をやり甲斐あるものに変える汎用的なテクニックを紹介しよう。コツは、先延ばししている課題を自分の意志力を試すテストと位置づけることだ。駄目押しに、すぐ課題に取りかかるという決意を周囲の人に公言するといい。自分の意志の強さを実証したい、意志の強い人物だとみんなに認められたいというゴールが生まれると、課題を放り出さず、誘惑をはねのけることが楽しくなる。[*13]アメリカ大統領のバラク・オバマの場合、たばこをやめると公言したことが禁煙の後押しになっている。ときどき吸ってしまうのだが、またすぐに禁煙を再開している。[*14]

モチベーションをいっそう高めるうえで有効なのは、「なにを避けたいか」(＝回避目標)ではなく、「なにを実現したいか」(＝接近目標)という形で長期の目標を決めることだ。さまざまな研究によると、ポジティブな長期目標を立てている人は、比較的先延ばしをせず、大きな成果を上げるケースが多い。[*15]足元が危なっかしい場所に立っている人に「落ちないように気をつけて！」と言ったり、コンサート前の歌手に「歌詞を忘れるなよ！」と念押ししたりすると、避けなくてはならない結果が現実になる可能性をむしろ高めてしまう。

「酷評されるような本を書かない」ことを目標にするより、「高く評価される本を書く」ことを目標にしたほうがいい。「振られたくない」と思うより、「あの娘を振り向かせたい」と思うほうがいい。回避目標はほぼ例外なく、接近目標に言い換えられる。[*16]たとえば、次のような具合だ。

回避目標　↓　接近目標

家に閉じこもらない　↓　広い世界に出ていく

元気をなくさない　↓　エネルギッシュに行動する

将来性のない職にとどまらない　↓　天職を見つける

公共料金やカードの支払いに四苦八苦しない　↓　もっとお金を稼ぐ

グラスを空っぽのままにしない　↓　グラスをいっぱいに満たす

課題に手をつけるのを遅らせない　↓　早めに課題に着手する

あなたは、回避目標と接近目標のどちらをいだくことが多いだろうか。ダイエット中に間食をしないと誓うタイプだろうか、それとも、健康的な食生活をするよう誓うタイプだろうか。先延ばしをしまいと決意するタイプだろうか、それとも、早く始めようと決意するタイプだろうか。痛いところを突かれた？　では、回避目標を立てるのをやめにしよう！（おっといけない。これは回避目標だ。接近目標をつくろう！）

先延ばし克服の行動プラン6――ゲーム感覚・目的意識

シェークスピアいわく、世界には絶対的によいものもないし、絶対的に悪いものもない。すべては気の持ちようだという。これはいささか極論だが、基本的な考え方は間違っていない。重要なのは、自分の中で上手に課題を位置づけること。課題をどう見るかによって、その課題にどの程度の価値を感じるかが大きく変わってくる。

●課題の難易度を高めて、退屈を感じなくする。ゲーム感覚で課題に挑むのは、そのための有効な方法だ。ゲームのルールは、あなたの想像力と常識の範囲内で自由に決めていい。同僚と同じ内容の仕事をしているのであれば、仕事をレースとみなしてはどうだろう。最初に仕事を終わらせたら勝ちとか、いちばんたくさん仕上げたら勝ちなどと、勝手にルールを決めればいい。競争相手として位置づけられる同僚がいない場合は、少しでも早く仕事を終わらせるゲームと考えてもいいだろう。

●あなたの将来の大目標――そういう目標にはモチベーションを感じられるはずだ――に、目先の課題を結びつける。あなたが社交好きであれば、家の掃除という課題を「友達を家に招待できるようにする」という課題に読みかえればいい。

●避けたいことではなく、成し遂げたいことという視点で、課題を設定する。「失敗したくない」ではなく、「成功したい」と考える。

エネルギー戦略

大学院の博士課程で勉強するためにミネソタ州に引っ越したとき、私と妻のジュリーはミシシッピ川のそばに夢のようなアパートを借りられた。倉庫のロフトを改装した部屋で、家賃は格安だった（学生の家探しでは非常に重要な点だ）。私の大学と妻の職場の両方に近い。おまけに、アパートとミシシッピ川を隔てるのは金色に輝く草地だけだった。しかし、万事が理想的とはいかないものだ。草地にはブタクサがたくさん生えていて、私の花粉症が悪化してしまったのだ。それまでは薬を飲むほどの重症ではなかったが、ティッシュペーパーを三箱使い切ると、薬局に走って花粉症の薬を買ってきた。

薬を飲みはじめると、妻に強く言われるまで朝起きられなくなった。仕事をするのが信じがたいほどつらくなった。深く積もった雪をかきわけて歩くみたいな感じだった。私はどうしてしまったのか？　ようやく、薬の箱に印刷してある注意書きを読んだ。「倦怠感を引き起こす場合があります」。あとで知ったのだが、抗ヒスタミン剤（ほとんどのアレルギー薬がこのタイプだ）には、睡眠改善薬と同じ有効成分が含まれている。課題に取り組むのに困難を感じて当然だ。

薬の影響というのは例外的なパターンだろうが、なにが原因にせよ、倦怠感や疲労感は先延ばしの理由として最もよくあげられる要因だ。私の調査では、「課題に取り組むエネルギーが残っていない」せいで、やるべきことを先延ばししてしまうと、二八％の人が答えている。[*17] 一日の終わりに、仕事でエネルギーを使い果たしたあとには、ガレージの掃除なんてぜったいにしたくないだろう。

疲れていると、課題を避けたがり、ものごとへの興味が薄らぎ、手ごわい仕事をことのほか苦痛に感じる。[*18] ひとことで言えば、燃え尽きてしまうのである。[*19] 燃え尽きると、嫌いな課題に取り組むよう自分に強いることがますます難しくなる。自己コントロールを発揮したり、やる気をかき立てたりするなど、意志の力を奮い起こすには、エネルギーが必要だからだ。

私たちは、なんらかの衝動をおさえ込もうとすると――たとえばクッキーを食べるのを思いとどまったり、笑いや怒りを押しとどめたり、ストレスに対処したりすると――エネルギーと意志力の蓄えを大量に消費する。その結果、難しい選択をしたあとは、自制心が弱まる。ファッションセンスのない人が服を買いに行くと、服選びで疲労して、しまいには自制心がはたらかなくなる。クロゼットに放り込まれたまま、着られずに眠っている服の多くは、服選びの最後のほうで疲れているときに買ったものなのではないか。

精神的なエネルギーが無尽蔵でないという事実を認めたほうがいい。私たちのスタミナに限界があるように、モチベーションにも限界がある。あなたがマラソンを走り終えた途端にもう一回マラソンを走れないことは、誰もが理解してくれる。ところが、内面の苦闘が同じくらい過酷だということはあまり理解されていない。私たちが先延ばしに悩まされるのは、自分に要求する課題の量が多すぎるせいという面もある。もっとストレスの少ない、ゆったりしたペースで生活すれば、課題に取り組むためのエネルギーがわいてくるかもしれない。問題は、そういう生き方を選べる場合ばかりでないことだ。

それでも、精神的なエネルギーの備蓄量に限界があることを認識すれば、戦略的にエネルギーを補充したり、割り振ったりできる。避けるべきなのは、意志のエネルギーを完全に使い果たすことだ。エネルギーが減ると、衝動に流されやすくなる。ダイエット中の人は、おなかを空かせないほうがいい。空腹になると、衝動に負けて、すぐ手の届く場所にある食べ物――たいてい、炭水化物や脂肪分が多い食品だ――を口に入れてしまいがちだ。かえって、甘いお菓子を少し食べるとエネルギーが回復し、しかもお菓子を食べたことを後悔して、しばらく自己コントロールを保てる。[*20]

まだ、エネルギーに余裕があり、意志の力を奮い起こせるうちに、誘惑から自分を守る盾を整えておこう。誘惑と距離を置くことはとくに効果がある。[*21] すべての誘惑を締め出せば、オフィスは集中力の殿堂になりうる。比較的少ない意志力で、仕事に打ち込もうという決意を貫ける。

エネルギーの量を考えると、一日の終わりの疲れ切っている時間にレポート執筆の試練に挑むのは賢明でない。最もエネルギーがみなぎっている時間に取り組むのが得策だ。それがどの時間帯かは、一人ひとりの生活のリズムによって違う。[*22] 早朝から元気よくさえずり、飛び回るヒバリのように、空が明るくなる前からスポーツジムで汗を流す人もいる。逆に、フクロウのように、夜になると元気が出る人もいる。ただし、先延ばしに陥りやすいのは、フクロウ型人間のほうだ。不自然な時間帯に活動する結果、朝は無理に目を覚ますためにコーヒーを大量に飲み、夜は緊張をほぐすためにアルコールに頼るようになる。[*23]

朝型の人も夜型の人も、目が覚めて数時間後にレポートを書きはじめるといい。脳が最も活性化する時間帯だからだ。その状態は四時間程度続く。[*24] 朝の七時に起きる人は、一〇時から二時の間に作業能率が最も高まる可能性が高い。けっして長い時間ではない。それでも、あらかじめデスクを整頓し、電子メールの着信通知をストップし、来客をシャットアウトできれば、目を見張るほど仕事がはかどるだろう。二〇分ほど仮眠を取れば、絶好調の時間帯をいくらか長続きさせられる。職場で昼寝ができなければ、近所を少し散歩してくるだけでもだいぶ違う。

いずれにせよ、午後の遅い時間は、あまり創造性を要しない単純作業に切り替えるのが賢明だ。一時間たつごとに、あなたの知的能力は低下していく。仕事を終えて家に帰る頃には、一日の最後にワインを飲むかビールを飲むかという判断くらいしか適切にくだせなくなる（もっとも、その判断をするタイミングとしては悪くない。目を覚まして一二時間後は、肝臓が最も効率よくアルコールを代謝する時間帯だ）。

ストレスを感じると、私たちはあまり運動と睡眠をしなくなり、カフェインやニコチン、糖分を摂取しがちだ。さしあたり、その方法でエネルギーを高められるかもしれない。しかし長い目で見ると、かえって悪い結果をもたらしかねない。刺激物を続けて取っていると、だんだん効果が弱まるうえに、ますます運動と睡眠が妨げられるケースがある。集中力が弱まり仕事の処理能力が落ち込めば、努力の量で補わざるをえなくなり、生み出される成果は減っているのに、労働時間だけが増えていく。しまいには、本来寝ているべき時間にまで働かなくてはならなくなり、ますますエネルギーが失われる。悪循環以外の何物でもない。

問題の解決策は言うまでもないだろう。たとえば、規則正しく運動をすれば先延ばしを減らせることがわかっている。[*25] 睡眠に関する正しい知識を学ぶことも効果がある。狙いは、寝室をストレスで満たすかわりに、昼間のストレスから逃れられる避難場所にすることだ。[*26] 慢性的な不眠の家系である私の妻は、この方法ではじめて睡眠が改善した。

先延ばし克服の行動プラン7——エネルギー戦略

疲労は先延ばしを生む最大の原因だ。あなたのエネルギー貯蔵庫の容量に限りがあることを忘れてはいけない。幸い、貯蔵庫のエネルギーは補充できる。重要なのは、積極的にエネルギーを補充し、それを賢く使うことだ。

●午前中や昼前後の最も能率がいい時間帯に、最も難しい課題に取り組む。
●空腹にならないようにする。必要に応じて、栄養分のあるお菓子を少し食べるといい。
●週に何日かは、エクササイズをして体を動かす。
●規則正しく睡眠を取る。そのために、毎晩同じ時間にベッドに入るようにする。寝る前の行動パターンを決めておくのも効果的だ。
●自分の限界を認識する。どうしても疲れていて課題に取り組めなければ、課題の量を減らしたり、誰かの助けを借りたりしたほうがいい。

生産的な先延ばし

太陽が地平線に沈み、地面に伸びた影が夜の闇にのみ込まれる。しばらくすると目が暗闇に慣れてくるが、それでも視界はぼやけている。不確かな空気が私たちを包み込む。暗がりからなにが飛び出してきても不思議でない。不安がこみ上げてくる。恐怖で息が詰まりそうになる。夜は怪物の時間だ。毛布を頭の上まで引っ張り上げて、怪物に見つからないようにじっと息をひそめているしかない。

ご多分にもれず、私も子どもの頃、暗闇が怖かった。闇を恐れる心理は、主として祖先から受け継いだものだ。[*27] 夜が本当に危険だった時代には、子どもたちが怪物や化け物を怖がっておとなしくしていたおかげで、危険な目にあわずにすんだ。そういう効果を期待して、世界のあらゆる文化が想像上の怪物をつくり出している。[*28] カナダの先住民は、海の上の氷の裂け目に近づきすぎると、カルピルイットという怪物にさらわれると子どもたちに教える。日本には、川で子どもを取って食う河童という想像上の怪物がいる。[*] 私たちは、子どもたちに適切な行動を取らせるために、怪物を利用してきたのだ。

「生産的な先延ばし」の基本的な発想もこれに似た面がある。このテクニックは、いわば、本来おこなうべき課題という「怪物」の力を借りて、そのほかの小さな課題を自分におこなわせるものだ。この手法は、古くから活用されていた。「ある嗜好に別の嗜好で対抗し、嗜好をもって嗜好を制すべし。ときには、野獣によって野獣を狩らせよ」と、一七世紀の思想家フランシス・ベーコンも述べていた。

課題の締め切りが迫っているとき、貴重な時間に、取りつかれたようにせっせと鉛筆を削ったり、靴を磨いたり、寝室を掃除したりするのは、生産的な先延ばしの例だ。先延ばし行動であることに違いはないが、まったくの時間の無駄というわけではない。[*29] 目下の最優先課題ではないにせよ、なんらかの課題が処理される。[*30]精神分析学では、こうした行動は「置き換え」の一種とみなされる。置き換えとは、感情のはけ口として、本来の対象より危険性の少ないものを見いだすことを言う。たとえば、上司に叱責されたあと、上司に口ごたえするかわりに、友達に突っかかるような行動のことだ。行動心理学の研究によると、私たちはもっといやな課題を置き換えられるのであれば、どんなにつまらない課題にも取り組む。

ただし、生産的な先延ばしは完璧な解決策ではない。先延ばしの損害を減らせるが、それを完全になくせるわけではない。大きな課題を先延ばしする間、なにもしないよりはましだが、気の進まない課題という「怪物」から永遠に逃れ続けることはできない。

先延ばし克服の行動プラン8——生産的な先延ばし

完璧主義に陥るあまり、ささやかな前進の可能性を閉ざすのは有益でない。「けっして先延ばししない」ことにこだわりすぎて、目下の懸案以外の課題に手を出すことをいっさい避け、生産的な先延ばしの余地をなくすと、結局なにもしないで時間ばかりが過ぎていきかねない。先延ばしの衝動にほどよく歩み寄るのは、悪いことでない。生産的な先延ばしをすれば、ある課題は先延ばしになるが、別の課題が処理できるのだから。

●いま実行すべきなのに、あなたが先延ばしし続けている最重要課題はなんだろう。まず、それをはっきりさせる。
●実行する必要があり、しかも最重要課題に比べれば楽しく感じる副次的課題を探す。あなたはおそらく、これらの課題も先延ばしにしているはずだ。
●最重要課題を先送りするかわりに、副次的課題を処理するという「取引」を自分とする。副次的課題を処理しておけば、いよいよ最重要課題に取り組むときに、作業しやすい状況が整う。

＊　河童は、人間の「尻子玉」なるものを肛門から引き抜いて食べると言われている。子どもを怖がらせるには十分すぎる。

ご褒美効果

やましい快楽を完全にはねのけていると胸を張れる人はいないだろう。働き通しの一日が終わり、子どもたちを寝かしつけ、食後の片づけがすんで、やっと自分の時間が一時間取れる。スーツを脱いで室内着に着替え、お酒をグラスに注いで、リモコンを手にして……そう、テレビのバラエティー番組にチャンネルを合わせる。あとは、与えられるままに甘美な娯楽を消費し続け、その状態から抜け出せなくなる。

くだらない本を読む、夜中にアイスクリームを食べる、ぜいたくな買い物をする……。自分にご褒美を与える能力は、私たち誰もがもっている。この能力を有効に活用できないものか。

私たちが先延ばしに陥る理由の一つは、課題をやり遂げたあとに自分にご褒美を与えないことにある。せっかく頑張ったのに、そのことを自分であまり評価しない人が多い。[*31] ほとんどの人は、課題を首尾よく完了させたあと、自分にねぎらいの言葉をかけたり、用意しておいたお楽しみを許したりしないのだ。

あまりにもったいない。この種のご褒美は最も手軽に与えられるし、自分に最適なものを用意しやすい。どういう言葉を自分にかけ、どういうお楽しみを自分に与えるのが効果的かは人によってまちまちだが、効果は確かだ。あなたが褒められるのが好きなタイプであれば、心の中で自分にちょっとした称賛の言葉をかけてやれば、お金を使わずに、手ごわい課題に取り組む背中を押せる。外食や旅行などのご褒美を用意しておけば、単調な作業を続ける励みになる。

このテクニックは、「勤勉さの学習」と呼ばれる原理を応用したものだ。人間は、仕事を楽しむ姿勢を「学習」して身につけられる。[*32] 多くの場合、仕事をやり遂げてご褒美を手にしたときの喜びの感情は、仕事に取り組んでいるときにもさかのぼって投影される。その結果、仕事自体が楽しくなる。この現象は、私たちがお金に対していだく感情とよく似ている。お金があればいろいろなものが買えると知っているので、お金が手に入るとうれしい。それと同じように、まじめに働けばあとでご褒美が待っていると思うと、まじめに働くことが楽しくなる。

成功を収めている人たちは、この点で好循環をつくり出せている。成功すれば楽しいことが待っていると思うので、課題に取り組むのが楽しくなり、課題が楽しくなる結果、ますます成功の確率が高まる。実に素晴らしいメカニズムだ。ただし、この好循環を始動させるためには、努力すればご褒美が手に入るというパターンを何回も経験する必要がある。

「勤勉さの学習」が実を結ぶのを待つ間、もっと直接的に仕事の楽しさを高める方法もある。苦い薬に、甘い砂糖を混ぜればいい。[*33] 長期的な利益と短期的な衝動をセットにするのだ。不愉快な課題と楽しい課題を抱き合わせれば、課題に取りかかる意欲がわくかもしれない。スポーツジムで運動するのが億劫でも、一緒に汗を流す友達がいればジムに足を運ぼうと思うかもしれない。高級なコーヒーを自分にご褒美として与えれば、職場の勤務表や予算案の作成に着手する気になるかもしれない。

このテクニックには落とし穴もある。友達と一緒にレポートを書いたり、試験勉強をしたりすると、一晩中ずっとおしゃべりをして過ごし、勉強が全然はかどらない危険がある。それでも、基本的な考え方は間違っていない。『アダム・サンドラーはビリー・マジソン／一日一善』という映画がある。ろくろく勉強せずに大人になったビリー青年は、莫大な遺産を受け取る条件として、小学校から高校まで一二年分の勉強をたった二四週間ですべてやり直さなくてはならなくなった。絶体絶命のビリーはどうしたか。セクシーな女性の先生に勉強をみてもらうことにした。しかも、テストに一問正解するごとに、女性教師が着ているものを一枚ずつ脱いでいく約束を取りつけたのだ！

先延ばし克服の行動プラン9——ご褒美効果

ゴールに向かって多少なりとも前進したのであれば、それを自分で評価し、ご褒美を与えよう。それを繰り返せば、ご褒美が楽しみになって、目の前の作業を楽しく感じるようになる。この好循環が機能しはじめるまでは、自分を課題に向かわせるための「賄賂」として、なんらかのお楽しみを課題と抱き合わせればいい。

●自分で自分に与えられるご褒美のリストをつくる。自分で自分を褒めてもいいし、ぜいたくな買い物を自分に許してもいいし、夜に遊びに出かける計画を立ててもいいだろう。

●課題をやり遂げたときに、そのご褒美を自分にプレゼントすることを、自分自身に約束する。

●課題に取り組むのが少しでも楽しくなる方法を考える。お気に入りの音楽をBGMにかけてもいいし、高級なコーヒーを買ってきてもいいし、友達と一緒に作業をしてもいい。

●ただし、友達とのおしゃべりなど、お楽しみに夢中になりすぎて、肝心の作業がおろそかにならないように注意する。

情熱を燃やせる仕事

たとえ報酬を受け取れなくても打ち込みたいと思える仕事は、その人にとって、ある意味で理想の仕事だ。「ゴールド・ファーマー」と呼ばれる人たちが就いているのは、そういう仕事だ。[*34]ゴールド・ファーマーとは、『ワールド・オブ・ウォークラフト』や『ルネスケープ』『スター・ウォーズ・ギャラクシーズ』などの多人数参加型オンラインゲーム（ＭＭＯＲＰＧ）のプロのプレーヤーのこと。ゲームの腕を磨き、ときには一日一八時間もの長時間プレーして、ゲーム内のアイテムなどを獲得する。それを一般のプレーヤーに売って、金を儲けるのだ。

ゴールド・ファーマーたちにとって、仕事と遊びの境界線はいい意味で曖昧だ。「ゴールド・ファーマーたちの前向きな姿勢には驚かされた。仕事にのめり込んでいて、同業者の間に同志意識まで見られた」と、このテーマを研究しているカリフォルニア大学バークレー校のゲー・ジンは述べている。[*35]ゴールド・ファーマーたちが暇な時間になにをしているかご存知だろうか。なんと、時間があれば、いつでもゲームをしているのだ。

この仕事は誰もができるわけではないし、万人に向いているわけでもない。それでも、理想の仕事の条件を満たしていることは間違いない。ゴールド・ファーマーたちは、自分が高い能力を発揮できて、しかも自分にとって満足度の高い仕事をしている。この人たちの行動を見ればわかるように、やりたい仕事に就けば、先延ばしをなくすうえで大きな一歩を踏み出せる。モチベーションをいだける仕事は、その仕事をしているだけで楽しいはず。楽しいことをわざわざ先延ばしにする人はいないだろう。モチベーションが天高く上昇し、創造性がこんこんとわき出し、さまざまなことを精力的に学習し、粘り強く作業に取り組むようになる。[*36]私自身はモチベーションについて勉強することが大好きなので、研究に打ち込むのが苦にならない。
もっとも、完璧な仕事とめぐり会うのは、完璧な結婚相手とめぐり会うのと同じくらい、あるいはそれ以上に難しい。北米では、すべての結婚の半分近くが破綻する。問題の一因は、私たちが物理的に近い場所にいる人と恋に落ちやすいことにある。[*37]デートの交通費が倹約できるという利点はあるが、このやり方では完璧な相手はなかなか見つからない。職探しでも、私たちは手近な選択肢のなかでいちばんいい職でよしとしてしまい、あらゆる選択肢のなかから最良の職を探そうとしない。広い世界を視野に入れて、キャリアの選択肢を広げるのは簡単でない。自分を深く理解し、さまざまな仕事が自分になにをもたらすのかを知り、自分に適した仕事を発見しなくてはならないからだ。[*38]
自分を知り、天職を見つけることは、ほとんどの人にとって、生涯を通じて現在進行形の課題であり続ける。幼い頃の夢のままに誰もが行動すれば、世界は消防士とバレリーナだらけになっているだろう。一〇代に夢見た職種に就いていれば、ほとんどの人はプロスポーツ選手とファッションデザイナーになっているのではないか。大学生に尋ねれば、映画監督になりたいと答える人が多いだろう。一方、地道に医師や弁護士を目指した人がすべてそのとおりの職業に就くとは限らない。イギリスのコメディグループ、モンティ・パイソンのグレアム・チャップマンとジョン・クリーズは、それぞれ医師と弁護士になるはずだった。
大半の人は、天職が見つからないまま学校を出て働きはじめ、最適とは言えない職にどっぷりはまり込んでいく。結婚相手を探すときに結婚紹介所を利用するように、職探しでは、カウンセリング心理学者や職業心理学者の力を借りてもいいだろう。このような専門家は、診断ツールなどを用いて、仕事に関して相談者の性格を分析する。典型的には、職業上の関心分野が六つの分野——現実的領域（実際的活動）、研究的領域（思考・探索的活動）、芸術的領域（創造的活動）、社会的領域（奉仕的活動）、企業的領域（企画・経営的活動）、慣習的領域（定形的活動）——のうちのいずれに該当するかを割り出す。[*39] 一方、さまざまな職種もこの六つの分野別に分類されている。たとえば、消防士は「現実的領域」に、バレリーナは「芸術的領域」に属する職業だ。診断結果に基づいて、カウンセラーは相談者に適した職種をいろいろ提案する。その職種と試しに「デート」してみるかどうかは、相談者自身で判断すればいい。

次のページに載せたのは、一七歳のときの私の診断結果だ。最も私に適していると診断された職業は、研究的領域と芸術的領域の両方の性格をあわせもつ職業である大学教授だ。当時はこの診断結果を真に受けなかったが、一〇年くらい迷走したのち、私自身も同じ結論に達した。他人に指図されることを極端に嫌う性格のせいで、ずいぶん回り道をしてしまった。

恋愛と同じく、職探しでも、自分の本当の願望を見いだしただけで願いがかなうほど甘くない。たとえあなたに適した職があっても、片思いの場合もある。その職種の志望者があまりに多ければ、希望どおりの職に就くのは無理かもしれない。それでも、ほかにも同じくらい気に入る仕事がいくつかあるはずだ。アメリカには、一〇〇〇近くの職種をカタログ化したO＊NETというウェブサイトがあり、それぞれの人に適した仕事の求人情報を教えてくれる。[**]

職探しで考えるべきなのは、あなたの性格と労働市場の状況だけではない。自分の能力も考慮

研究的領域			
基本的志向		比較的高い	58
主な関心分野	サイエンス	平均	52
	数学	平均	49
	医学研究	平均	54
	医療	平均	50

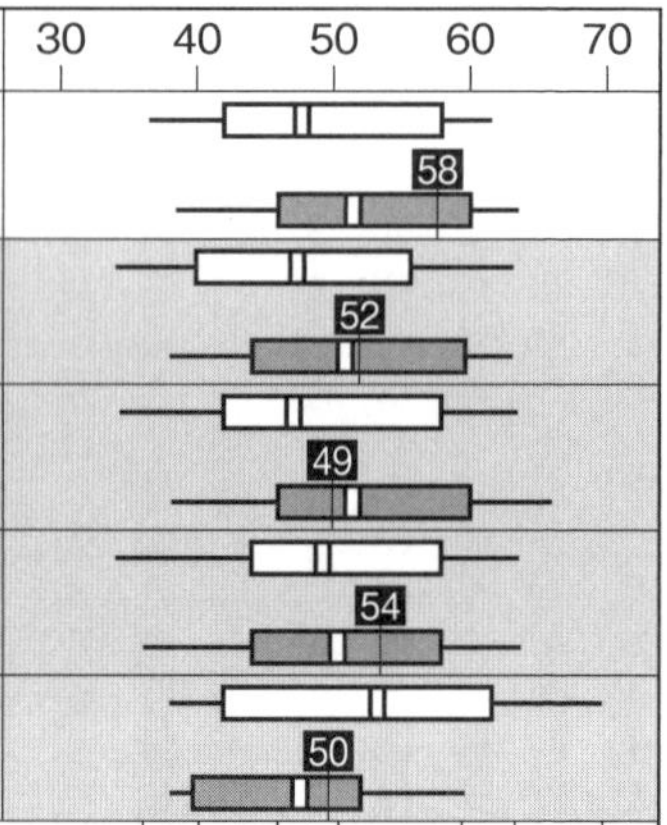

分類	職種	スコア 男性	スコア 女性
IR	獣医	R1	43
IR	化学者	25	31
IR	物理学者	36	26
IR	地質学者	39	39
IR	医療技師	21	28
IR	歯科衛生士		32
IR	歯科医	44	37
IR	検眼士	47	34
IR	理学療法士	33	44
IR	内科医	40	46
IRS	看護師	43	S1
IRS	数学･理科教師	28	
IRC	数学･理科教師		24
IRC	システムアナリスト	15	35
IRC	コンピュータプログラマー	33	32
IRE	カイロプラクティック師	34	37
IE	薬剤師	28	
I	薬剤師		38
I	生物学者	39	35
I	地理学者	31	43
I	数学者	32	25
IA	大学教授	52	49
IA	社会学者	40	45
IAS	心理学者	34	36

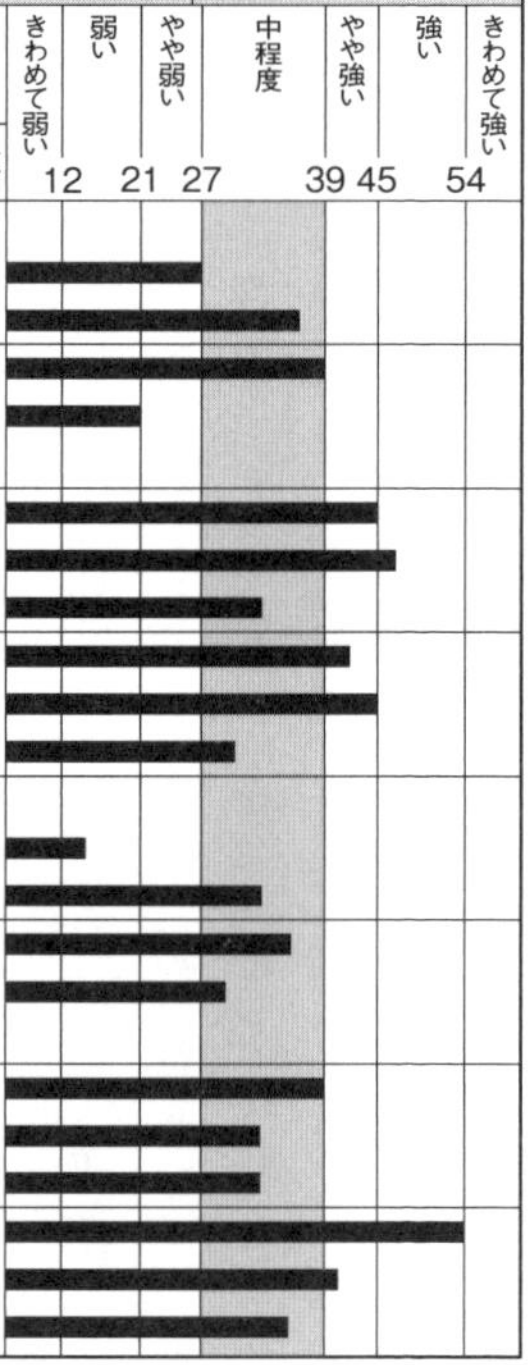

R=現実的領域　I=研究的領域　A=芸術的領域　S=社会的領域　E=企業的領域　C=慣習的領域

する必要がある。[*40] あなたは、その職で要求される能力をもっているのか。消防士とバレリーナは、高い運動能力の持ち主でなくては務まらない。ロケット科学者や脳外科医になりたければ、きわめて明晰な頭脳をもっていなくてはならない。実際には、スタミナや知能などの能力と職種の関連性はかならずしも明確ではない。[*41] あなたが身長一メートル五〇センチしかなければ、プロバスケットボール選手への道は断念したほうがいいと言えるが、ほとんどの場合、あなたの夢に現実性があるのかないのかという判断はきわめてつきにくい。それでも、情熱をいだけるだけでなく、自分がもっている能力で成功できそうな職を探すことを心がけたほうがいい。

先延ばし克服の行動プラン10――情熱を燃やせる仕事

誰もが思いのままに転職できるわけではない。なんらかの義務に拘束されていたり、経済的な理由で安定した仕事を選ばざるをえなかったり、実際に就ける可能性のある仕事の選択肢に限りがあったりするケースもあるだろう。しかし、もし仕事を選べる環境にあるのであれば、そのチャンスを生かさない手はない。まずは、どういう仕事が自分に適しているのかを考えてみよう。

- 自分が楽しいと感じられる活動をともなう職種をリストアップする。
- 自分がもっている能力や技術では成功できない（あるいは、必要とされる能力や技術を身につけたいと思わない）職種をすべてリストから除外する。

●残った職種を求人数の多い順に並べる。景気の悪いときは、選択肢が少ないだろう。
●以上の問いに答えるために助けが必要であれば、評判のいい就職斡旋機関を利用してもいいだろう。
●さあ、職探しを始めよう！

＊ イギリスの名優ピーター・ユスチノフはこう述べている。「常識には反するかもしれないが、かならずしも最も相性のいい人物と友人になるとは限らないと、私は思っている。たまたま近くにいただけの人物と仲良くなる場合もある」

＊＊ 以下のウェブサイトを参照（英語）。http://online.onetcenter.org/find/descriptor/browse/Interests/ 私の職業である「産業・組織心理学者（Industrial-Organizational Psychologist）」を調べてみてほしい。モチベーションについて研究するだけでなく、キャリアカウンセリングも私たちの仕事の一部だとわかるだろう。

せめていやでない仕事を

第2章で登場したバレリーは、原稿を書くのがいやで、市政に関する記事の執筆を先延ばしした末に、あわてて仕上げて出来の悪い記事を提出する結果になった。記事を書かずに、友達と電子メールをやり取りしたり、インターネットで動画を見たり、原稿執筆よりはるかに楽しいことをして時間を過ごしてしまったのだ。

珍しい話ではない。とりわけ、物書きにはこのパターンにはまる人が多い。[*] バレリーが先延ばしをやめるためには、仕事に対して感じる価値を高める必要がある。キャリア上の大きなゴールと目の前の記事執筆を結びつけるのは、いい出発点だ。どんな記者になりたいかを明確に意識し、目先の記事執筆をその目標に近づくための一つのステップと位置づければ、本章で紹介した「情熱を燃やせる仕事」と「目的意識」の戦略を実践できる。「エネルギー戦略」を取り入れて、意志の力が最も弱まる夜間や深夜ではなく、エネルギーが最も充実している時間帯に作業するようにしてもいい。せめて「生産的な先延ばし」をおこない、市政の記事を書くのを先延ばしにするかわりに、ほかの課題を処理できるはずだ。インターネットで動画を見て時間を無駄にするよりずっといい。

第2章の自己診断テストで「バレリー指数」が24点以上だった人は、抱えている課題こそ違っても、バレリーと共通点を見いだせるだろう。[*42] そういう人には、この章で紹介したテクニックが役に立つ。もっと自分に合う仕事が見つかるかもしれないし、いまの仕事をもっと楽しく（せめて、いやでないように）できるかもしれない。

＊　たとえば、映画にもなったＳＦコメディ小説『銀河ヒッチハイク・ガイド』の著者であるダグラス・アダムスは締め切り破りの常習犯だった。「私は締め切りが大好きだ。締め切りが通り過ぎるときのビュンという音は、やみつきになる」と、アダムスは述べている。

第9章

現在の衝動と未来のゴールを管理する

「誘惑に勝てない」を克服する

自己の嗜好を制御できず、目先の誘惑や苦痛に抗うすべを知らないがために、理性が求めることがらをないがしろにする人間は、真の美徳と勤勉の行動原則が欠けており、なにごとも成就できずに終わる恐れがある。

――ジョン・ロック（一七世紀イギリスの哲学者）

$$\text{モチベーション} = \frac{\text{期待} \times \text{価値}}{\text{衝動性} \times \text{遅れ}}$$

先延ばしを助長する要素のなかで、最後に取り上げるのは衝動性だ。順番はいちばんあとになったが、ほかの二つの要素よりはるかに重要性が大きい。衝動性とは要するに、「いますぐ欲しいの！」という激しい欲求のことだ。子どもっぽさの抜けない人は、すぐにキャンディーが欲しいと駄々をこねる子どもみたいに衝動性が強い。

意志の弱さが原因で生じる問題には、ことごとく衝動性が関係している。衝動性は先延ばしを生む主たる要因であるだけでなく、恋愛の破綻、リーダーシップの不全、自殺、薬物やアルコールへの依存、暴力などとも強い関連がある。犯罪学者のマイケル・ゴットフレッドソンとトラビス・ハーシーの著書『犯罪の基礎理論』によれば、ほとんどの犯罪はもっぱら衝動性が原因で起きるという。[*1] 確かに、好ましい行動より悪い行動のほうが目先に大きな満足感を生み出す状況にあるとき、どういう結果が生じるかは想像にかたくない。ひとことで言えば、衝動性の強い人ほど堕落しやすいのだ。

衝動性は、時間的遅れがモチベーションに及ぼす影響を増幅させ、先延ばし方程式を大きく左右する。概して、普通の人より衝動性が二倍強い人は、締め切りまでに残された時間が半分まで減らないと、課題に取りかからない。私たちは年齢を重ねれば衝動性が弱まるし、[*2] あらゆる状況で衝動的に振る舞うわけではないが、[*3] 衝動性の強い人は先延ばしに陥る危険から一生逃れられない。衝動性は、その人の本質に深く根差した性質だからだ。

では、慢性的な自己コントロールの欠如に、どのように対処すればいいのか。文明は何千年も前からこの課題に取り組み、脳の辺縁系の影響力を弱め、前頭前野の影響力を強める方法を見いだそうとしてきた。[*4] なにが適切な解決策かは時代環境によって異なるが、ここでは古代の知恵を振り返り、それを現代の文脈に位置づけてみよう。古代ギリシャの詩人ホメロスの叙事詩『オデュッセイア』の世界へ、読者のみなさんをご案内したい。

プレコミットメント戦略

『オデュッセイア』の主人公オデュッセウスは、古代ギリシャのイタケーの王。「トロイの木馬」の計略を編み出し、トロイア戦争でギリシャ軍を勝利に導いた立役者と言い伝えられている。『オデュッセイア』では、戦いを終えて祖国に帰還するまでの冒険が描かれる。旅の途中でオデュッセウスは、さまざまな不思議な生き物と遭遇する。巨人のキュクロープス、蓮の実を食べてヒッピーのように平和に無気力に生きるロトバゴス、そして、美しい歌声をもつ全裸の美女セイレーン。海の岩礁に暮らすセイレーンたちの歌声を聞くと、船乗りはそばに駆けつけようとして遭難し、命を落とす。

幸い、オデュッセウスは女神のキルケから事前に警告されていたので、部下の船乗りたちには蠟で耳栓をさせ、自分はマストに体を縛りつけさせた。そうすれば、自分はセイレーンの歌声を聞けるが、セイレーンのそばに行こうとして身を滅ぼすことは避けられる。この戦略は成功し、オデュッセウスは祖国イタケーへの旅を続けられた。[*5]

私たちは、この物語からなにを学べるのか。先延ばし方程式を通して、オデュッセウスの置かれた状況を見てみよう。それをグラフに表したのが図7だ。縦軸は、オデュッセウスの欲求の強さ。横軸は、航海を始めてからの時間の経過を表す。グラフの左端、つまり船旅の初めの頃は、

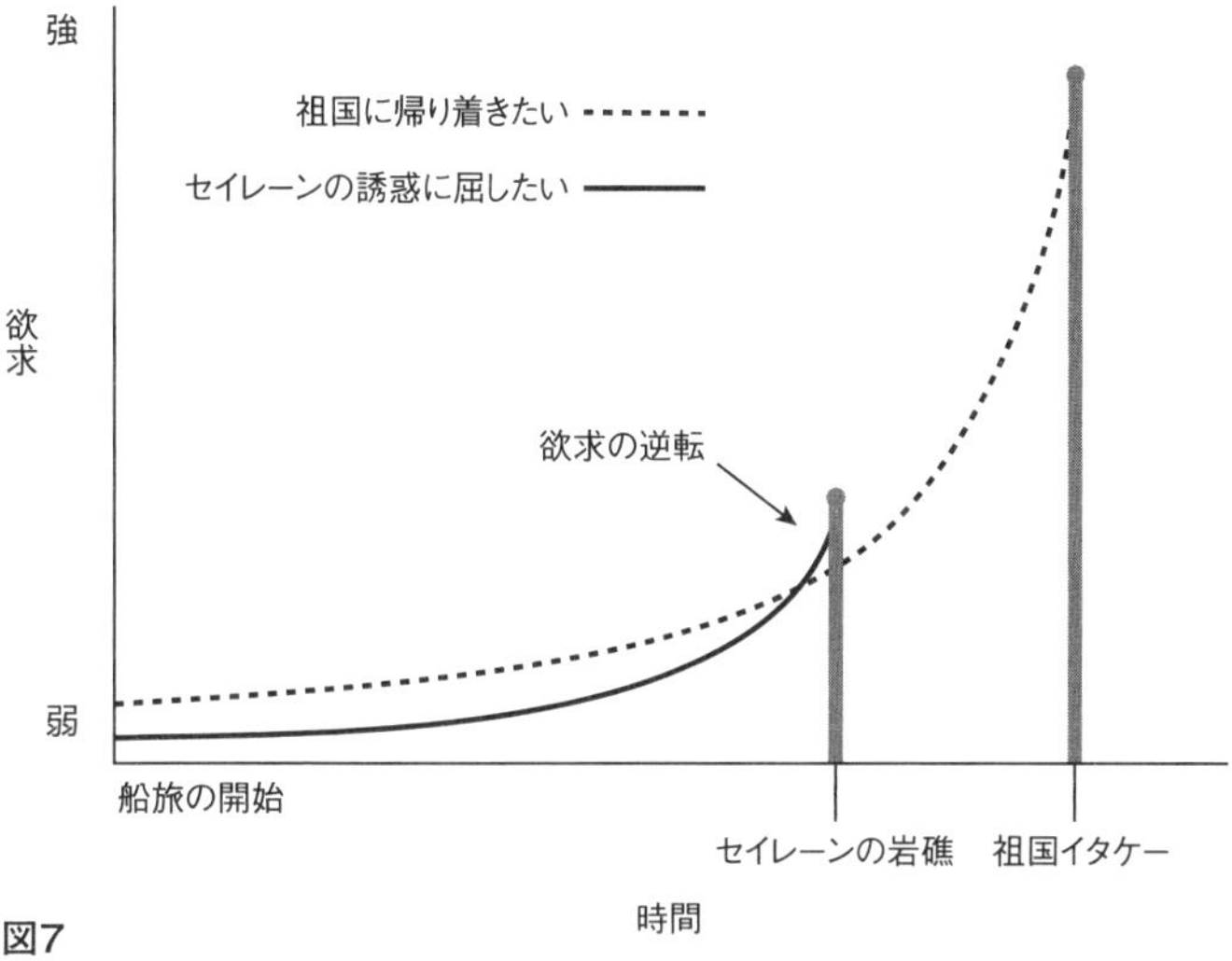

図7

祖国に待つ妻ペネロペのもとに帰りたいという欲求（点線）のほうが、セイレーンの誘惑に屈したいという欲求（実線）より強い。しかし、セイレーンの岩礁に近づくと欲求の強さが逆転し、実線が点線の上に来る。女神キルケの助言を聞かずに、自分と船乗りたちを守っていなければ、全員が岩礁で命を落としていただろう。

これは、先延ばし方程式を当てはめて考えれば当然予想できるシナリオだ。誘惑が目の前に近づくと、その誘惑に対して感じる欲求が極限まで高まる結果、私たちは誘惑に屈し、将来に恩恵をもたらす賢明な行動が取れなくなる。あなたも身に覚えがあるだろう。

おそらく、いまあなたには長期の目標がたくさんあるはずだ。一〇キロ体重を落としたい、禁煙したい、もっと社交的になりたい、もっとまじめに仕事をしたい、老後に備えて（旅行に行くために）貯金を始めたい……。問題は、あなたが長期目標を実現するまでの道の途中に、さまざまなセイレーンが待ち受けていることだ。胸も露わな美女たちのかわりに、デザートやテレビやコンピュータゲームがあなたを誘惑する。朝起きたときは、午後にスポーツジムに行こうと心に決めていたのに、目先の誘惑という悪魔のささやきに屈してしまう。ダイエットをしようと思っていても、アップルパイの甘い香りがしてくると、意志の力はいとも簡単に崩れ去る。

しかし、強力な誘惑が待っていると事前にわかっていれば、オデュッセウスのように、誘惑をはねのけるための対策をあらかじめ講じられる。カギを握るのは、「プレコミットメント（事前の自己拘束）」という考え方である。[*6]

セイレーンについて警告されていたので、オデュッセウスは誘惑に屈したいという欲求が高まる前に、いざというときに誘惑に負けないように自分の体をマストに縛りつけさせた。これがプレコミットメントである。将来の自分をみずから拘束したおかげで、オデュッセウスは無事に祖国に帰還できた。問題は、私たちにセイレーンの脅威を警告してくれる女神がいないことだ。将来待ち受ける誘惑を事前に察知するのはきわめて難しい。経済学では、自分の自己コントロール能力が完璧でないと理解している人を「ソフィスティケート」と呼び、その問題に気づいておらず、無防備な状態で欲求の高まりの直撃を受ける人を「ナイーブ」と呼ぶ。[*7] ほとんどの人は「ナイーブ」で、誘惑に屈したいという欲求が高まったとき、自分がどういう精神状態になるかを予測しきれない。[*8]

脳の前頭前野と辺縁系は円滑に意思疎通ができないので、私たちは空腹や怒りや性的興奮などの猛威に対して警戒をおこたりがちだ。一時の欲求に負けて行動すると、あとで激しい後悔に襲われるに決まっているのに、そのこともすっかり忘れてしまう。そして結局、翌朝にげっそりした顔で鏡をのぞき込んで、自分の辺縁系が前の晩にいったいなにを考えていたのかと途方に暮れる羽目になる。

重要な課題を先延ばししているとき、あなたはどんなことをして時間を費やしているだろうか。言い換えれば、あなたはどんな誘惑に負けやすいのか。あなたにとってのセイレーンはなんだろう? セイレーンの正体がわかれば、その脅威を払いのけるためにプレコミットメントを実践できる。このテクニックは、誘惑が目前に迫る前に実践しなければ効果がない。時間は限られている。対策を講じるために、いますぐできることを紹介しよう。

退路を断って自分を縛る

歴史上、軍隊が自分たちの船を敵に奪われないためにみずから船を破壊したケースは珍しくない。しかしこの種の行動には、船を奪われないようにする以外の狙いもある。一六世紀に現在のメキシコ中部にあったアステカ王国を征服したスペインのエルナン・コルテスは、メキシコの海岸にたどり着くと、周囲に敵がいないのに、乗ってきた船を沈めてしまった。[*9] 一一世紀にイングランドを征服したノルマンディー公ウィリアムも、イングランドに上陸すると、これ見よがしに数隻の船を焼き払い、残りの船を解体した。[*10]

いずれの場合もこの決断が功を奏し、二人の征服者はそれぞれ新しい支配地を確立した。コルテスとウィリアムはあえて退路を断つことにより、「勝つ以外に選択肢がない」ことを部下の兵士たちに思い知らせたのだ。この戦略には長い歴史がある。中国の兵法家、孫子は紀元前五〜四世紀頃にまとめた兵法書『孫子』でこう記している。「部隊を逃げ道のない場所に配置すべし。死の恐怖を感じても逃げられないようにするのである。死の覚悟ができていれば、なにごとも成し遂げられる。兵士たちは死力を尽くして戦うはずである」

この戦略は、目先の誘惑から長期の目標を守るために応用できる。先延ばしとの闘いで焼き払うべき「船」は、長期目標の達成を妨げるほかの選択肢だ。一九世紀アメリカの小説家ハーマン・メルビルは大著『白鯨』の執筆中、妻に頼んで鎖で自分の体をデスクに縛りつけさせたと言われている。一九世紀フランスの小説家ビクトル・ユゴーは、執筆をはかどらせるために、書斎で全裸になって、使用人に服を渡し、あらかじめ言い渡してある時間まで服を隠させた。[*11]

甘党の私は、ハロウィンの日に子どもたちに配るキャンディーを早めに買っておくと、当日までに半分は自分で食べてしまうので、ぎりぎりまでキャンディーを買わない。もしハロウィンのあと、キャンディーが余れば、家に置いておかずに、翌日すぐ職場にもっていって同僚に配る。禁煙を始めたい人は、買ってあったタバコを友達にあげてしまい、もし自分がタバコをめぐんでくれと言っても断ってほしいと頼んでおくといい。つい深酒してしまう人は、バーに繰り出すとき、飲みすぎないようにクレジットカードを家において出かけるといい。[*]

問題は、これまで紹介してきたテクニックの多くがそうだったように、プレコミットメントも自分だけの力ではなかなか実行できないことだ。オデュッセウスは部下の船乗りたちに自分をマストに縛りつけさせたが、ほとんどの人には、指図できる船乗りなどいない。それでも、その代役を務めるテクノロジーが登場しはじめている。

目覚まし時計の「二度寝ボタン」が誕生して、五〇年以上になる。[*12] 二度寝ボタンとは、目覚ましのアラームが鳴ったときに、いったんアラームをストップさせ、数分後に再び鳴るようにするためのボタンだ。まさに、悪魔の装置だ。このボタンは、数分間の浅い睡眠と引き換えに、当初の起床予定時刻を先延ばしするよう私たちを誘惑する。この誘惑と闘うための典型的な戦略は、ベッドから遠い場所に目覚まし時計を置くことだが、新しいテクノロジーを駆使した対抗策も登場している。たとえば、「クロッキー」という目覚まし時計。これは車輪がついている目覚まし時計で、二度寝ボタンを押すと、壊れたロボットのように、けたたましいブザー音と光を発しながら部屋の中を不規則に走り回る。

コンピュータ向けにも、同様の趣旨の新しいテクノロジーが開発されている。グーグルの電子メールサービスのGメールには、「テイク・ア・ブレイク（ちょっと一休み）」ボタンが用意されていて、このボタンを押すと、Gメールが一五分間利用できなくなる。電子メールが気になって仕事がはかどらない人には便利な機能だ。酔っぱらって電子メールを送って後悔しないためには、「メール・グーグルズ」という機能もある。この機能をオンにしておくと、夜一〇時以降は、簡単な数学の問題を解いて正解しないと、電子メールを送信できない。[*13]

ブラウザの「ファイアーフォックス」には、「ミータイマー」（ウェブサイトごとの閲覧時間を記録する）や「リーチブロック」（指定した時間帯に、所定のウェブサイトへのアクセスをブロックする）などの拡張機能が用意されている。アップルユーザーは、「フリーダム」というプログラムを用いれば、最長八時間までインターネットへのアクセスをブロックできる。

残念なのは、「クロネージャー」など、市販の時間管理ソフトウェアのほとんどが自己コントロール用につくられていないことだ。親が子どものインターネット利用を管理することを念頭に置いているものが大半なのだ。そのため、せっかくソフトウェアを導入しても、自分で簡単に機能を解除できてしまう。そこで、システムをセットアップしたあと、友達などにパスワードを変更させて、新しいパスワードを内緒にしておいてもらうなどの工夫が必要になる。

こうしたプレコミットメントの仕組みは完全なものではない。誘惑に屈するハードルを高めはするものの、ほとんどの場合、その可能性を全面的に排除できるわけではない。最大の敵は、あなた自身だ。その気になれば、いつでもコンビニに走っていって新しいキャンディーを買い、コンピュータの設定を変えてソフトウェアの機能を迂回し、逃げ回るクロッキーを枕で押さえ込める。イギリスの詩人サミュエル・コールリッジは、自分がアヘン窟に出入りするのを力ずくで阻止させるために屈強な男たちを雇ったが、どうしても我慢できなくなると、雇った男たちをクビにした。映画『トレインスポッティング』でユアン・マクレガー演じる主人公は、ヘロイン断ちを徹底するために、万全の態勢で部屋に閉じこもったはずだったが、結局、ヘロインに猛烈な執念を燃やして部屋を出てしまう。[*14]

それでも、誘惑を遠ざけ、快楽を得られる時期を遅らせるのは、自己コントロールを高めるうえで有効な手段だ。時間的遅れを大きくできるほど、誘惑の力を弱められる。目の前にアイスクリームが置いてあれば、それを食べたいという強烈な誘惑を感じるかもしれないが、アイスクリームが冷凍庫の中にあれば、誘惑はいくらか弱まるだろう。当然、誘惑が強力であればあるほど、誘惑の声を沈黙させるために、より遠くに誘惑を追いやる必要がある。

＊ 映画『24アワー・パーティー・ピープル』の主人公トニー・ウィルソンは、イギリスのマンチェスターの音楽界の大物だったが、ほとんど財産をもっていなかった。その理由をウィルソンはこう説明する。「財産を守ろうとして魂を売ることを防ぐためには、そもそも財産をもたなければいい。そうやって自分を守っているんだ」。実に見事なプレコミットメント戦略だ。

危険な欲求を早めに満たす

おなかを空かせてスーパーマーケットに買い物に行くと、ろくなことがない。売り場を歩くうちに、予定外の食材やお菓子をどっさり買い込みかねない。大量の食材を持ち帰り、食べ終えたときにはウエストが一回り太くなっているかもしれない。空腹の状態で買い物に行くと、実際はおやつを少し口に入れるだけで空腹が収まるのに、衝動的に大量の食べ物を買う危険があるのだ。

「空っぽの胃袋でスーパーマーケットに行くな」というのは有益な教訓だが、それに加えて、「意志の力を発揮したければ、その前に基本的な欲求を満たしておけ」という教訓も、プレコミットメント戦略の一つとして覚えておいたほうがいい。[*15] 心理学者のアブラハム・マズローの自己実現理論によれば、人間の欲求は五つの階層に分類され、食や安全など、原始的なレベルの欲求が満たされなければ、私たちはそれより高いレベルの課題に関心が向かないという。[*16]

満足感を味わうことにより誘惑を遠ざける戦略を実践する場合は、欲求がふくらんでコントロール不能になる前に、その欲求を満たす必要がある。たとえば、食欲が極端に高まると暴飲暴食に走りやすい。そこで、食事の最初にグラス一杯の水を飲み干してグリーンサラダをたいらげるという戦略と、一日の間にちょくちょく少量のヘルシーなお菓子を食べるという戦略がよく用いられる。[*] 新約聖書でパウロは、浮気を防ぐための戦略として、パートナーと長い間会えなくなる前にセックスをすることを勧めている。[**] 禁煙しようとする人はニコチンへの欲求を満たすためにニコチンパッチを用い、ヘロイン常用者はヘロインのかわりにメタドンを用いる。

この戦略を応用した先延ばし対策に、「非スケジュール」というテクニックがある。スケジュール表に仕事や義務の予定を記す前に、娯楽や自由時間の予定をまず書き込むのだ。そうすると、日々をそれほど退屈に感じなくなる場合が多い。[*17] 欲求不満がたまって爆発を起こす前に、ガス抜きをすることが重要なのだ。

＊　もっと過激なプレコミットメント戦略としては、手術により胃を小さくするという方法もある。胃が小さくなれば、食欲を満足させるために必要な食べ物の量が減る。もっとも、この手術の最中に運悪く命を落とす人もいる。人々が自分の欲望と闘うために、いかに必死になるかがここに表れている。

＊＊　「互に拒んではいけない……そうでないと、自制力のないのに乗じて、サタンがあなたがたを誘惑するかも知れ

ない」（新約聖書「コリント人への第一の手紙」）

ペナルティーを設定する

研修のセミナーにせよ、マラソン大会にせよ、申し込みの締め切り日がずっと前に発表されていて、早期申込者向けの割引制度まで設けられていても、大半の人は締め切り間際になってやっと申し込みをする。[*18]私自身、学会の参加申し込みがぎりぎりだったせいで、不便な場所のホテルしか取れなかった経験がある。

しかしときには、先延ばし人間が非常に早い段階で申し込みをすませる場合がある。プレコミットメント戦略の一環として、スポーツジムの長期会員になったり、オーケストラの年間チケットを買ったり、インテリ系映画のＤＶＤレンタルを早めに申し込んでおいたりするのだ。[*19]自分の行動の選択肢を狭めることになっても、いま行動することによって未来の自分を縛り、気の進まない行動を取らせたいという意図がそこにはある。

昔流行した「クリスマスクラブ」は、この種のプレコミットメントの手段の一つだ。[*20]一九〇九年にカーライル・トラスト・カンパニーという金融機関が始めたクリスマスプレゼント用資金のための預金で、同様のサービスは今日も存在する。[*21]利息はごくわずかしかつかず、所定の期日より早く引き出すと違約金を取られる。なぜ、こんな不利な条件の預金をする人がいるのか。それは、違約金という罰の脅威にさらされたいからだ。違約金の制度がなければ、クリスマス前に預金を引き出して使ってしまい、プレゼントを買う金がなくなると恐れているのである。

この戦略は、ダイエットにも使える。ウェイトウォッチャーズという会社は、体重が増えた人に罰を与えることを業務とする企業だ。会員になると、目標体重を達成するためのアドバイスとサポートを受けられる。理想の体重に到達し、安定期に入ったと認められると、終身会員の資格を授与されて、それ以降は会費が無料になる。重要なのは、このあとだ。その後も引き続き、月に一回ずつ体重を測ることが義務づけられ、目標体重を一ポンド（＝約〇・四五キロ）でも超過すれば、再び会費が徴収される。目標体重に戻るまで、会費を支払い続けなくてはならないのだ。また、デンマークには、毎週一回ジムに行けば会費を免除してもらえるスポーツジムがある。[*22] このスポーツジムでは、規則正しくジムに通って運動しないと会費を支払わされるのである。[*23]

どのような課題に挑む場合も、挫折した際にこうむるコストを意図的に高めることは可能だ。賭けをして、目標に向けた努力を先延ばしした場合に大きな代償を払わされる仕組みをつくればいいのだ。経済学を学ぶ大学院生だったジョン・ロマリスとディーン・カーランは、体重管理のためにこの方法論を用いた。二人で契約を結び、所定の体重を維持することをお互いに約束した。そのうえで、双方がいつでも抜き打ちの体重測定を要求できるものとし、所定の体重をオーバーした場合は相手に一万ドルの罰金を支払うことを決めたのである。[*24] カーランはのちに経済学者のイアン・エアーズと組んで、利用者から罰金を徴収してプレコミットメントを手伝う「StickK.com」というウェブサイトをつくった。

もっと歴史が長いのがコベナント・アイズという企業だ。オンラインポルノの閲覧時間を減らしたい人のために、ウェブサイトのアクセス履歴をすべて、本人の定めた「責任パートナー」——友達でも配偶者でもいいし、教会の牧師でもいい——に電子メールで送信するサービスをおこなっている。「スナズNラズ」という目覚まし時計もある。この目覚ましの「二度寝ボタン」を押すたびに、ユーザーの最も嫌いな団体に一〇ドル以上が寄付されるようになっている。ほんの数分余計に寝る代償として、政治理念やセクシュアリティーに関する考え方、環境保護に対する姿勢が自分の考え方の対極にある団体を支援する羽目になるのだ。

この種の仕組みの欠点は、一度決めると、正当な理由があっても変更できないことだ。オデュッセウスがマストに縛りつけられているときに、船底に穴が開いて船が沈みはじめたらどうするのか。海賊に襲われたらどうするのか。緊急事態が発生して、クリスマスクラブに預金してあるお金が必要になるケースもあるだろう。病気になってスポーツジムに通えなくなれば、長期会員になって支払った会費が無駄になるかもしれない。

しかしそうかと言って、拘束力の弱いプレコミットメントでは意味がない。「誘惑という名の追手から逃亡しようとする人間は、たいてい転居先を張り出してから逃げる」と言った人がいるように、[*25]未来のあなたは、いまのあなたが思っているほど賢くもないし、意志が強くもない。「意志あるところに、道は通じる」という格言があるが、自分が誘惑に屈したいという「意志」をもちそうだと思えば——その「意志」は常にあると考えておいたほうがいい——「道」を完全になくしたほうがいい。人間は、誘惑のままに行動するための「道」をどうにか見つけ出すものだからだ。爪を噛む癖がある大人は、その悪癖を直そうとして、子どもに指しゃぶりをやめさせるときのように、苦い薬を爪に塗るかもしれない。しかし、苦いのを我慢して爪を噛み続けたり、薬を洗い落とす画期的な方法を考え出したりするのがオチだ。[*26]

カナダの小説家モルデカイ・リクラーの小説『ジョシュア、過去と現在』では、主人公のジョシュアがシーモアという友人のプレコミットメント破りを助けるために、なんとパンツを交換する。[*27]なぜ、パンツを交換するのか？　シーモアという男は、浮気をしないように、「縁にレースがついた黒のサテンのパンティー」を履いていたのだ。確かに、大事な場所を女性用の下着で覆っている男とベッドをともにしたい女性はそうそういない……はずだったが、シーモアはこの強力なプレコミットメントを破る「道」を見つけてしまったのである。

先延ばし克服の行動プランⅡ——プレコミットメント戦略

長期の目標を貫くためのプレコミットメントは、ある程度早い段階に試みないと意味をなさないケースもある。誘惑があなたを屈服させる前に手を打つべきだ。まず、どういう誘惑が自分を待ち受けているかを把握する必要がある。あなたは、仕事をすべきときに、どういう誘惑に負けやすいのか。わからなければ、家族や友人に尋ねればいい。たぶん正しい答えが返ってくる。敵の正体がわかれば、次は戦略を練る。対処法は大きくわけて三種類ある。

●誘惑を手の届かない場所に追いやる。せめて、なるべく遠ざける。たとえば、コンピュータゲームのソフトウェアを削除したり、インターネットの接続を切断したりしてもいいし、スマートフォンの電池をはずしたり、テレビの電源コンセントを抜いたりしてもいい。
●欲求が大きくふくれ上がって課題遂行の妨げになる前に、欲求を満たすように心がける。たとえば、遊びのスケジュールを先に決めておくほうが、仕事がはかどる場合も多い。
●誘惑に屈すると不愉快なことが起きるように手配し、誘惑の魅力を弱める。誘惑に負けた場合にお金を払うという賭けをするのは、大半のケースで有効な戦略だ。

注意コントロール戦略

一九六〇年代後半、ウォルター・ミシェルというアメリカの心理学者がマシュマロを使って子どもたちの意志の力をテストする実験を始めた[*28]。子どもたちにマシュマロを一個ずつ手渡す。ただし、すぐ食べずに少し我慢できれば、マシュマロをもう一個あげようと言う。すぐにマシュマロを食べてしまった子もいたし、しばらく我慢できた子もいた。子どもたちが我慢できた時間は平均して五分だった。

あとで大きなご褒美を手にするために、満足感を味わう時期をどの程度まで遅らせられるか。この点は、子どもたちの将来に大きな意味をもつことがわかった。子どもの頃に発揮した自己コントロール能力の強さは、ＳＡＴ（大学進学適性試験）の点数に始まり、大人になってからの社交性にいたるまで、さまざまな面で将来の成功の度合いと相関関係があった。[*29]

その後、ミシェルは別の子どもたちを被験者にした実験で、子どもたちの運命を変えようと試みた。誘惑を払いのけるための戦略を子どもたちに伝授したのである。すると、子どもたちの自己コントロール能力が三倍に強まった。要するに、マシュマロを我慢する時間が三倍に伸びたのである。どんな秘策を用いたのか？　ミシェルは、子どもたちに注意コントロールの方法を教えただけだった。

注意コントロールの方法は、大きくわけて二つある。一つは誘惑の感じ方を変える方法、もう一つは適切な環境を整える方法である。

誘惑の感じ方を変える

ここで、「ありえない動物」というゲームをやってみよう。所要時間は一分ちょうどだ。時計を用意していただきたい。あなたはこれから一分間、「ピンクのゾウ」のことを考えずにいられるだろうか？　ピンクのゾウを一頭でも思い浮かべたら、あなたの負けだ。この文章を読むまで、あなたは今日、一度もピンクのゾウのことなど考えなかったはず。楽勝だろう。これまでの何時間かに加えて、あと六〇秒だけ、ピンクのゾウのことを考えなければ、あなたは勝てる。準備はＯＫ？　では、始めよう！

六〇秒経過

さあ、どうだっただろう？　おそらく、失敗したのではないか。「思考抑制」に関する第一人者である心理学者のダニエル・ウェグナーも指摘するように、このゲームはそもそもチャレンジャーが失敗するようにできている。[*30]ピンクのゾウのことを考えないためには、「ピンクのゾウ」という概念を意識の中にもたなくてはならない。そうでないと、自分がピンクのゾウのことを考えなかったかどうかチェックできないからだ。皮肉なことに、ある思考を抑制しようと意識的に努力する結果、その思考を意識にとどめてしまうのである。トラウマや誘惑をおさえ込もうとすると、かえってその対象が強く意識されてしまうケースも多い。

六〇秒間、ピンクのゾウのことを考えなかった人も、いくらかはいたかもしれない。しかしそういう人たちは、ダイエット後のリバウンドのような反動に襲われたはずだ。六〇秒が経過したとたんに、ほっとして、頭の中がピンクのゾウでいっぱいになったのではないか。[*31]

このように、思考抑制はえてして悲惨な結果に終わるのだが、さまざまな欲求や偏見をおさえ込む手立てとしてしばしば用いられ、やはり失敗を招いている。もし、あなたがパートナー以外の魅力的な異性や新しいテレビ番組などの誘惑に悩まされているのであれば、それについて考えないようにするという作戦は得策でない。では、どうすればいいのか。

誘惑の原因になるものを抽象的・象徴的に考えるよう努めれば、頭の中で誘惑を弱められる。ミシェルは、子どもたちにプレッツェルの味や食感ではなく、形と色を意識させることにより（「プレッツェルって、細長い木の枝みたいだね」などと語りかけた）、プレッツェルを食べるのをしばらく我慢させることができた。[*32]

同様の効果は、チンパンジーの実験でも確認されている。人類学者のテレンス・ディーコンは、レキシグラム（図形文字）を使ってチンパンジーにエサを頭脳的に選ばせることに成功した。[*33] ディーコンは実験で、チンパンジーにキウィとイチゴの二種類の果物から一つを選ばせた。ただし、チンパンジーが選んだ果物を与えるのではなく、選ばなかったほうの果物を与えた。この実験で、それぞれの果物に対応するレキシグラム（キウィは黒い四角に「Ki」という青い文字、イチゴは赤い四角に白い横線が二本）を教わり、そのレキシグラムを通じて果物を選択させられたチンパンジーは、頭脳的に行動し、好きでないほうの果物のレキシグラムをわざと指差して、好きなほうの果物を獲得した。お気に入りの果物にすぐに飛びつかなかったのである。シンボルを通して世界を見ると、刺激にストレートに反応する辺縁系の影響力を弱め、抽象的思考をおこなう前頭前野の影響力を強められるので、よりよい選択ができるという。[*]

重要なのは、誘惑の対象をなるべく具体的に認識しないようにすること。遠くからものを見たときみたいに、曖昧でぼんやりした印象で認識できればいい。日本の剣豪、宮本武蔵は著書『五輪書』でこんなことを述べている。「直感は鋭く、視覚は鈍い。戦略においては、遠くのものを近くにあるかのように見て、近くのものを遠くにあるように見ることが重要である」

誘惑の対象を抽象的に見ることに加えて、もう一つ有効な対策は、辺縁系が魅力を感じそうなものにケチをつけることだ。「潜在感作法」と呼ばれるテクニックである。この方法は、あらゆる誘惑の種に対して効果がある。たとえば、プレッツェルはもうカビ臭くなっているかもしれないし、誰かがくしゃみを浴びせたかもしれないと考える。こういう不愉快な可能性を強く意識するほど、誘惑に屈することが楽しく感じられなくなる。[*34]

誘惑の対象に悪いイメージを吹き込むうえでは、誘惑に負けた結果として、恐ろしい事態に陥る可能性を生々しく思い浮かべる方法も有効だ。[*35]一例として、先延ばしの誘惑に屈した場合に起こる悪い事態を描いてみた。

思い浮かべてほしい。あなたは、いま大事なプレゼンの準備を先延ばししたところだ。まだ時間がたっぷりあると思ったのだ。かわりに、ネットサーフィンをしたり、家でテレビを見たりして過ごしている。やがて、これ以上先延ばしできなくなり、あなたは渋々課題に取りかかる。ところが、いざ作業を始めようとすると、急に激しい頭痛に襲われる。たっぷり時間を与えられていた以上、頭痛を理由に締め切り延長を願い出れば、怠け者だと思われるか、無能だと思われるかのどちらかだ。やむなく、あなたは課題に取りかかるが、頭痛はますます激しくなるばかり。目の奥をナイフでえぐられているみたいに痛い。しかも、耐えがたい苦痛に耐えながら作業しているのに、ろくな成果を生み出せない。そのうちにあまりの痛みに涙がこぼれてきて、鎮痛剤を飲む。すると、薬の影響で眠くなり、結局、寝てしまう。目が覚めたときはもう朝。遅刻だ。職場に着くと、同僚が会議室に集まっている。あなたのプレゼンを待っていたのだ。たまたまそばを通りかかった社長も、飛び入りでプレゼンを聞くことになった。遅れて会議室に飛び込んだあなたは、そのままホワイトボードの前に立たされる。みんなが待っている。あなたは、頭痛のせいでなにも準備できなかったのだと、たどたどしく説明する。馬鹿同然だ。長い沈黙が流れる。やがて、誰かが小馬鹿にしたように鼻で笑い、関わりになりたくないとばかりに同僚たちが視線をそらせる。あとで、上司に言い渡される。「あなたを昇進させようと思っていたけれど、とんでもないわ。辞めてもらいます。あなたのしたことは許されません」。会議の出席者の一人があなたの惨めなプレゼンを携帯電話で録画していて、それをＹｏｕＴｕｂｅに投稿する。あなたは世界中の笑い者だ。同じ業界のほかの会社に転職しようにも、どの会社も相手にしてくれない。あなたのキャリアはおしまいだ。[*36]

あなた自身の状況や問題にあわせて、同じような最悪のシミュレーションをしてみるといい。『ジョシュア、過去と現在』のシーモアは、浮気した場合に起きる悪い結果——浮気相手の女性が妊娠する、性病に感染する、結婚が破綻する——をありありと思い浮かべたほうがレースのパンティーより浮気防止に有効だったかもしれない。

頭に入れておくべきなのは、締め切りぎりぎりになって課題に取りかかればいいと思っていても、そのときに病気になる可能性もあるということだ。想定外の緊急事態が発生して、そっちに時間を奪われる可能性もある。それに、ほぼ例外なく、仕事には想定以上に時間がかかる。

オペラ・ソリューションズというコンサルティング会社は、提案書の提出が締め切りに二〇分遅れたせいで、一〇〇万ドルの契約を取りそこねた。[*37] 一九世紀アメリカの発明家エリシャ・グレイは、特許局への特許申請がわずか数時間遅れたせいで、電話の発明者という称号をアレクサンダー・グラハム・ベルに譲る羽目になった。わずかな遅れが取り返しのつかない結果を招くケースは、間違いなくある。あなたにそういう運命が降りかからない保証は、どこにもない。

もっとも、無尽蔵の精神力の持ち主などいないので、誰しも誘惑から永遠に目をそらし続けることはできない。ミシェルの実験でも明らかなように、子どもが楽しみを我慢する能力を伸ばすことは可能だが、我慢できる時間が無限に延びるわけではない。それでも、いくらか時間を稼ぐだけで十分な場合もある。誘惑によってかき立てられる欲求は、「いますぐ欲しい」というタイプのものである場合が多い。ディナーのあとのデザートはその典型だ。「いますぐデザートを食べたい」と感じても、一時間くらい我慢できれば、欲求はどこかへ消えてしまう。誘惑から目をそらすテクニックをうまく活用すれば、強力な武器になるのだ。もっと長期戦向けのテクニックは、次の項で紹介する。[*38]

＊　チンパンジーには、シンボルの力が不可欠なのかもしれない。シンボルが介在しないと、チンパンジーは「いま感じている欲求のことしか意識できなくなり、冷静に状況を認識できず、実利的な損得のために欲望をおさえ込むことができないようだ」と、ディーコンは述べている。

適切な環境を整える

唐突だが、一年を一二カ月でなく、一三カ月に増やす方法をみなさんに伝授しよう。すぐ実行できて、たちまち効果があり、しかも一ドルもお金がかからない。

まず、コンピュータの電子メールソフトを立ち上げる。次に、音声やアイコンのポップアップなどで着信メールを知らせる機能をすべて解除する。マイクロソフトの「アウトルック」を使っているのであれば、設定変更をおこなう場所は、「基本設定」の「メッセージ受信」というコーナーの中に隠れている。「新しいメッセージが到着したとき」と書かれている下に表示されているすべての項目のチェックマークをはずす。これでおしまい。完了だ。電子メールの着信通知をやめにするだけで、作業の効率がおよそ一〇％高まる。一年に換算すれば、一カ月分多くの課題を処理できることになる。＊

私たちが最も質の高い仕事をおこなえるのは、一つの課題に集中して取り組むときだ。作業を中断するたびに、もとの作業を再開する決意を奮い起こさなくてはならず、集中力が高まるまでにしばらく時間がかかる。悲しいかな、私たちはベルの音に反応するパブロフの犬さながらに、着信メールがあるとすぐに反応するよう習慣づけられている。だから、よほど緊急の電子メールを待っているときを別にすれば、着信通知をすべて解除して、自分のペースで電子メールの着信をチェックしたほうがいい。仕事中に割り込んでくる着信メールに作業を中断されるのではなく、仕事の区切りの時間に着信メールをチェックするのだ。

ここで用いたのは、「刺激コントロール」と呼ばれるテクニックだ。私たちの意思決定の一部は、脳の辺縁系で無意識になされている。これまで指摘してきたように、辺縁系は脳の中で聡明な部位とは言いがたい。視覚、嗅覚、聴覚、触覚、味覚による刺激に直接的に反応する面が大きいのだ。私たちは、性的な映像を見せられればセックスのことを考え、おいしい香りが漂ってくれば空腹を感じ、楽しい音楽が聞こえれば思わず鼻歌を歌う。こうした刺激は私たちの気を散らし、本来の課題を忘れさせてしまう。

このような刺激――「キュー（きっかけ）」と呼ばれる――は、私たちの周りにあふれている。エール大学の心理学者ジョン・バーフが長年の研究を通じて明らかにしてきたように、私たちの精神はいともたやすく外的要因の影響を受ける。[*40] 具体的には、先行する刺激に無意識のうちに影響を受けるケースがきわめて多い。「プライミング」と呼ばれる現象である。[*41] たとえば、部屋の照明を少し暗くするだけで恐怖心が高まる。熱いコーヒーの入ったカップを手に持たせると、寛大な気持ちになる。オフィスで、チョコレートを不透明のボウルに載せておくのではなく、透明のビンに入れて置いておくと、職場でのお菓子の消費量が四六％高まったという実験結果もある。[*42]

キューの力はあなどれない。元ドラッグ常用者は、ドラッグ常用者のたまり場の近くを通りかかったり、昔のドラッグ仲間とばったり会ったりして、ドラッグに関する強力なキューにさらされると、またドラッグを使いたいという強烈な衝動に駆られる。[*43]

産業界は、キューの威力を貪欲に利用してきた。さまざまなメディアにあふれている大量の広告は、キューを通じて消費者の欲求を刺激することを目的にしている。職場や学校にも、モチベーションを奪うキューが満ちている。やるべき課題と無関係のキューを一掃して、職場や学校を課題に取り組むための聖域に変えるべきだ。「去る者日々に疎し」ということわざがあるが、去る誘惑も日々に疎くなる。つまり、目に入らなくなれば、誘惑の魔力を感じずにすむ。電子メールの着信通知機能をすべて解除することも、オデュッセウスがセイレーンの島に近づく前に、部下の船乗りたちに耳栓をさせたことも、欲求を刺激するキューを払いのけることが目的だ。

まず、自分がどういう誘惑に弱いかを洗い出し、その誘惑を刺激するキューを排除しよう。あなたはきっと、たくさんのウェブサイトをブラウザの「お気に入り」に登録して、簡単にアクセスできるようにしているはずだ。手始めに、お気に入りの登録をすべて削除しよう。ゲーム好きの人は、コンピュータのデスクトップからゲームソフトのアイコンを削除してはどうか。ゲームソフト自体をコンピュータから完全に削除すれば、もっといい。テレビのリモコンは、見えない場所に隠してしまおう。もし、扉つきのキャビネットにテレビを置いているのであれば、扉を閉ざすといい。ここまではそう難しくない。本当に難しいのは、このあとだ。

整理整頓ができておらず、ものが散らかっている職場は、誘惑の地雷原だ。置き場所を忘れた書類を探すたびに、目の前の課題と無関係のものに関心を吸い取られる危険がある。[*44]問題は、先延ばし人間が最も先延ばししがちな活動が「クロゼットや引き出しの整理整頓」だということだ。[*45] 先延ばし人間は、整理整頓が苦手で、それゆえにますますものごとを先延ばしするという悪循環に陥りやすい。[*46]

どうすれば、それを抜け出せるのか。第8章で紹介した「生産的な先延ばし」のテクニックが役に立つ。整理整頓をしたいというモチベーションが最も高まるのは、ほかの課題の締め切りに追われているときのはずだ。また、インターネットで「片づけ」というキーワード検索をおこなえば、いろいろなヒントが見つかるだろう。片づけの専門家に指導してもらうのも悪くない。

誘惑に陥る原因となるキューを一掃したあとは、その結果生まれた真空を別のキューで埋めると効果的だ。目指すべきゴールを思い出させてくれるキューを用意しよう。モチベーションを高めるための一般的なキャッチフレーズが載ったポスターを張るのではなく、あなたの性格や状況にぴったり合ったキューを用意するほうがいい。もし、ことのほかやる気をかき立てられる格言や名言があれば、コンピュータでの作業が停滞したときに、自動的にその言葉がデスクトップ上に現れるように設定してもいいだろう。

公共料金や税金の支払いを先延ばししがちな人は、キッチンやコーヒーテーブルなど、いやでも目につく場所に請求書を張っておくといい。やるべき課題をリストアップして書き出すだけでも、かなりの効果がある。コンピュータの画面の端にそのリストを張ると、とくに有効だ。[*47] こうしたキューには、ゴールに向けて集中力を高める効果がある。[*48]

このテクニックがいかに有効かは、家庭の省エネ戦略を例に考えればわかりやすい。省エネがなかなか成功しない原因は、結果が見えにくく、しかも結果が表れるまでに時間がかかることにある。電力を無駄遣いしても、翌月の電気料金の請求書を受け取るまで実感できない。電気メーターを家の外ではなく、家の中に設置すれば、電力使用量がいつもはっきりわかるので、脳の辺縁系が前頭前野と足並みをそろえて、不要な照明を消したり、照明をエネルギー効率の高い電灯に交換したりするだろう。[*49]

カリフォルニア州の電力会社サザン・カリフォルニア・エジソンのマーク・マルチネスは、電力使用量が多い時間帯（この時間帯の電気料金はほかの時間帯より高く設定されている）に赤い色に変わるランプを顧客の家に置かせた。[*50]すると、その時間帯の電力使用量がなんと四〇％も減ったという。ほかの複数の実験でも、同様の対策を取り入れると、一カ月の電気料金が一〇％ほど減っている。[*51]

仕事に取り組む背中を押すためのキューは、ランプのような特別な道具でなくてもいい。仕事に関係のある要素であれば、なんでもキューになりうる。一日のなかの特定の時刻に、あるいは職場で特定の行動を取ったあとに、あるいは特定の同僚と一緒にいるときに、仕事に取りかかるように習慣づけてもいい。[*52]

いちばん有効なのは、仕事をする場所そのものをキューにすることだ。その場所に着席すると、自動的に集中力が高まるようにすればいい。この戦略を実践するためには、その場所を仕事専用のスペースにしなくてはならない。仕事中にモチベーションが萎えてきて、どうしてもサボりたくなったときは、その場所を離れる必要がある。息抜きのためにネットサーフィンをしたり、SNS（ソーシャル・ネットワーキング・サービス）にアクセスしたり、コンピュータゲームをプレーしたりするのであれば、どこかに場所を移す。娯楽用にコンピュータをもう一台買うことになっても、仕事の生産性が高まることを考えれば十分に割の合う投資だ。

仕事の場と遊びの場を完全に切り離せば、仕事専用のスペースに身を置いたときにおのずと連想の力が働いて、やすやすと集中力がみなぎってくる。学生を対象におこなわれた三つの実験では、勉強専用のスペースを用意したところ、学生の先延ばし癖が短期間で目を見張るほど改善した。[*53] 同様の趣旨で、衝動買いを防ぐために複数の銀行口座を使いわける戦略も即効性がある。[*54]

ワークライフバランスを保つためには、仕事と家庭の境界線をぼやけさせないことが不可欠だ。[*55] スマートフォンのせいで、家庭の時間が仕事に侵食されていると感じるのであれば、機能の少ない携帯電話をプライベート用にもう一台買えばいい。仕事の時間から家庭の時間に移行するときの「儀式」を決めて、習慣化するのもいいだろう。たとえば、職場から帰宅する途中に、リラックス用の音楽を聞くことにしてもいい。家に着いたときに、「仕事着」を脱いで家庭用の服に着替えるようにしてもいい。

自宅で仕事をしなくてはならない人は、仕事専用のスペースを確保することが望ましい。立派な仕事部屋でなくてもいい。狭くてもいいし、シンボルとしての意味しかなくてもいい。仕事用とプライベート用に別々のコンピュータを用意するのが理想だが、それが無理なら、せめて別のＩＤを作成して使いわけるといいだろう。

環境を整備して適切なキューをつくり出せれば、誘惑によって気が散らなくなり、職場でも家庭でも、そのときやるべきことに全力投球できるようになる。

＊ 一カ月というのは控え目な計算だ（第5章を参照）。

先延ばし克服の行動プラン12――注意コントロール戦略

先延ばしを防ぐためには、課題から気が散る原因となるものにうまく対処する必要がある。具体的には、誘惑の対象を連想させるキュー（きっかけ）のイメージを悪くする、キューを取り除く、望ましい行動の背中を押すキューと差し替えるという三種類の方法がある。

●潜在感作法のテクニックを用いて、誘惑の対象に悪いイメージをいだくように自分を仕向ける。誘惑の対象が不愉快なものだというイメージを強化したり、誘惑に屈して先延ばしをした場合に恐ろしい結果が起こると想像したりするのだ。マイナスの側面を生々しく想像できればできるほど、このテクニックは大きな効果を発揮する。

●誘惑にさらされたときは、誘惑の対象を抽象的・象徴的に認識するように努める。たとえば、ダイエット中にトリプルチョコレート・チーズケーキを食べたいという衝動に駆られたときは、それを脂肪と砂糖の塊だと考えればいい。

●誘惑の対象を思い出させるキューを可能な限り取り除く。職場を整理整頓することはその一助になる。

●誘惑のキューを職場から排除したあとは、自分が仕事をする意味を思い出させてくれる標語なり写真なりを用意する。愛する家族の写真をデスクに置いておくのが有効な人も多いだろう。

●有益なキューの効果を確実なものにするために、仕事の場と遊びの場を明確に区分する。

ゴールを設定する

「一度に一メートルずつ前に進もうとすれば人生は楽勝だが、一度に一キロずつ前に進もうとすれば人生は苦役になる」ということわざがある。ジョー・シンプソンという人物は、このことわざのおかげで命を取りとめた。

シンプソンはペルーの高山を登山中にクレバスに転落し、死亡したとみなされて仲間に置いていかれた。仲間たちがベースキャンプを引き払って帰路に着くのは、三日後。それまでに自力でベースキャンプまでたどり着かなければ、今度こそ、死ぬのは確実だった。しかし、滑りやすい氷原を八キロ進まなければ、ベースキャンプに着けない。おまけにクレバスに転落したとき、脛骨が粉砕されていた。過酷な登山で疲れ切っていたし、食料はまったくなく、ごくわずかな水があるだけだった。生きて帰るのはまず不可能だった——腕時計を持っていなければ。

シンプソンは、腕時計を使ってなにをしたのか。ゴールを設定したのだ。二〇分後にアラームが鳴るようにして、アラームが鳴るまでに次の岩なり、次の吹きだまりなりに到達することを目指した。間に合えば勝ち、間に合わなければ負け、というゲームを自分に課したのだ。極度の疲労と痛み、そして最後には幻覚とも戦いながら、シンプソンはこのゲームを何百回も繰り返し、ついにベースキャンプが見える場所までたどり着いた。仲間たちの出発予定時刻のわずか数時間前だった。

シンプソンが著書『死のクレバス——アンデス氷壁の遭難』で記しているこのエピソードは、ゴール設定の重要性を浮き彫りにしている。「結果を出すコツは、まず始めることだ。そして始めるためのコツは、複雑で巨大な課題を細かい課題に切りわけて、手に負えるようにし、最初の断片に取りかかることだ」と、作家のマーク・トウェインも述べているとおりだ。

しかし、具体的にどのようにゴールを設定すればモチベーションを高められるのかという点になると、明確に理解できていない人が多い。ゴール設定に関する科学的研究は数多くあるが、それに基づくノウハウはほとんど一般に知られていない。[*56]

一九八〇年代半ば以降、ゴール設定における「SMART」の重要性を強調する本が五〇〇点以上書かれている。「SMART」とは、ゴールを設定するうえで重要とされる五つの要素の頭文字を取ったものだが、アルファベットの数がある意味で多すぎるし、ある意味で少なすぎる。SMARTのSは、明確（=Specific）、Mは計測可能（=Measurable）、Aは達成可能（=Attainable）、Rは現実的（=Realistic）、Tは期限つき（=Time-anchored）の略だ。アルファベットが多すぎるというのは、SとMとTは実質的に同じことを言っており、AとRも重複しているからだ。[*57] 一方、アルファベットが少なすぎるというのは、重要な要素がいくつか漏れているからである。以下では、本当に有効なゴールを設定する方法を説明しよう。

ゴール設定に関しては、これまでもいくらか触れてきた。第7章では、達成しやすいゴールより手ごわいゴールを設定するほうがモチベーションを高めやすいと指摘した。私たちはたやすいゴールに到達したあと、レースでゴールラインに飛び込んだ直後と同じように、走るのをやめてしまうからだ。[*58] 第8章では、自分にとって大事な大目標と関連づけることにより、目の前のゴールに意義を見いだせるようにするというテクニックを紹介した。[*59] 目の前のゴールが将来のご褒美につながっているのだと思えれば、ゴールを達成する意義を見いだしやすくなるのである。この章では、ゴール設定のテクニックの最後の仕上げとして、時間を味方につける方法を紹介する。

ゴールを細分化する

先延ばしに関してメディアの取材を受ける機会は多いが、記者が連絡してくるのは、ほぼ例外なく記事の締め切りぎりぎりになってからだ。オンライン雑誌のスレートが二〇〇八年に先延ばし特集を組んだとき、同誌は五月一五日付の記事でこう打ち明けている。「この特集は、もともと五月五日の週に公開する予定でした。月曜の朝に、ウェブサイトに掲載するつもりだったのです。しかし、問題が一つありました。締め切りまでに原稿を完成させた記者が一握りしかいなかったのです[*60]」

ジャーナリズムの世界は、懲りない先延ばし人間の巣窟に見える。ジャーナリズムの現場は、先延ばし人間が機能できる数少ない職場の一つだからだ。仕事の性格上、記者には短期の明確な締め切りが課される。「あるテーマについて、いつまでに、これだけの分量の記事を書け！」とはっきり言い渡される。この類いのゴールを達成するのは、先延ばし人間の得意技だ。目の前に明確なゴールラインを示されたとき、先延ばし人間はモチベーションがわいてくる。先延ばし方程式の原則どおりに、締め切り間際になると一挙にモチベーションが高まり、課題をばりばり処理しはじめるのだ。

このメカニズムを先延ばし対策に活用するためには、なにを成し遂げるべきかを具体的に、そして厳密に定義する必要がある。「全力を尽くそう！」などという漠然としたゴールが大きな成果を生むことはほとんどない。どの程度細かくゴールの内容を定める必要があるかは人によって異なるが、ゴールを達成できたときに自分でわかるようにしておくことが重要だ。

ゴールは曖昧模糊としたものでなく、明確な実体のあるものでなければ意味がない。「来月三日に飛行機に乗る前に、遺書を完成させる」というのは有効なゴールだが、「財産の管理をきちんとする」というゴールは、そうとは言えない。

具体的なゴールラインを定めたあとは、スケジュールを決める。長期のプロジェクトをいくつかのステップに細分化すると、効果的かもしれない。ほとんどの場合、仕事の環境はおおよそ図8のグラフで表現できる。仕事に取り組む間も、周囲には常に誘惑がある。誘惑は強まったり弱まったりを繰り返すが、誘惑の強さを平均したのがグラフの点線（横線）だ。仕事に対する欲求

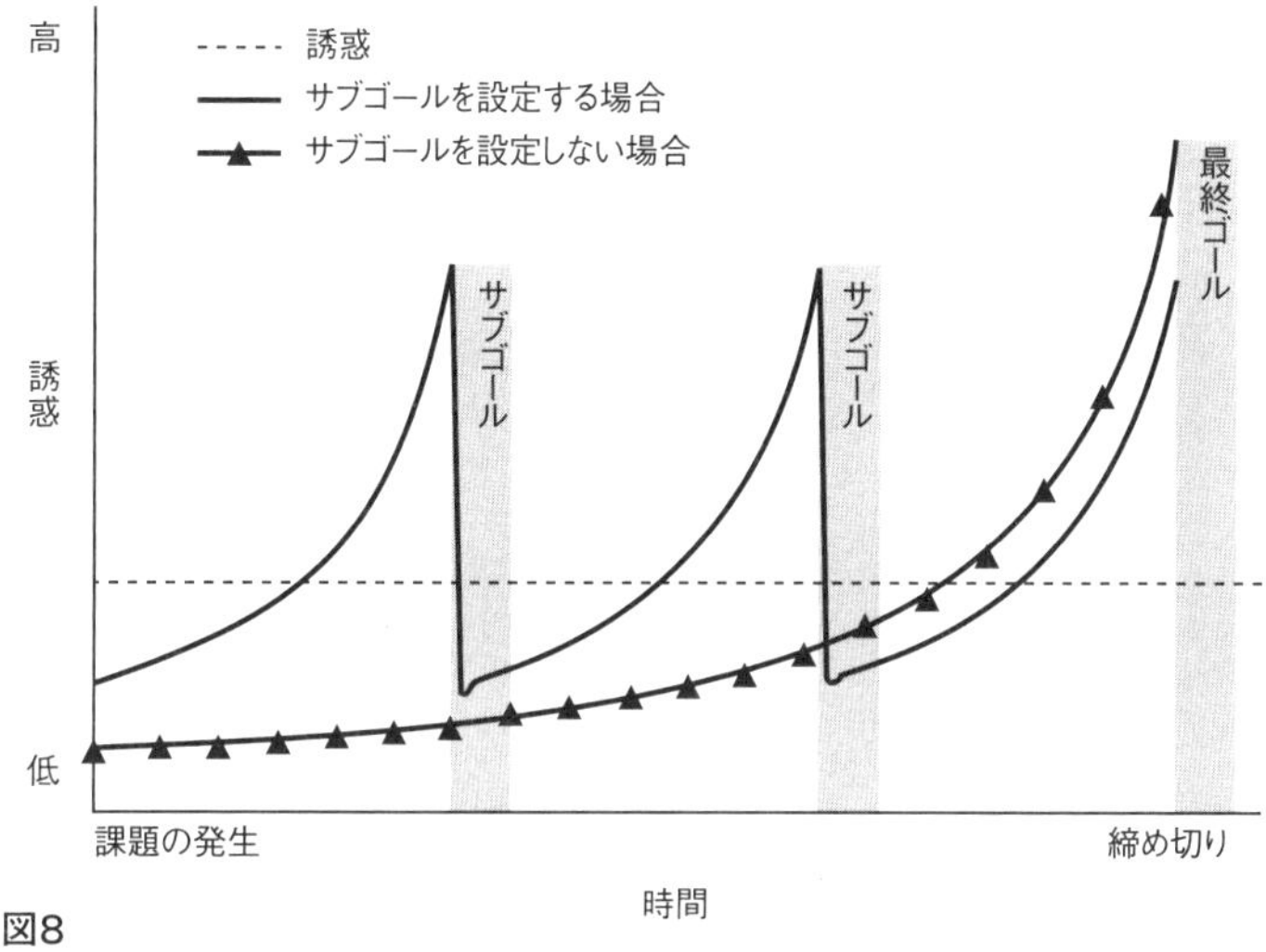

図8

がこの点線より上に来ないと、私たちは仕事に取りかからない。たいてい、私たちは主体的にゴールを設定しないので、ゴールは一つしかない。最終的な締め切りがあるだけだ。そういうケースでは、三角印つきの曲線を見れば明らかなように、モチベーションは最終ゴールの直前まで高まらない。

もっと早い段階でモチベーションを高めたければ、締め切りを人為的に手前に引き寄せる必要がある。グラフの実線は、最終ゴールの前に二つの短期のサブゴールを設定した人のモチベーションの推移だ。最終ゴールの前に二度にわたり、仕事に対する欲求が点線を上回っている。実線が点線より上に来ている時間の合計は、サブゴールを設定しない場合よりはるかに多い。

どの程度具体的に、そして、その程度短期のゴールを設定すべきなのかという一律の基準はない。それは、一人ひとりの衝動性の強さ、課題の退屈さ、誘惑の性格などに左右される。あまり細切れにゴールを設定すると煩雑なので、たいてい、一日単位でゴールを設定するといい。

しかしなかには、最初の数分間が課題実行のとくに大きな障害になっているケースがある。さんざん先延ばしにしていた課題にようやく着手すると、思っていたほど不愉快でなかったという経験は、誰でもあるだろう。掃除やエクササイズ、執筆などは、最初の固い殻を破って課題に取りかかるまでが最大の難所という場合が多い。これは、冷たい湖で泳ぐのに似ている。私の親戚がカナダのウィニペグ（人口六〇万以上の都市のなかでは世界で最も寒い都市だ）の湖畔に別荘をもっている。湖の水を手ですくって飲むと、冷たくてとてもおいしい。けれど、あまりの冷たさに、湖に入って泳ぎを楽しもうという勇気がくじけてしまう。それでも、まず水に飛び込むことだけに意識を集中させて、どうにか水に入ると、数秒もすると心地よくなってくる。

このように、超短期のミニゴールは、最初の壁を突き破るうえで非常に有効な場合がある。これを応用して、「一〇分間ゴール」を設定してはどうだろう？　たとえば、家の掃除を一〇分間おこなうことを目標にするのだ。あるいは、レポートなどの執筆が億劫だという人は、とりあえずコンピュータの前に座って、二、三行書くことを目標にしてはどうか。エクササイズがいやな人は、専用のウェアに着替えて、スポーツジムに足を運ぶだけでもいい。最初のミニゴールを達成した段階で、自分がどういう気分かを点検し、そのまま長期目標に向けて行動し続けたいかどうか考える。最初に立ちはだかっていたモチベーションの壁を破り、課題達成に向けた行動のなかに身を置けば、そこでやめてしまう人はほとんどいない。

ゴール設定をする際には、なにを基準にゴールを定めるかを決めなくてはならない。課題に費やす時間（＝投入量）を基準にするのか、それとも成し遂げた成果（＝成果量）を基準にするのか。ジョギングの場合で言えば、一時間走ることを目標にするのか、それとも五キロ走ることを目標にするのか。どちらも有効な方法だ。

投入量を基準にして、わずかな時間でも規則正しく課題に取り組めば、やがて目覚ましい成果が上がる。ほとんどのプロの物書きは、何時間も書き続けようと思って挫折することを繰り返すが、心理学者のB・F・スキナーが述べたように、「一日一五分ずつ、毎日書き続ければ、毎年一冊ずつ本を書き上げられる」。一方、成果量を基準に、毎日（ブログを含めて）二〇〇〇語書くことを目標にしているのは、カナダのSF作家ロバート・ソーヤーだ。

二〇世紀アメリカの文豪アーネスト・ヘミングウェイは両方の基準を併用し、一日五時間執筆するか、五〇〇語以上書くかのいずれかを達成することを目標にしていた。非常にうまい戦略だ。調子がよく、早々と成果量目標を達した日は、自分にご褒美を与えて、釣りにでも行けばいい。調子が悪い日は、投入量目標を達するまで作業を続けるので、少なくともいくらかの成果は上げられる。

自分の仕事ぶりを正直にチェックするために、ユーザーがコンピュータでなにをしているかを記録する「マニックタイム」や「レスキュータイム」などの無料ソフトウェアを利用してみるといい。[*61] 電子メールにどれくらい時間を割いているのか？　ネットサーフィンに浪費している時間は？　実際に仕事をしている時間は？　このようにして現実を把握すれば、自分の生産性を明確に意識できるようになる。それに、オンラインゲームにふける時間を減らす効果もある。経験者の私が言うのだから間違いない。

習慣化で自動運転モードに

私はときどき、職場からの帰宅途中にスーパーマーケットで牛乳や紙オムツを買って帰る必要がある。スーパーに寄るためには、普段より手前の出口で高速道路を下りなくてはならないが、いつも決まって、買い物のことを忘れてその出口を通り過ぎてしまう。しばらく走ったあとで気づいて、回り道をしてスーパーに向かう羽目になる。ほぼ毎日、同じルートで通勤しているせいで「自動運転モード」になっているので、スーパーに寄ることを忘れてしまうのだ。

私たちの日常生活には、このようにほぼ無意識に繰り返している行動がたくさんある。朝、寝ぼけ眼でも、朝食を食べ、歯を磨き、靴のひもを結べる。高い集中力をもって仕事を片づけるとはいかないが、行動を習慣化すれば、多くの課題を実行できる。

柔軟性に欠けることは、習慣の強みであり弱みでもある。ある行動が習慣化すると、違う行動を取るほうが好ましい場合にも、私たちは同じ行動パターンを繰り返しがちだ。同じレストランに足を運び、同じメニューを注文し、帰宅してテレビで同じ番組を見る。もっと好ましい選択肢がほかにあるかもしれないと考えることすらしない。[*62]

その半面、習慣化した行動は継続しやすく、どんなに疲れていても実行できるという利点がある。[*63] つまり、意図的に行動を習慣化すれば、意志の力が弱まっていたり、誘惑に囲まれていたりするときにも、長期のゴールに向けて歩み続けられる。行動が習慣化すると、ほかの選択肢に目を向けず、ひたすら前進するようになる。立ち止まったり、脇道にそれたりしない。自分の取るべき行動を選択する機会が少なければ少ないほど、先延ばしに陥る危険は小さくなる。[*64]

もちろん、習慣化する行動は適切なものでなくてはならない。習慣的な行動は、言ってみればドン・キホーテの風車のようなものだ。あなたを天国に押し上げてくれる場合もあれば、泥の中に叩き落とす場合もある。帰宅すると無意識にテレビをつけたり、ポテトチップスを開けると一袋食べ尽くしたりといった悪い習慣の弊害は確かにあるが、エクササイズや掃除、仕事などの好ましい行動を習慣化すれば、なかば自動運転モードで実行できるようになる。さまざまな科学的研究によると、習慣化している作業に関しては、先延ばし人間がそうでない人と同等の成果を上げられるという。[*65]

ある行動を習慣化するために必要な条件の多くは、新しいキューを取り入れる場合と共通している。重要なのは、予測可能性を高めることだ。習慣化したい行動を儀式化し、なるべく一定の状況でそれをおこなうようにするといい。時間と場所を決めるのは、とくに有効だ。[*66]たとえば、いつも決まった時間にエクササイズをおこない、あれこれ考える余地なく機械的に行動するようにする。毎週火曜の午後五時にバーベルを上げ、毎週木曜の午前六時にランニングをするという具合に決めておくのだ。先延ばししがちな課題があれば、それをいつ、どこでおこなうかをまず決めよう。そのうえで、「土曜の朝ごはんを食べ終わったら、ガレージの掃除をするぞ」と言葉にして誓う。

あまりに簡単すぎる？　しかし、効果はある。心理学者のピーター・ゴルウィッツアーによれば、ほぼどのような行動でも、その行動を取るという意図を言葉にすれば、実際に行動する確率が二倍近くに高まるという。子宮癌検査の受診や睾丸癌の自己検診に始まり、リサイクルや休日返上での報告書執筆にいたるまで、その効果が科学的に実証されている。*67 手軽なうえに効果が大きいという意味で、これほど理想的な方法はないかもしれない。

意図を言葉にすることは、言ってみれば、自分の脳の中に入り込むための最も手っ取り早い方法だ。辺縁系をプログラムし直して、適切な（と自分が思う）キューに反応してすんなり行動するように設定できる。このテクニックは、先延ばしに限らず、自己コントロール全般に応用できる。スタミナ不足の人は、「疲れても頑張る」という意図を言葉にしてみる。気が散りやすい人は、「集中力が途切れても、課題に集中する」という意図を言葉にする。そして言うまでもなく、「やるべき課題があれば、それを実行する」という意図を言葉にすることも忘れてはならない。

せっかく行動を習慣化しても、それを継続しないことを正当化する言い訳には事欠かない。「体調が悪いから」「休暇中だから」「臨時の仕事が入ったから」「ほかの仕事が遅れているから」などと言い訳して、これ幸いと習慣を放棄する危険がある。そういう誘惑に屈しないように、習慣を徹底的に守り抜くべきだ。習慣は繰り返せば繰り返すほど、強力になる。逆に言えば、習慣を破るたびに、習慣の力が弱まり、次の機会に習慣を貫くことが難しくなる。あなたが習慣を守れば、いずれ習慣があなたを守ってくれる。*68

産まれたての赤ん坊のように、はじめのうちはこまめに世話をしないと、新しい習慣はすくすく育たない。[*69] 最初は、専門家の指導を受けてもいいだろう。パーソナルトレーナーの力を借りてエクササイズを始めたり、片づけアドバイザーの指示に従って家の大掃除をしたりすることは、正しい習慣を身につける強力なきっかけになりうる。[*70] 遺書を書こうと思うのであれば、財務プランナーや弁護士に相談するといい。[*71] こうした専門家たちは、専門的な助言を与えるだけでなく、モチベーションを高める後押しをし、実行のための地ならしをして、実行の確率を高めてくれる。ただし、専門家の力だけで——そして、この本やほかの数々の本の力だけで——すべてが解決することはありえない。結局、すべてはあなた自身の肩にかかっている。

先延ばし克服の行動プラン13——ゴールを設定する

実は、この本で私は最高のご馳走を最後に残しておいた。ゴールを設定することは——もちろん、適切なゴールでなくては意味がないが——先延ばしを克服するための最も賢明な方法だ。手ごわいゴールを設定する（第7章で紹介）こと、自分が意義を見いだせるゴールを設定する（第8章で紹介）ことに加えて、この項で紹介したアドバイスを実践してみよう。ほかの本に書かれていることと違うかもしれないが、科学的研究の結果によれば、これこそがモチベーションを最大限高める方法なのである。

●ゴールを具体的に設定する。ゴールを達成したときに、自分ですぐわかるようにするのが狙いだ。「なにを成し遂げるべきなのか?」「いつまでに実行すべきなのか?」を明確にする必要がある。「経費の報告書を作成する」という漠然とした目標を掲げるのではなく、「レシートを全部集めて、項目別に分類して集計する。それを明日の昼休みまでに終わらせる」という目標を立てるほうが効果的だ。

●長期のゴールを短期のサブゴールに分割する。ことのほかやる気をくじかれる課題に関しては、超短期のミニゴールを設定して、モチベーションをいだく妨げになっている最初の壁を破るといい。たとえば、課題図書を読む必要があれば、最初の数ページを読み通すことをさしあたりのゴールにする。そのゴールを達成したときにはたいてい、最後まで読み続ける意欲がわいているはずだ。

●ゴールに向けた行動を習慣化し、ある一定の環境で——とくに、同じ場所と同じ時間に——その行動を取るものと決める。予測可能性を高めることが習慣化の後押しになるのだ。手帳を開いて、規則正しく課題に取り組むよう予定を記入してしまおう。鉛筆で書いてもいいが、消せないようにペンで書き込むと、もっと有効だ。

自己コントロール力を鍛える

衝動性の強いせっかち型の先延ばし人間であるトムは、この章を読んでいれば悲惨なバカンスを経験せずにすんだかもしれない。トムはホテルの予約を先延ばしにし続けたせいで、悪い意味で「忘れられない休暇」を過ごす羽目になったのだ。

この章で紹介したテクニックの一部を実践するだけでも、そんな事態は避けられただろう。おそらく、明確な締め切りを設定し（たとえば「次の木曜の夜までに」）、そのゴールを守る意図を言葉にする（「夕食のあとすぐに、現地のホテルを調べて、部屋を予約する」）だけで十分だった。駄目押しに、最悪のシナリオを思い描けば万全だったかもしれない（「もしホテルの予約を先延ばしし続ければ、ビーチから遠く離れた場所に、薄汚れた部屋しか取れなくなるだろう」）。

この章のテクニックは、第2章の自己診断テストでトム指数が24点以上だった人にはとりわけ大きな武器になるが、誰にとっても役に立つ。衝動性の強さは人それぞれとはいえ、誰でも衝動に負けて愚かな選択をして、あとで悔やんだ経験があるはずだからだ。

ただし、テクニックを活用するうえでは、ある根本的な問題が妨げになる。自己コントロールを高めるためのテクニックを実践するには、そもそもある程度の自己コントロール能力が必要なのだ。少なくとも最も軽い鉄アレイを持ち上げるだけの筋力がなければ、筋力トレーニングは始められない。それと同じことだ。先延ばし癖は、症状が重いほど治療が難しい。先延ばし人間はモチベーションが不足しているせいで課題を先延ばしするが、モチベーションが弱い人間は自己変革の努力も先延ばししやすい。

楽しみを遅らせるのが苦手な人が忍耐力の強化を目指す場合、最初のうちはその取り組みがすぐに恩恵をもたらすようにしないと、うまくいかない。そうでないと、試合中のスポーツ選手に役に立たない指示を飛ばすコーチのように、自分に対して「いますぐ取りかかれ！」と無意味な檄を飛ばすのと変わりがない。言われてできるくらいなら、そもそもアドバイスなどいらないのだ。

それでも幸い、電子メールの着信通知を解除する、行動するという意図を言葉にするなど、ここで紹介したアドバイスのほとんどは簡単に取り入れられるものだ。そうしたアドバイスを実行するという目標をまず達成できれば、自信と自己コントロール能力がはぐくまれて、もっと難しい目標を追求しやすくなる。そうなれば、人生がもっと楽になる。

第10章

さあ、先延ばしを克服しよう

必要なのは信じること

やるのか、やらないのか、だ。試しにやってみる、などというのはナシだ。

——ヨーダ（ジェダイ・マスター）

最後の章に入る前に、読者のみなさんにお礼を言いたい。ここまで辛抱してくれて、本当にありがとう。先延ばし癖の持ち主は、ものごとを最後までやり遂げる前に気が散って、途中で放り出しがちだ。第10章までたどり着いたことは——よもや途中の章を飛ばしてはいないだろう——称賛に値する。

この本をここまで読んできた読者は、先延ばしが生まれる原因、脳のメカニズムとの関係、現代社会でそれに拍車がかかっている理由、問題を緩和する手立てを理解できたはずだ。先延ばしを克服するために必要なステップは、あと一つだけになった。それは、この本に書かれていることを信じることだ。

疑念をもつ人がいるとしても無理はない。とくに自己啓発書をよく読む人は、懐疑的なのではないか。自己啓発の世界には誤った情報が流布しており、処方箋どおりに行動しても効果が乏しいケースが非常に多いからだ。「もし、誰かが本当に効果のある自己啓発書を書いたら?」という設定で書かれた小説が世界的ベストセラーになったほどだ。カナダの作家ウィル・ファーガソンが書いたのは、自己啓発産業を皮肉った小説『ハピネス』。トゥパック・ソワレという登場人物が『私が山で学んだこと』と題した自己啓発書を書き、ダイエットに成功し、金持ちになり、幸せになり、最高のセックスを楽しむ方法を説く(まだこの小説を読んでいない人の楽しみを奪わないよう、ストーリーの細部に立ち入るのはやめておこう)。

第四の点は約束できないが、本書ではそれ以外の三つの目的を達することを目指した。本書で紹介したテクニックはすべて、しっかりした科学的研究を土台にしており、確かな効果がある。巻末に掲載した「注」を見れば、私が多くの論文や研究書を参考にしたことがわかるだろう。

せっかく有効なテクニックを紹介しても、それが実践されなければ、効果は発揮されない。『私が山で学んだこと』は、読むだけで成功が約束されるという効果抜群の本なのに、先延ばし癖のせいで人々がそれをなかなか読まないことが問題だった。『私が山で学んだこと』の担当編集者エドウィンは小説の中で言う。「先延ばし人間のことは念頭に置いていなかった。この本を買ったり、プレゼントされたりしたのに、読みはじめていない人が大勢いる」

幸い、読者のみなさんは本書をほとんど読み終えた。あとは、それを実際に生かすために、書いてある内容を信じてほしい。そのための手引きとして、この章では、お別れにもう一度、エディーとバレリーとトムに登場してもらおう。二人は本書のテクニックを使って、先延ばしを克服する。それを読んで「自分にもできる」と思えれば、あなたも本書のテクニックを実行に移して、先延ばし癖を乗り越えられるだろう。

ワーキングカップルの人生バランス

先延ばしが原因でセールスの仕事を失って以来、エディーはすっかり落ち込んでいたが、バレリーと出会ってすべてが変わった。バレリーと一緒にいると、いつも笑顔になれた。二人が結婚するのは自然な成り行きだった。二人は三〇代になり、それぞれフルタイムの仕事に就いていて、コンスタンスというかわいい娘も授かった。満ち足りた人生だったが、唯一の問題は、いつもせわしない日々を送っていることだった。最近は、それにますます拍車がかかっていた。

バレリーは原稿の締め切りに追われることが多く、そういうときは家事が二の次になる。地元の新聞社に記者として就職できたことはよかったと思っているが、リストラでスタッフが減らされ、二人分、ことによると三人分以上の仕事を割り振られるようになった。昇進するためというより、職を失わないために過酷なスケジュールをこなしている。一方、マーケティングの仕事に就いているエディーは、夜明け前に家を出て、出張で何日も家を空けることが珍しくない。

コンスタンスが病気になると、地獄の蓋を開けたような一大事になる。そういう日は夜も寝られないし、夫婦のどちらかが家に残って付き添わなくてはならない。二人とも慢性的な寝不足言葉でいい尽くせないほどのストレスを感じている。

だ。夫婦ともに働き口があり、かわいい娘もいることに感謝すべきだとは思っているが、言葉で言い尽くせないほどのストレスを感じている。

自宅と職場の間をただ往復する毎日だ。いつも時間に遅れて、あわただしくキスをし、ドーナツを口に押し込んで家を飛び出す。家にいるときも仕事が心配で、コンスタンスが寝つくとコンピュータに向かい、夜中まで仕事をして疲れ切ってしまう。コンスタンスが病気のときは、職場にいても不安でたまらない。コンスタンスが元気なら元気で、託児所内のリアルタイムのウェブ中継を見て、貴重な仕事の時間を割いて娘の様子を頻繁にチェックせずにいられない。公共料金の振り込みをしたり、検診と予防接種のためにコンスタンスを病院に連れていったりする暇もろくにない。一日に何十回も、二人はメールをやり取りする。エディーは、次の打ち合わせ先に車で移動する途中、バレリーにメールを送ることを思いとどまるのに苦労するほどだ。

エディーはガレージの片づけをすると夏に約束したが、もう一〇月になるのに、まだガレージは散らかったまま。バレリーが始めた家庭菜園は手入れ不足で、収拾がつかなくなってしまった。二人はスポーツジムの夫婦会員になっていたが、退会しようと思っている。一日の仕事が終わったときには疲労困憊しているし、朝はいつも修羅場でエクササイズどころでない。とくに朝の出勤前は、息をつく間もない。コンスタンスに服を着せ、互いがやっておくべき用事を確認し合っていると、コンスタンスのオムツを換えなくてはならなくなり、むずかるコンスタンスをあやす羽目になる。

二人は自分たちの生活をコントロールできておらず、子どものいるワーキングカップルなら誰もが経験する困難にぶつかっていた。最近、バレリーは、自分がいつも「正しい場所」にいないと感じるようになった。職場にいるときは、いま家族と過ごすべきなのではないかと感じる。家にいるときは、やり残しの仕事が気になって落ち着かない。自分が燃え尽き、擦り切れているように感じはじめた。こんな生活はいやだと思うようになった。

あるときバレリーは、励ましてほしいと思って、お姉さんに電話した。お姉さんは親身に話を聞いて、アドバイスをしてくれた。「この前読んだ本に、役に立つことが書いてあると思うわ。貸そうか?」

よくあることだが、バレリーはその本をたいそう感謝して受け取ったきり、読まずに放っておいた。しかしある夜、ストレスで眠れず、一縷の望みを託して本を開いた。ページをパラパラと繰ってみて、科学的裏づけのある本らしいと感じた。「効果は実証されているみたいね」と、バレリーは思った。「読んでみよう。私たちに役立つことが書いてあるかもしれない」。ノートと鉛筆を用意してゆっくり読みはじめ、活用できそうなアイデアを見つけると、メモを取った。

次の日の夜、ぐったり疲れて帰ってきたエディーを椅子に座らせると、バレリーはきっぱり言った。「私はいま幸せでないわ。生活のあり方を変える必要があると思うの」

エディーはため息をつくと、いかにも期待の小さいエディーらしいことを言った。「そりゃあ、ぼくだって幸せじゃあないよ。でも、人生ってこんなものだよ。変えることなんてできっこないよ」

「あなたはいつもそう言うけれど、そんなことはないわ」と、バレリーは切り返した。「もっと幸せな人生を送るためにできることがあると思う。姉さんが本を貸してくれたの。科学的な裏づけがある本よ。その方法論でうまくいった人が大勢いるって。せめて、試してみるべきだと思う。手始めに、いくつかゴールを決めましょう」

エディーは疲れていて反論する気力もなかったので、妻につき合うことにした。「ぼくには達成したいゴールがある」と言って、にっこり笑ってみせた。「幸せになりたい」

「ゴールは具体的なものでなくてはいけないの」と、バレリーは辛抱強く説明した。「具体的で、実行可能で、できればワクワクするゴールを決めるのよ」

「それじゃあ、今日幸せになる、というのは？」

バレリーは本を繰って、該当するページを探した。「まず、私たちが正気を保つために最低限のゴールをいくつか決めましょう。私はもっと頻繁に友達と会いたい。じっくり友達と話したのは、コンスタンスの出産祝いが最後よ。友達と話すといつも、自分が手に負えない問題を抱えているわけじゃないとわかって、気持ちが楽になるのよ」

エディーは椅子に身を沈めると、不機嫌に言った。「じゃあ、ぼくのゴールは、平日に毎晩スポーツジムに行くことだ」

バレリーはあきらめずに説明を続けた。「現実性のあることを考えましょう。あなたは、二週間に一晩、私に自由に行動させてくれればいいわ。かわりに、私は毎週土曜の朝、あなたがジムに行けるようにしてあげる」

「悪くないと思う」と、エディーも言った。「だけど、ぼく一人でコンスタンスの面倒を一晩みる自信がないよ」

でも、あなたはコンスタンスをお風呂に入れたり、寝かしつけたりしているじゃない、とバレリーは言った。「想像してみてよ。ジムにきちんと通って、引き締まったボディーになった自分の姿を。そして、友達と会えれば私がどんなに幸せになるかを。目を閉じて、思い浮かべてみて。どう？　素晴らしいでしょ！　さあ、ちょっとはモチベーションがわいた？」

「そうだね」。エディーも少し前向きになりはじめていた。「やってみよう」

二人が「脳内コントラスティング法」をおこなって自分たちの背中を押したうえで、「ゴール設定」と「非スケジュール」を実践すると、さっそく効果が表れた。バレリーはときどき友達と会えるようになり、悩みを打ち明け、友達がそれぞれの問題をどう解決しているかを聞いて、ものごとを少し広い視野で考えられるようになった。この先、コンスタンスがすこやかに育ち、景気もよくなるだろうと思えるようになった。ささやかな励ましが大きな力を発揮したのだ（「鼓舞される仲間」）。一方、エディーは、ときどきジムに通えるようになったことに満足していた。エクサイズをすると、ストレスがだいぶ和らいだ。前よりよく眠れるようになって、いろいろな課題に取り組むエネルギーがわいてきた（「エネルギー戦略」）。

しかし数週間後、エディーは残業しなくてはならなくなったと突然言い、夜の予定をキャンセルしてくれとバレリーに言い渡した。夜遅くエディーが帰宅すると、バレリーは不機嫌だった。

エディーは弁解した。「きみが外出できなくなったことは、悪かったと思っている。でも、仕事が終わらなかったんだ。仕事を優先させないわけにはいかない」

「外出ですって？」と、バレリーがぴしゃりと言い返した。「単なる外出じゃないわ。私には、友達と過ごす時間が必要なの。あなたが出張で家を空けるのは仕方がないわ。でも、あなたは今日、仕事中に一五回も私にメールしてきたわね」

「てっきり、喜んでいると思っていたんだ！」と、エディーは言った。

バレリーは、気持ちを落ち着かせて言った。「私がなにを喜ぶか説明するわね。私はあなたと直接話がしたい。友達と会って話がしたい。あなたが私に一回メールするたびに、私たちが家で一緒に過ごせる時間が一五分減るの。メールをするために仕事を中断したあと、また集中力を取り戻して仕事に取りかかるまでに、だいたい一五分かかるのよ」

エディーはそれを聞いて驚いたが、簡単には引き下がらなかった。「そのとおりなのかもしれない。でも、きみだってメールを送ってくるじゃないか。それに、機械みたいに休みなく働き続けるわけにはいかないよ。ぼくにも息抜きが必要だ」

「じゃあ聞くけど、あなたはどうしていつも疲れているの？」

「それは……毎晩残業続きで、なかなかベッドに入れないからだ」。ここまで言って、エディーは気づいた。「そうか！　確かに、いいアイデアかもしれない！」

「仕事中にメールを書いたり、ネットサーフィンをしたり、着信メールをひっきりなしにチェックしたりするのをやめれば、二人とも一日に二時間も時間が浮くのよ。その分、ゆっくり眠れるようになるわ」

「でも、あまり根を詰めて仕事をしすぎると、脳ミソがショートしない？」

「この本に、いくつかアイデアが載っているわ。まず、これを試してみましょう。コンピュータのＩＤをもう一つ用意するの。デスクトップの壁紙も別のものにする。それを遊び用のＩＤにして、息抜きをしたくなったときは、仕事用のＩＤからログアウトして、このＩＤに切り替えることにするの。もし、そのための一分程度の手間が面倒だと感じるのであれば、まだ休憩が必要でない、ということになるわ。あ、そうだ。あなたにプレゼントがあるの。仕事に集中するために役立つものよ」

「プレゼントは大好きだけど、なにをくれるの？」

バレリーがハンドバッグから取り出したのは、銀縁のフレームに入った一枚の写真だった。

「コンスタンスと私の写真よ。仕事中にサボりたいという誘惑に駆られたら、これを見て。そうすれば、私たちがどうして一生懸命働いているのかを思い出せるわ。忘れないでね。すべては、家族が一緒に過ごす時間を増やすため。この方法を実践するって、約束してくれる？」

「約束するよ。一緒にやってみよう」

言うまでもなく、この方法は効果を発揮した。主だった誘惑の種を職場から取り除いた結果（「注意コントロール戦略」）、職場で生産性が高まり、家にいるときは前よりリラックスできるようになった。ぐっすり眠れるようになり、職場での仕事の効率がますます高まった（「エネルギー戦略」）。目標に向けて努力する理由を忘れないためにエディーが職場のデスクに飾った妻子の写真も、大いに役立った。エディーがプレコミットメントを言葉にして表現するように、バレリーが背中を押したことも、目標達成の力になった。

期待していた以上に自由時間が増えて、二人は少なくとも週に一回か二回はスポーツジムに通えるようになった。コンスタンスが急病になったり、想定外のことが起きたり、避けられない用事が入ったりして、決めたとおりに行動できない日もあるが、いまは態勢を立て直す方法を学びつつある。生活がうまく回るようにするために自分たちが頑張っているのだと、二人はわかっている。そのうちに、エディーは軽い読書をする余裕までできた。以前はいつも疲れていて、読書どころではなかったのだ。

ある夜、コンスタンスを寝かせたあと、エディーは二人分の紅茶をいれ、お気に入りの椅子に腰を下ろした。「本棚の本を読んでいたんだ。きみのアイデアのもとは、この本だったんだね」

バレリーはカップを手に取り、言った。「肝心なのは、ただ本を読むだけじゃなくて、書いてあることを実行することなのよ」

「そうだね」と、エディーは答えた。「でも、ぼくにも提案したいアイデアがあるんだ」

「どんなアイデア?」

「この本に、情熱を燃やせる仕事というテクニックが紹介してあるね」

バレリーはぎょっとして目を見開いた。「まさか、会社を辞めてプロゴルファーになるって言うんじゃないでしょうね!」

「違うよ、違うってば。そんなことはぜんぜん考えてないよ。あ、少しは考えているかもしれないけど。でも、そうじゃないんだ」と、エディーはもったいをつけて言った。「実は、早い時間に帰ってくるようになって、料理への興味がまた頭をもたげてきたんだ。つき合いはじめた頃、よく料理をつくってあげたの、覚えてる？　きみはぼくと違って、皿洗いが苦にならない。だから、ぼくが食事をつくって、きみが片づけをするように、役割分担したらどうかと思って」

バレリーが一つ注文をつけた。「食材の買い出しもあなたが担当するなら、オーケーよ」

「じゃあ、洗濯もやってくれる？　それなら、いいよ」

「契約成立！」

こうして二人は、育児と家事でやるべき課題をそれぞれの趣味と適性に応じて分担した。エディーは料理と買い物がまったく苦にならない。買い物は大好きだし、淡々と食材を刻む作業が心地よいのだ。買い物は、土日に一週間分をまとめてすませている。一方、料理にまったく関心のないバレリーは、エディーが料理する間、コンスタンスの世話をし、食事のあとの片づけと、際限なく増え続ける汚れ物の洗濯をする。平日は、コンスタンスの保育園への送迎を二人で分担している。

だんだん、日々の生活が楽になりはじめた。目が飛び出るほど楽になったというわけではないし、問題がまったくないわけでもない。それでも、明らかに以前より楽になった。バレリーとエディーは、自分らしく、そして、自分の性格と調和した生き方を実践しはじめたのだ。

新米マネジャーのリーダーシップ術

ドミニカ共和国で悲惨なバカンスを過ごしたあと帰国するとき、トムは空港で一日近く足止めを食った。ハリケーンシーズンの真っただ中だったのだが、旅行を計画したときは、その点にまったく思いがいたらなかった。空港のラウンジで、トムは自分の人生を振り返った。学生時代の成績はパッとしなかった。いつもレポートの締め切りに追われていた。それでも、陽気なトムは大学のサークルの仲間たちに人気があった。大学生活になじめなかったり、ホームシックにかかっていたりする後輩を元気づける達人だった。人を助けることが好きだったのだ。

どうして、自分はこんな袋小路にはまり込んでしまったのか。ほかにすることがないので、トムは何時間もの間、先延ばし癖のせいで自分が失っているものの大きさについて考え続けた。仕事だけでなく、プライベートも犠牲になっていた。もし、ホテルの部屋のせいでバカンスが台無しになっていなくても、たまっている仕事が心配で、休暇を満喫できなかっただろうと気づいた。未処理の課題の重圧に押しつぶされず、罪悪感に苦しめられることもなく、思い切り遊べた子ども時代に戻りたかった。

そんなことを考えていたせいなのかもしれない。空港の売店で、ある本が目にとまった。先延ばし癖を解決する助けになるという触れ込みの本だ。さっそくその本を買い、残りの待ち時間と帰国の飛行機に乗っている間、ずっと読み続けた。有効そうなアイデアを知って興奮したトムは、すぐにアイデアを実践したくてたまらなくなった。今度ばかりは、持ち前のせっかちな性格がプラスに作用した。

バカンス明けの最初の出勤日、トムは誘惑の原因になるものを職場から一掃した。また、自分の仕事ぶりを監視するソフトウェアをコンピュータにインストールし、具体的で、期限が明確で、手ごわいゴールを設定した。すると、たちまち成果が出た。いつも作業が遅れがちだったのに、時間に余裕ができて、同僚の仕事を手伝ってあげられた。同僚と会話を交わし、同僚を助けることが大好きなトムは、これに大満足だった。

もっと本格的な対策も実践しようと、トムは思った。プレコミットメントの一環として、「一週間以内に次のレポートを書き上げなければ、年末のボーナスはいらない」と、上司に宣言したのだ。そして、約束した期日の一日前にレポートを提出した。ドミニカ共和国でトムになにがあったのだろうと、同僚たちは驚いた。同僚の力になろうとする態度と締め切りを厳守する姿勢が上司の目にとまり、リーダーの資質があると判断されて、昇進が決まった。

昇進の興奮が冷めはじめた頃、トムは兄のティムと食事をした。何杯かグラスを空けたあと、トムは不安を打ち明けた。「いったいどうして、オレが管理職に選ばれたんだろう？　リーダーシップのことなんて、オレはなにも知らない。リーダーなんていう柄じゃない。単に、だらしない人生から抜け出す方法がわかっただけだ。兄貴は、リーダーシップとか、そういうことに詳しいよね。大学でリーダーシップのコースを取っていたんじゃなかった？　オレはどうすればいいの？[*]」

ティムは笑って言った。「パニックになるなと言っても、もう手遅れらしいな。でも、不安を感じるのは当然だ。一年前のお前を知っている人なら誰でも、お前が管理職になったと聞いたら不安になるよ」

「どうもありがとう、プレッシャーを軽くしてくれて」と、トムは皮肉をこめて言った。「要するに、大学で勉強したリーダーシップ論はすっかり忘れてしまったわけだ」

ティムは手に持っていたグラスを置くと、真顔になって言った。「茶化して悪かったよ。お前の言うとおりだ。リーダーシップの方法論は知っておいたほうがいい。ほとんどの会社員は、上司との関係が最大の関心事だ。お前が適切なリーダーシップを振るえなければ、部下にとっては給料を引き下げられる以上に悲惨な事態を招く。お前は、大勢の人のやる気をしぼませる力を手にしたんだ[*1]」

「だから相談してるんだよ」

「アドバイスは惜しまないよ」と、ティムは言った。「お前が貸してくれた本をざっと読んでみたけど、リーダーシップの基本的なテクニックはちゃんと書いてあるよ。それを自分自身に適用したみたいに、ほかの人たちにも適用すればいい。自分を動かすセルフリーダーシップだけでなく、人を動かすリーダーシップも練習で磨けるんだ」

「安心したよ」と、トムは答えた。「また大学に通ってリーダーシップを学ぶのはごめんだからね。さあ、教えてくれよ」

ティムは天井を見上げ、大学時代の記憶を呼び起こした。「リーダーシップのスタイルには、大きくわけて二つの種類がある。メンバーの信念や感情に訴える変容型（＝トランスフォーメーショナル）のリーダーシップと、メンバーの利害に訴える取引型（＝トランザクショナル）のリーダーシップだ。トム、お前は人間が好きだから、人間関係のスキルを生かせばいい。変容型のリーダーになればいいんだよ！」

「みんなと友達になればいいってこと？」

「まるで違うよ」と、トムは説明した。「まず必要なのは、部下に自信をもたせることだ。早い段階で成功を体験させて、お前のことを信頼させ、お前の下で自分が成功できるという自信をもたせる。達成可能なゴールを設定し、達成したらわかるようにしておいて、きちんと祝福する。これが基本中の基本だ。それを積み重ねるうちに、部下が自信をもち、目標に向けて努力するようになって、もっと難しいゴールも達成できる」

「成功の螺旋階段だ！」と、トムは本の記述を思い出して言った。

「そのとおり！」と、ティムは言った。「昔、このテクニックを実践している先生に教わったことがある。女の先生だったんだけど、新学年のはじめはやさしい課題から始めて、だんだん難しい課題に進むようにしていた。実は、その先生にホレていたんだ。一度、授業のあとに――」

「兄貴、その話じゃなくって！」

「どこまで話したんだっけ？」と言って、ティムはグラスの酒を飲み干した。「ああ、そうそう。鼓舞される物語・仲間のテクニックも使えるよ。なにを目指すのかをはっきりと、自信をもって示す。成功できるという期待感を醸し出して、部下を激励し、お手本になればいい。リーダーシップの大原則だ」

「オレが？　お手本に？　無理に決まってるじゃないか！」

「王冠は重い。上に立つ者には、大きな責任がついて回るんだよ……もちろん、責任を果たすことをやめて給料泥棒になり、クビになるまでそうやって過ごすのは、お前の自由だ。オレに言わせれば、そんなのは卑怯だが。でも、お前にはお前の倫理観があるのだろう」

ティムは言葉を切って、弟に考えさせた。

「わかったよ。やるよ。やるってば」と、トムは言った。「言われたことを咀嚼しようとしていただけだよ」

トムは管理職になった最初の日、部下を集めてスピーチをおこない、なにを目指したいのかを説明した。このチームには優れた点がいろいろあるが、長時間の残業をしているのに、財務報告書の提出が遅すぎるのが問題だと指摘した。そのうえで、最初の達成可能なゴールを打ち出した。「手始めに」と、情熱的に語りかけた。「今月は、報告書作成に要する時間を一日短縮したいと思います。私たちにはできると思います。いや、ぜったいにできます」。達成できて当然の簡単なゴールだ。それでもトムは毎週の会議で、このゴールを強調し続けた。自分が情熱を前面に押し出せば、部下にも情熱が伝染するはずだと思ったのだ。

月末、チームのメンバーは報告書を一日早く仕上げた。ちょうど一日。それ以上でも以下でもなかった。「これは最初の一歩だ」と、トムは思った。「でも、あと一週間は期間を短縮しないといけない」。ティムに電話して、最初のゴールを達成できたことを報告した。

「すごいじゃないか」と、ティムは言った。「アドバイスを求めるだけなら誰でもできるけど、それを実践する人間はそうそういないよ」

「手始めとしては、確かに効果的だった」と、トムは言った。「でも、ままごと遊びはもうたくさんだ。チームの面々に本当にやる気があるのか疑わしい。もっと期間を短縮できたはずなのに、一日しか早く仕上げなかった。ほかにもっとアイデアはないの？」

ちょっと考えて、ティムは言った。「部下たちにとっての『価値』の要素を考えてみよう。お前は、部下が価値を感じるものをなにか提供できるか。つまり、どういうご褒美を部下に与えられる？」

「給料をアップできるかということ？」

「できるのか？」

「いや、無理だ」と、トムは言った。「オレが自腹を切って金を配るのならともかく」

「じゃあ、給料のことを考えても意味がない」と、ティムは言った。「でも、心配するな。確かに、カネはものを言うけれど、それがすべてではない。ほとんどの人間がカネより価値を感じるものがある。それは評価だ。難しいことではない。部下が好ましい行動を取ったときは、すぐに褒めてあげること。来月とか来週ではなく、その日のうちに褒める。『すごいじゃないか！』『よくやった！』と言ってもらえれば、長い間プライドが満足する。会社のロゴ入りのマグカップをもらったり、小切手を受け取ったりするより、効果が大きい」

「ありがとう、ティム」

「どういたしまして」。トムがさっそくアドバイスを実践したことに、ティムは気づいていなかった。

「本当に、いいアイデアだと思う」と、トムは言った。「みんなを褒めるために、管理職用の個室の外に出る時間が増えるのも大歓迎だ。もともと、毎週の定例会議で話すより、スタッフと一対一で話すほうが好きなんだ」

「お前には、管理職として大きな強みがある。専門的な能力を評価されて管理職に昇進したはいいが、部下との関係で苦労する人は多い。その点、お前は対人関係をうまくやっていくのが得意だ。とりあえず、大目標との関連づけを実践してみるといい。レンガ職人の話は知ってるか？」

「えーっと、どういう話だっけ？」。実ははじめて聞く話だったが、トムはとぼけて言った。

「短い話だ。二人のレンガ職人がレンガを積み重ねている。通りかかった人に、『なにをしているんです？』と聞かれて、退屈そうに仕事をしていた職人は、『壁をつくっているんです』と答えた。上機嫌で仕事をしていた職人は、少し考えてからこう答えた。『大聖堂をつくっているんですよ』。この話の教訓は、部下には全体像を理解させるべし、ということだ。なぜ、その作業をする必要があるのかを意識させたほうがいい。なぜかというと――」

「そうすれば、オレの夢がかなうからだね」と、トムが途中で言葉を引き取って言った。「兄貴も、いまオレに全体像を理解させようとしたんだよね。言いたいことはわかったよ。部下をすぐに褒めること。そして、全体像を見せること――要するに、なぜ、その仕事が大事なのかを理解させること。それが大事なんだね」

トムは毎日一時間、オフィスの中を歩いて回り、部下に声をかけるようにした。感心したことがあれば、すぐ褒めた。ある部下が素晴らしいプレゼンをしたときは、昼食をおごってあげた。ただし、部下に仕事の意義を理解させるのには少し骨が折れた。どういう全体像の中に目の前の仕事を位置づけるのが効果的かは、それぞれの部下によって違ったからだ。キャリアにプラスになると位置づけることが有効な部下もいれば、責任を与えられていることの象徴だと位置づけることが有効な部下もいたし、同僚の力になる方法だと位置づけることが有効な部下もいた。一人ひとりの部下に最適な説明の仕方を見つけるのには苦労したが、それでもたいてい成功した。

仕事が遅い部下に、こう説いたこともあった。「あなたが作業を終えれば、そのあとはスザンヌの作業になる。あなたの作業が遅れると、スザンヌは残業しなくてはならない。残業するためには、誰かに頼んで子どもを保育園に迎えに行ってもらって、子どもにごはんを食べさせ、寝かしつけてもらう必要がある。あなたが早く仕上げれば、スザンヌは楽になる。逆に、あなたが遅れれば、スザンヌは大変な思いをする」。これ以降、この部下が仕事の遅れで迷惑をかけることはなくなった。

加えて、トムは部下の生活のリズムを尊重し、エネルギーが満ちている時間帯に働いてもらえるように、フレックスタイム制を導入した。科学的な研究結果を調べたところ、学生に一時間長く朝寝坊を許すと、成績が一段階上がり、企業がフレックスタイム制を導入して、一時間遅くまで働くかわりに一時間出社を遅らせる選択肢を社員に認めると、生産性が目覚ましく向上するとわかったのだ。[*2]

ある晩、ティムがトムを誘って、お気に入りのレストランに食事に行った。注文をすませると、ティムが尋ねた。「どうだい？　リーダーシップの調子は？」

「ばっちりだ」と、トムは胸を張った。「トランスフォーマー・リーダーシップなんて、楽勝だったよ」

「違うよ、トランスフォーメーショナル・リーダーシップだ」と、ティムが言った。「トランスフォーマーじゃあ、ロボットになっちゃうよ」

「そうだ、トランスフォーメーショナル（＝変容型）とトランザクショナル（＝取引型）だった」。トムは冗談で言ったつもりだったが、素直に訂正した。「そう言えば、取引型リーダーシップの話は、まだあまりしてくれてないよね？」

「ほとんどのリーダーは二つのスタイルの片方の性格が強いけれど、本当に優れたリーダーは両方の要素をあわせもっている」と、ティムは説明した。「取引型のリーダーは、計画を立て、課題を割り振り、そしてなんと言っても、ゴールを設定することに長けている」

「確かに、リーダーにはそういう能力も必要だね」と、トムは言った。「ゴール設定は、オレには効果があった。チームの面々にも効果があるはずだ」

「遠くのゴールを短期のサブゴールに分割し実感がわきやすいようにして、部下に示せばいい。といっても、あまり細かくゴールを設定しすぎると、マイクロマネジャーになってしまう。細かいことまでコントロールしすぎる上司は嫌われるぞ」

「オレの場合は、その心配はないよ。でも実際のところ、どのくらい細かくゴールを設定すればいいのかな？」

「決まった答えはないけれど」と、ティムは言った。「基本的に、時間切れが近づくと、人間はいちばん真剣に仕事をする。その意味では、非効率にならない範囲で、なるべく細かくゴールを設定したほうがいい。少なくとも、定期的に会議を開いて部下の仕事の進捗状況をチェックして、その都度、新しいゴールを設定する必要がある。でも、もともとモチベーションが高くて、上司にゴールなんて決めてもらわなくても大丈夫な人と、ゴールを決めてもらう必要性が高い人の両方がいることは忘れるなよ」

「うん。相当細かいゴールを設定したほうがよさそうなメンバーの顔が何人か目に浮かんだところだよ」

「お前の会社がこれまでやってきたみたいなやり方は駄目だ」と、ティムがクギを刺した。いかにも厳めしそうな企業経営者風の声をまねして、ティムは続けた。「『わが社では、年度末までに売り上げを二〇%増やしたいと考えている!』。こんなふうにハッパをかけて、うまくいったためしがない。どうしてそんなことを言うのか理解できない」

「兄貴の言いたいことはわかるよ。これじゃあ、ゴールが遠すぎるし、抽象的すぎる。誰もモチベーションをいだけない。そもそも現実的なゴールなのかも疑わしい。最近の不景気を考えると、なおさらね」

料理はまだかと気にしながら、ティムが言った。「お前の会社は去年、やけに簡単なゴールを設定したよな。それだと、人間はゴールに到達したとたんに、元どおりの行動パターンに戻ってしまう。手を抜いて、それ以上の努力をしなくなるんだ」

「オレがチームに設定した最初のゴールがそうだった」と、トムは言った。「財務報告書を仕上げるのを一日早めるというゴールを決めたら、メンバーはきっかり一日だけ作業を早くすませた。不信感がわいてきたよ。もう少し難しいゴールを設定したほうがいいのかもしれない」

「その前に――お前はそういうのが嫌いじゃないと思うけど、パーティーをしてみろよ」

「どういうこと？」

「ゴールを達成したときは、最後に忘れずにお祝いをすること」と、ティムは言った。「人間はプロジェクトについて、二つのことを後々まで覚えている。一つは、プロジェクトの最高の瞬間。もう一つは、プロジェクトの最後の瞬間だ。最後にパーティーをすれば、いつまでも好印象が残る」

「長いおしゃべりの最後に、おいしい食事、というのと同じだね」。ようやくウェートレスが料理をもってきたのを横目に、トムは言った。

トムは、効果的なゴール設定をすることを意識しはじめた。部下に目標を課すときは、具体的で、手ごわくて、短期的なゴールを打ち出すよう努め、次の会議などの機会に進捗状況を報告させた。部下のなかには、堂々と手柄を自慢する人もいたが、背中を押してあげないと遠慮して自分の業績をアピールしない部下もいた。いずれにせよ、成果を上げた部下はきちんと褒めるようにした。

やがてトムは、チーム全体に大きなゴールを設定した。課題を完了させるまでの所要時間を翌月は一週間短縮することを目標に掲げたのだ。目標を達成できれば――きっと達成できるはずだと、トムはチームのメンバーに言った――最終金曜日の仕事を早く切り上げてパーティーをしようと約束した。子どもがいるスタッフが残業する場合のベビーシッター料金や、深夜帰宅のタクシー代は、すべて会社負担とした。チームのメンバーは明確な目的意識をもって月末まで頑張り、ゴールを達成した。パーティーは大いに盛り上がった。部下たちだけでなく、トム自身も楽しかった。もともとパーティーが大好きなのだ。トムはパーティーをしたいがために、「クルー」（と、トムは部下のことを呼ぶようになっていた）がゴールを達成できそうにないと思うと、自分自身がそれまでに輪をかけて頑張って、パーティーの開催にこぎつけた。

「次は、みんなで急流下りをする予算も確保しよう。チームづくりのためのエクササイズという名目で予算を計上できるんじゃないかな」と、トムは考えた。「あと、今月いちばんたくさん報告書を作成したスタッフに賞をあげよう」

しだいに、リーダーとして、そしてマネジャーとしての新しい役割に慣れてきた。ほかの大半の管理職と違って、期限内に予算計画を提出し、部下の査定も早めにおこなっていた。トムの成績は群を抜いていて、部署のスタッフの満足度は社内で最も高かった。[*4] 再び昇進したのは当然の結果だった。

トムの成功の秘訣は、自分自身のモチベーションを高めるうえで有効だった手法がほかの人たちにもおおむね役立つと気づいたことだった。それ以外に、難しいことはなにもしていない。優れたリーダーになりたければ、あなたもトムを見習えばいい。いま世界は、優秀なリーダーを切実に必要としている。

＊　先延ばし方程式は、さまざまなマネジメント研修でも取り入れられている。たとえばインテュロジーという会社はマネジャー向けのモチベーション研修にこれを用いて、成果を上げている。研修の参加者の一人はこう述べて

いる。「最初、また新しいモチベーション理論を紹介すると言われたときは、時間の無駄だと思った。でも、教室では確かに効果があった。そこで夏の間ずっと、この理論のことを考えていた。人生のあらゆる側面がその理論で説明できることに気づいた。非常に強力な理論だと思う」

でも「克服しすぎ」は禁物

エディー、バレリー、トムの三人は、先延ばし方程式のさまざまな原則を活用して先延ばしを克服した。本書のアドバイスを実践すれば、あなたもきっとうまくいく。ただし、やりすぎは禁物だ。先延ばし癖がひどいと、将来の夢が朽ち果てて本物の人生を送れなくなるが、先延ばしを完全になくそうと努めたときも同じ結果に陥る。[*5]

本当に自律的な個人は、自分という人間の一部だけでなく、すべての側面を受け入れて人生を送ろうとする。自分の衝動的な部分を全面的に押し殺すのは、突き詰めて言えば、自己破壊的な行動だ。欲求は人生の原動力。それを無視するべきではない。現実離れした理想を追求して自分を過度に締めつければ、健康で幸せな人生を送れなくなる。[*6] 適切なバランスが重要なのだ。

バランスを失うことの弊害は、ウィル・ファーガソンの小説『ハピネス』にも描かれている。この小説に登場する架空の自己啓発書を読むと、人々は幸せな気持ちになり、現状に満足し、他人に親切になり、好ましくない行動を取らなくなった。たばこや酒をやめて、みんなが抱擁し合い、自己を受け入れることによって幸福感をいだくようになった。巨大なチーズバーガーでなく、ほどほどの大きさの豆腐バーガーを好むようになった。素晴らしいことだと思うかもしれないが、それには深刻な代償がともなった。誰もが同じように人生に満足するようになり、誰もが同じように個性のない存在になってしまった。欠点を克服しようとした結果、人々は欲求をなくし、それと一緒に自分らしさを失ったのだ。

先延ばし癖、すなわち感情に突き動かされて目先のことしか見ない傾向は、振り子が一方の極端に振れている状態だ。振り子が反対側に振れて、理性が強くはたらきすぎて遠い将来のことしか考えなくなる傾向も、先延ばしに負けず劣らず弊害がある。[*7]過去のどういう点を後悔しているかと、仕事人間の会社員に尋ねると、「たまにはのんびり過ごせばよかった」と答える人が多い。飛び抜けてまじめな学生たちはえてして、夏休みの間も休まず勉強し続けたことを悔やむ。[*]

適度な自己コントロールを実践するためには、感情を否定するのではなく、感情を尊重する必要があるのだ。[*8]誰にだって、感情や欲求を発散させ、友達と馬鹿笑いし、自分を甘やかす時間が不可欠だ。ウェールズの放浪の詩人W・H・デービーズの言葉を引用しよう。「もし心配事ばかりしていて、ゆっくり立ち止まり、いろいろなものをじっくり見る時間もないとすれば、そんな人生になんの意味があるだろうか」。怠けるのが好きだったり、不まじめだったり、気まぐれだったりする性質は、私たちの人生になくてはならない要素なのだ。

＊　心理学者のウォルター・ミシェルとオズレム・アイダックはこう指摘している。「意志力の過剰は、意志力の不足と同様に、自滅的な結果を確実にもたらす。満足感を味わう時期を遅らせることは、ときとして賢明でない選

択、喜びのない息苦しい選択になりかねない。もっとも、必要なときや自分が望むときに、満足感を味わうのを遅らせ、意志の力を持続できないようでは、選択の余地そのものが失われてしまうのだが」

未来を犠牲にしないために

九〇〇〇年前、「先延ばし」などという現象は存在しなかった。当時の人類は、働きたいという意欲がわいたときに働き、眠くなったときに眠るという具合に、欲求を感じたときにその欲求どおりに行動していた。それはおおむね、人間が生き延びるために適した行動パターンでもあった。この時代には、人間の衝動性が日々の生活のニーズとぴったり一致していたのである。

私たちの脳は、そういう時代に合わせて設計されている。九〇〇〇年後、昔と変わらない人間の習性のせいで、私たちは日々の生活に不都合な悪癖に悩まされるようになった。減量に始まり、早起きやエクササイズにいたるまで、私たちはやる気のわかない不愉快な課題をどっさり抱えている。生活のほぼすべての側面に、欲求と課題の間の救いようのない齟齬が影を落としている。私たちは現在を重んじすぎ、未来を犠牲にしがちだ。脂肪分や糖分たっぷりの食べ物やテレビなど、目先の快楽をむさぼり、ダイエットやエクササイズを先延ばしにする。怒りに突き動かされて行動し、反省と和解を後回しにする。目先の衝動に負けて奔放なセックスに走り、パートナーとの関係を壊したり、性と生殖の健康をそこなったりする。

ここにあげた行動パターン――すべてに共通するのは、未来のご褒美より現在のご褒美を過剰に重んじることだ――は、太古の時代には人類が生き延びるうえで役に立つ性質だったが、今日の社会では、そうとは言えなくなってしまった。

しかし、手の打ちようがないわけではない。本書で強調しているように、非合理な先延ばしを避けることは不可能でない。自分の脳内のメカニズムを理解すれば、その道が開ける。神のごとく完璧な性質の持ち主になろうとするのではなく、自分が欠陥をもつ人間なのだと認めて、それを前提とした対抗策を取り入れればいい。そうすることによってはじめて、私たちは先延ばしを乗り越えられる。

先延ばしの克服に乗り出すために、誰かの許可を得る必要はない。招待状も必要ない。理想の人生を送り、理想の自分になるために、なにをする必要があるかは、あなた自身がよくわかっているはずだ。答えはすべて、あなたの手のなかにある。さあ、始めよう。

おわりに

先延ばしという現象の特筆すべき美点の一つは、あらゆる学問分野で研究されていることだ。あなたがこれから先延ばしの研究に乗り出すとしよう。私の研究歴と同じ道を歩むとすれば、心理学から出発する。既存の先延ばし研究のかなりの割合が心理学者の業績だ。しかしすぐに、あなたは経済学の領域に足を踏み入れることになる。いまや経済学は、先延ばし研究の新たな主役に躍り出つつある。経済学の領域では、老後の生活設計や債務問題、破産法制のあり方など、実務上のテーマもからんでくる。経済学の延長で、あなたは当然のごとく、神経経済学の世界にも入り込む。先延ばしの神経生物学的なメカニズムにも関心をいだくだろう。

そうすると、どうしても、あらゆる生物学的研究の土台である進化研究に首を突っ込まざるをえない。この分野の研究成果を通じて、先延ばしが人類共通の、そしてほかの動物の種とも共通する性質であることを知るだろう。次は、先延ばしの原因から結果に目を転じ、環境問題などの長期の社会問題に関心をもつかもしれない。なぜ、政府がもっと大きな成果を上げられないのかと考えはじめると、政府や企業などの組織でも先延ばしが問題になりうるのだとわかるだろう。

数多くの学問分野で研究されている結果、先延ばしは、古代エジプトの石碑「ロゼッタストーン」のような存在になっている。この石碑に記された太古の文字がさまざまな言語に翻訳されているように、先延ばしという一つの現象がさまざまな学問の言葉に翻訳されているのだ。

それにともない、学問分野の間で研究結果を翻訳するだけでなく、人間行動に関するエスペラント語のような共通言語を生み出す道が開けはじめた。その意義はきわめて大きい。[*1]「(社会科学の統合が実現すれば)心理学の歴史で最も重要な偉業となることは間違いない」と、心理学者のクリストファー・グリーンは書いている。心理学が「科学のなりそこない」を卒業できるというわけだ。[*2]心理学を経済学や社会学、生物学と統合できればさらに好ましい。私が「先延ばし方程式」を考案した元々の動機も、実は社会科学の統合を後押しすることにあった。[*3]

大勢の人を悩ませている問題だけあって、先延ばしの解決を目指す努力は活発におこなわれている。もし、さまざまな学問分野が共有できるモデルをつくれれば、この悪癖を克服するうえで強力な武器になりうる。

学問の統合が進むと、すべての学問分野で進歩が飛躍的に加速する。自然科学の世界ではすでに、学問の統合のおかげで、いま私がこの文章を書くために使っているノートパソコンに始まり、電力を生み出している原子力エネルギーにいたるまで、大きな成果が途切れなく生まれるようになっている。[*4]

共通のモデルをもつことにより、自然科学は学問分野の垣根を越えて知識を伝達・共有できるようになった。同じような相乗効果が発揮されれば、社会科学も目覚ましい前進を遂げられる可能性がある。社会科学を統合する重要性を強調し続けてきた経済学者のハーバート・ギンタスは、こう述べている。「個々の学問分野が知に対して貢献するためには、ほかの学問分野によって承認され、深化されることが不可欠である」。[*5]人間の意思決定と行動という同じテーマを研究している以上、すべての学問は結びついている。[*6]先延ばしとの闘いに関連して、ある学問分野がほかの学問分野に有益な情報を提供すれば、肥満の解消や年金制度の設計に始まり、実にさまざまなテーマで有益な知見を得られるだろう。

現状では、社会全体として先延ばし癖が克服されたと言うにはほど遠い。先延ばしを助長している原因の上位二つは、テレビとコンピュータだ。国によっては、人々がこの二種類の活動に、寝ている以外の時間のおよそ四分の一を費やしている。この二つの誘惑に過度にふけってしまうと認める人は多い。[*7] 肥満や家庭崩壊との関連が指摘されているので、テレビの視聴時間を減らすために多大な努力がなされているが、[*8] どの対策も大きな効果を上げていない。むしろ年々、テレビの視聴時間は増えている。

この状況を変えるためには、もっと学問分野の垣根を越えた視点に立てばいい。具体的には、本書で紹介した先延ばし方程式の知識をいくつか活用し、自己コントロールを高めるための原則をテレビやインターネットに対して用いればいいだろう。[*9]

ついテレビを長時間見すぎたとき、私はビデオレコーダーのせいだと考える。ビデオレコーダーのおかげで、放送時間に関係なくいつでも好きなときに、好きなテレビ番組を見やすくなった。当然、テレビの前で過ごす時間は増える。

しかし、ビデオレコーダーは問題を解決する手段にもなりうる。自己コントロールの道具として活用すればいいのだ。自分の行動を正確に把握すれば、それをゴール設定に利用できる。たとえば、一日の（あるいは一週間の）累計のテレビ視聴時間数を画面上に目立つように表示する機能を追加してはどうか。テレビを見ている間に、その数字があれよあれよと増えていけば、テレビを消したいという欲求が高まるかもしれない。ビデオレコーダーを使って長期の視聴傾向を記録し、自分がいつ、なにを見たかチェックしてもいいだろう。

ビデオレコーダーは、プレコミットメント戦略の道具にもなる。たとえば、テレビ視聴のハードルを高めるために、長い文字列を入力しないと映らないように設定してもいい。数分間待たないと映らないようにしたり、複数回の確認手続きをすまさないと映らないようにしたりしてもいいだろう。このようにして、視聴するまでに時間と手間がかかるようにして、衝動のまま見られないようにすれば、冷静な判断ができるようになる。これでもまだ足りなければ、一日の特定の時間帯の視聴をブロックしたり、一日の視聴時間の上限を設定したりしてはどうだろう？　なによりも好ましいのは、いずれの対策を導入するにしても、すべてが視聴者である私たちの選択にゆだねられていることだ。

インターネットに関しては、このような対策がすでに登場している。有料のサービスもあるし、無料で利用できるソフトウェアもある。コンピュータでなにをしているかを記録する無料ソフトウェア「レスキュータイム」を利用すれば、ゴールを定めることもできるし、同僚と仕事の達成度を比較し合ってやる気を鼓舞したり、競争心を刺激したりすることもできる。このソフトウェアは、特定の時間帯にインターネットへのアクセスを遮断するよう設定する機能も備えている。これに、インターネット利用状況を監視するための抜け道の少ないシステムを併用すれば、この上なく強力な自己コントロールの体制が出来上がる。

今後、テレビとインターネットの利用を減らすためのテクノロジーが進歩すれば、個人レベルだけでなく、社会全体にも好影響が生じ、国のＧＤＰ（国内総生産）が大きく上昇するはずだ。先延ばしで無駄になっている時間が半分に減るだけでも、経済の生産性は大幅に高まる。

学問分野の統合がさらに進むと、私たちの意志の弱さを克服する手立てがもっと普及し、社会の骨組みに組み込まれるだろう。皮肉な話だが、そうなれば、私たちは先延ばしという悪癖に感謝しなくてはならない。非合理な行動の本領発揮というべきか、先延ばし癖は学問の統合への地ならしをすることにより、みずからの敗北への道を開いたのかもしれない。

著者 **ピアーズ・スティール | Piers Steel**

先延ばしとモチベーション研究の第一人者。カナダ・カルガリー大学ビジネススクール教授。ミネソタ大学大学院でビジネスと心理学を研究し、先延ばしをテーマに博士号を取得。彼の研究は、サイコロジー・トゥデー誌やニューヨーカー誌、ニューヨーク・タイムズなど多数のメディアに取り上げられている。後悔するとわかっているのに人が先延ばししてしまう理由を神経生物学的に研究するために、カルガリー大学内に行動科学研究所の設立を準備中。

訳者 **池村千秋 | Chiaki Ikemura**

翻訳者。主な訳書に『マネジャーの実像』『MBAが会社を滅ぼす』(以上、日経BP社)、『フリーエージェント社会の到来』(ダイヤモンド社)、『戦略的思考をどう実践するか』『ホワイトスペース戦略』『グーグル　ネット覇者の真実』(以上、CEメディアハウス)など。

ヒトはなぜ先《さき》延《の》ばしをしてしまうのか

2012年7月2日　初　　版
2025年4月10日　初版第7刷

著者　ピアーズ・スティール
翻訳者　池村千秋
発行者　菅沼博道
発行所　株式会社CEメディアハウス
〒141-8205　東京都品川区上大崎3丁目1番1号
電話　049-293-9553(販売)　03-5436-5735(編集)
http://books.cccmh.co.jp
DTP　朝日メディアインターナショナル株式会社
印刷・製本　TOPPANクロレ株式会社

ISBN978-4-484-12111-6　Printed in Japan

注

◉はじめに

1　哲学者たちも先延ばしというテーマに魅了されてきた。どんなに長い間、それを観察しても飽きないらしい。

Andreou, C. (2007). Understanding procrastination. *Journal for the Theory of Social Behavior*, 37(2), 183–193.
Gosling, J. (1990). *Weakness of the will*. New York: Routledge.
Silver, M. (1974). Procrastination. *Centerpoint*, 1(1), 49–54.
Sorensen, R. (2006). Originless sin: Rational dilemmas for satisficers. *The Philosophical Quarterly*, 56(223), 213–223.

2　Katz, I., de Deyn, P., Mintzer, J., Greenspan, A., Zhu, Y., & Brodaty, H. (2007). The efficacy and safety of risperidone in the treatment of psychosis of Alzheimer's disease and mixed dementia: A meta-analysis of 4 placebo-controlled clinical trials. *International Journal of Geriatric Psychiatry*, 22(5), 475–484.
Lee, J., Seto, D., & Bielory, L. (2008). Meta-analysis of clinical trials of probiotics for prevention and treatment of pediatric atopic dermatitis. *The Journal of Allergy and Clinical Immunology*, 121(1), 116–121.

3　Bowen, F., Rostami, M., & Steel, P. (2009). Meta-analysis of organizational innovation and performance. *Journal of Business Research*.
Caird, J., Willness, C. R., Steel, P., & Scialfa, C. (2008). A meta-analysis of the effects of cell phones on driver performance. *Accident Analysis & Prevention*, 40(4), 1282–1293.
Peloza, J., & Steel, P. (2005). The price elasticities of charitable contributions: A meta-analysis. *Journal of Public Policy & Marketing*, 24(2), 260–272.
Taras, V., Kirkman, B. L., & Steel, P. (in press). Examining the impact of Culture's Consequences: A three-decade, multi-level, meta-analytic review of Hofstede's cultural value dimensions. *Journal of Applied Psychology*.
Steel, P. & Kammeyer-Mueller, J. (2002). Comparing meta-analytic moderator search techniques under realistic conditions. *Journal of Applied Psychology*, 87(1), 96–111.
Steel, P., & Kammeyer-Mueller, J. (2008). Bayesian variance estimation for meta-analysis: Quantifying our uncertainty. Organizational Research Methods, 11

(1), 54–78.
Steel, P., & Kammeyer-Mueller, J. (2009). Using a meta-analytic perspective to enhance Job Component Validation. *Personnel Psychology*, 62, 533–552.
Steel, P., & Ones, D. (2002). Personality and happiness: A national level of analysis. *Journal of Personality and Social Psychology*, 83(3), 767–781.
Steel, P., & Taras, V. (in press). Culture as a consequence: A multi-level multivariate meta-analysis of the effects of individual and country characteristics on work-related cultural values. *Journal of International Management*.
Steel, P., Schmidt, J., & Shultz, J. (2008).Refining the relationship between personality and subjective well-being. *Psychological Bulletin*, 134(1), 138–161.

◉第1章

1 天文学の世界でも、12の星座を4つずつにわけて考える。先延ばし癖が強いとされているのは、双子座と乙女座と射手座と魚座のグループだ。「(この) 4星座は先延ばしを飲んでいる」と、イギリスの思想家バートランド・ラッセルも述べている。確かに、とくに射手座と魚座は、先延ばしの飲みすぎで酔っぱらっているように思える……え？　先延ばしを飲む？　変な文章だと感じた読者に、種明かししよう。実は、ラッセルはこの4星座の性格について、なにかを言いたかったわけではない。「文法的には正しいが、意味をなさない文」の例として、ラッセルはこの文をつくったのだ。中国系アメリカ人言語学者のユエン・レンチャオ (ラッセルが中国を訪問した際に通訳を務めた人物でもある) が「無色のグリーンのアイデアは激しく眠る」(やはり、文法的には正しいが、意味をなさない文だ) という言語学者ノーム・チョムスキー作の文に意味を見いだす試みをしたのにならって、私もラッセルの無意味な文に意味を見いだそうとしてこの文章を書いてみたのだが、読者にあきれられる前に、こんな言葉遊びはおしまいにしよう。

2 Gendler, T. S. (2007). Self-deception as a pretense. *Philosophical Perspectives*, 21(1), 231–258.
Gosling, J. (1990). *Weakness of the will*. New York: Routledge.
Martin, M. (1986). *Self-deception and morality*. Lawrence, KS: University Press of Kansas.
3 Steel, P. (2007). The nature of procrastination: A meta-analytic and theoretical review of quintessential self-regulatory failure. *Psychological Bulletin*, 133(1), 65–94.

4 www.43things.comというウェブサイトは、大勢の人に人生の目標を発表する場を提供してきた。

5 Horn, S. (2001). *ConZentrate: Get focused and pay attention—when life is filled with pressures, distractions, and multiple priorities*. New York: Saint Martin's

Press.
6 研究の一環として、先延ばし癖を自己申告した2万人の職種を記録した。そのなかには、美人コンテストの出場者もいた。元ミス・フーターズのサラ・フーツは、オーディションのビデオで「私のいちばん悪い癖は先延ばしです」と告白している。しかし、宇宙飛行士と動物園の飼育係は、私の調査対象のなかにはいなかった。これらの職種の先延ばし人間は、オンライン雑誌スレートの記事（"Procrasti-Nation: Workers of the World, Slack Off!"）に登場する。
7 Gröpel, P., & Steel, P. (2008). A mega-trial investigation of goal-setting, interest enhancement, and energy on procrastination. *Personality and Individual Differences*, 45, 406–411.
Silverman, I. (2003). Gender Differences in Delay of Gratification: A Meta-Analysis. *Sex Roles*, 49(9), 451–463.
8 以下はその一例。
Burka, J. B., & Yuen, L. M. (1983). *Procrastination: Why you do it, what to do about it.* Reading, MA: Addison-Wesley.
Fiore, N. (1989). *The now habit: A strategic program for overcoming procrastination and enjoying guilt-free play.* New York: Penguin Putnam, Inc. [邦訳『戦略的グズ克服術――ナウ・ハビット』河出書房新社]
Knaus, W. (2002). *The procrastination workbook: Your personalized program for breaking free from the patterns that hold you back.* Oakland, CA: New Harbinger Publications, Inc.
Peterson, K. E. (1996). *The tomorrow trap: Unlocking the secrets of the procrastination-protection syndrome.* Deerfield Beach, FL: Health Communications, Inc.
9 McGarvey, J. (1996). The almost perfect definition. *Research/Penn State*, 17(3).
10 私の論文"Nature of Procrastination"のほかには、以下を参照。
Canter, D. (2008). *Self-appraisals, perfectionism, and academics in college undergraduates.* Unpublished PhD, Virginia Commonwealth University, Richmond, VA.
Yao, M. (2009). *An exploration of multidimensional perfectionism, academic self-efficacy, procrastination frequency, and Asian American cultural values in Asian American university students.* Unpublished PhD, Ohio State University, Columbus, Ohio.
11 Pullen, F. J. (2003). *Perfectionism, procrastination, and other self-reported barriers to completing the doctoral dissertation.* Unpublished PhD, The University of Iowa, Iowa City, IA.
12 Schouwenburg, H. C. (2004). Academic procrastination: Theoretical notions,

measurement, and research. In H. C. Schouwenburg, C. H. Lay, T. A. Pychyl, & J. R. Ferrari (Eds.), *Counseling the procrastinator in academic settings* (pp. 3–17). Washington, DC: American Psychological Association.

13 Arce, E., & Santisteban, C. (2006). Impulsivity: *A review. Psicothema,* 18(2), 213–220.

Bembenutty, H., & Karabenick, S. A. (2004). Inherent association between academic delay of gratification, future time perspective, and self-regulated learning. Educational *Psychology Review,* 16(1), 35–57.

Enticott, P., & Ogloff, J. (2006). Elucidation of impulsivity. *Australian Psychologist,* 41(1), 3–14.

Whiteside, S., & Lynam, D. (2001). The Five Factor Model and impulsivity: Using a structural model of personality to understand impulsivity. *Personality and Individual Differences,* 30(4), 669–689.

14 Bui, N. H. (2007). Effect of evaluation threat on procrastination behavior. *Journal of Social Psychology,* 147(3), 197–209.

15 Schouwenburg, H. C. (2004). Academic procrastination: Theoretical notions, measurement, and research. In H. C. Schouwenburg, C. H. Lay, T. A. Pychyl, & J. R. Ferrari (Eds.), *Counseling the procrastinator in academic settings* (pp. 3–17). Washington, DC: American Psychological Association.

◉第2章

1 Overmier, J. B., & Seligman, M. E. P. (1967). Effects of inescapable shock upon subsequent escape and avoidance responding. *Journal of Comparative and Physiological Psychology,* 63, 28–33.

Seligman, M., & Csikszentmihalyi, M. (2000). Positive psychology: An introduction. *American Psychologist,* 55, 5–14.

Seligman, M. E. P., & Maier, S. F. (1967). Failure to escape traumatic shock. *Journal of Experimental Psychology,* 74, 1–9.

2 私が最初に学習性無力感について教わったとき、大学の先生がこんな例を聞かせてくれた。コオロギを捕まえてビンの中に入れる。いくらかの水とエサを用意し、空気穴も開けておく。コオロギは外に逃げようとして何度もジャンプし、そのたびにビンの蓋に衝突する。数日後、蓋をはずしてやる。すると、コオロギはジャンプするものの、蓋があった高さの少し手前までしか飛ばない。コオロギはいつでも逃げられるのに、自由を手にするために必要な行動を取らなくなったのだ。檻はコオロギの頭の中に存在するのである。

3 Beck, A. T., & Beck, R. W. (1972). Screening depressed patients in family practice: A rapid technique. *Postgraduate Medicine,* 52, 81–85.

4 先延ばしが悪循環を生み出し、鬱を悪化させる恐れもある。鬱が原因で先延ばしをおこない、それが原因で罪悪感と自己嫌悪をいだいて鬱が悪化し、それが原因でますます先延ばしをおこない……という負の連鎖を起こしかねない。このようなパターンにとくにはまりやすいのは、コミュニティでの活動と成功を目指す活動を先延ばしする人だ。これらの活動に積極的に取り組む人は、そもそも鬱になりにくい。
Thase, M. E. (1995). Cognitive behavior therapy. In I. D. Glick (Ed.), *Treating depression* (pp. 33–70). San Francisco: Jossey-Bass, Inc.

5 Lay, C. H. (1986). At last, my research article on procrastination. *Journal of Research in Personality*, 20(4), 474–495.
Lay, C. H. (1990). Working to schedule on personal projects: An assessment of person/project characteristics and trait procrastination. *Journal of Social Behavior & Personality*, 5(3), 9–103.
Milgram, N. (1988). Procrastination in daily living. *Psychological Reports*, 63(3), 752–754.
Milgram, N. A., Sroloff, B., & Rosenbaum, M. (1988). The procrastination of everyday life. *Journal of Research in Personality*, 22(2), 197–212.
Sirois, F. M. (2007). "I'll look after my health, later": A replication and extension of the procrastination-health model with community-dwelling adults. *Personality and Individual Differences*, 43(1), 15–26.
Sirois, F. M. (2007). Procrastination and motivations for household safety behaviors: An expectancy-value theory perspective. In L. V. Brown (Ed.), *Psychology of Motivation* (pp. 153–165): Nova Science Publishers.

6 Tullier, L. (2000). *The complete idiot's guide to overcoming procrastination.* Indianapolis, IN: Alpha Books.

7 Chainey, R. The death of the gym membership. Retrieved from http://style.uk.msn.com/getfit/sportandexercise/article.aspx?cp-documentid=9517875.

8 Hershey, R. D. (November 28, 1999). Many shoppers won't do today what they can do on Dec. 24. *New York Times.*

9 Cosmides, L., & Tooby, J. (2000). Evolutionary psychology and the emotions. In M. Lewis & J. Haviland (Eds.), *Handbook of Emotions* (2 ed., pp. 91–115). New York: Guilford Press.

10 Whiteside, S., & Lynam, D. (2001). The Five Factor Model and impulsivity: Using a structural model of personality to understand impulsivity. *Personality and Individual Differences*, 30(4), 669–689.

11 McCrea, S., Liberman, N., Trope, Y., & Sherman, S. (2008). Construal level and procrastination. *Psychological Science*, 19(12), 1308–1314.

12 目先の具体的な利益が将来の抽象的な利益をいつも踏みにじるように見えることに

ついて、哲学者のデービッド・ヒュームはこう書いている。「1年くらい先に取る行動について考えるときは、いつも極力好ましい行動を取ろうと固く心に決めている。その行動を取ることによる恩恵が行動後すぐにあらわれるか、恩恵があらわれるまでに時間を要するかは関係ない。そういう違いは、現時点で意思や決意を固める際にまったく影響を及ぼさない。実際に行動するまでにまだ時間があるので、細かい違いにあまり目が行かないのだ。一般論レベルの明白な善悪の違い以外の要素は、意思や感情に影響を与えない。しかし行動する時期が近づいてくると、最初は見落としていた細かい要素が意識されるようになり、意思や感情に影響を及ぼしはじめる。目先の利益を優先させる傾向が一挙に強まり、当初の意図と決意を貫くことが難しくなる。私はこのような意思の弱さを深く悔い、それをなんとしてでも振り払おうと努めるかもしれない」

13 Bagassi, M., & Macchi, L. (2007). The "vanishing" of the disjunction effect by sensible procrastination. *Mind & Society*, 6(1), 41–52.

14 Laven, A. V. (2007). *Freshmen college student mental health and their resource usage*. Unpublished EdD dissertation, University of California, Los Angeles, CA.

15 Cannings, R., Hawthorne, K., Hood, K., & Houston, H. (2005). Putting double marking to the test: A framework to assess if it is worth the trouble. *Medical Education*, 39, 299–308.

Newstead, S. (2002). Examining the examiners: Why are we so bad at assessing students? *Psychology Learning and Teaching*, 2(2), 70–75.

16 Caron, M. D., Whitbourne, S. K., & Halgan, R. P. (1992). Fraudulent excuse making among college students. *Teaching of Psychology*, 19(2), 90–93.

Lambert, E. G., Hogan, N. L., & Barton, S. M. (2003). Collegiate academic dishonesty revisited: What have they done, how often have they done it, who does it, and why did they do it? [Electronic Version]. Electronic *Journal of Sociology* 7. Retrieved July 11, 2008 from http://epe.lac-bac.gc.ca/100/201/300/ejofsociology/2004/v07n04/content/v017.4/lambert_etal.html.

Roig, M., & Caso, M. (2005). Lying and cheating: Fraudulent excuse making, cheating, and plagiarism. *The Journal of Psychology*, 139(6), 485–494.

Roig, M., & DeTommaso, L. (1995). Are college cheating and plagiarism related to academic procrastination? *Psychological Reports*, 77(2), 691–698.

17 このグラフでは、途中で脱落した学生や、締め切りの4日以上前に課題を提出した学生（合わせて受講生全体のおよそ3分の1）は除外してある。こういう学生はそもそも、（この授業に限って言えば）課題を先延ばしする余地がないからだ。なお、次の論文は、先延ばしをおこなう人の思考が完全な双曲線を描くことを示したものである。

Green, L., & Myerson, J. (2004). A discounting framework for choice with delayed

and probabilistic rewards. *Psychological Bulletin*, 130(5), 769–792.
Howell, A. J., Watson, D. C., Powell, R. A., & Buro, K. (2006). Academic procrastination: The pattern and correlates of behavioral postponement. *Personality and Individual Differences*, 40(8), 1519–1530.
Schouwenburg, H. C., & Groenewoud, J. T. (2001). Study motivation under social temptation: Effects of trait procrastination. *Personality & Individual Differences*, 30(2), 229–240.

◉第3章

1 Schelling, T. C. (1984). Choice and consequence. Perspectives of an errant economist. Cambridge: Harvard University Press.

2 Baumeister, R. (2005). *The cultural animal*. New York: Oxford University Press.
Bazerman, M. H., Tenbrunsel, A. E., & Wade-Benzoni, K. (1998). Negotiating with yourself and losing: Making decisions with competing internal preferences. *The Academy of Management Review*, 23(2), 225–241.
Bechara, A. (2005). Decision making, impulse control and loss of willpower to resist drugs: A neurocognitive perspective. *Nature Neuroscience*, 8, 1458–1463.
Bernheim, D., & Rangel, A. (2002). *Addiction, cognition, and the visceral brain*. Mimeo: Stanford University.
Chaiken, S., & Trope, Y. (1999). *Dual-process theories in social psychology*. New York: Guilford Press.
Loewenstein, G., & O'Donoghue, T. E. D. (2005). *Animal spirits: Affective and deliberative processes in economic behavior*. Carnegie Mellon University.
Metcalfe, J., & Mischel, W. (1999). A hot/cool-system analysis of delay of gratification: Dynamics of willpower. *Psychological Review*, 106(1), 3–19.
Redish, A., Jensen, S., & Johnson, A. (2008). A unified framework for addiction: Vulnerabilities in the decision process. *Behavioral and Brain Sciences*, 31(4), 415–437.
Sanfey, A. G., Loewenstein, G., McClure, S. M., & Cohen, J. D. (2006). Neuroeconomics: Cross-currents in research on decision-making. *TRENDS in Cognitive Sciences*, 10(3), 108–116.

3 アメリカ心理学界の祖ウィリアム・ジェームズは、人間行動の経済理論に関してこう述べている。「ディナーの最中に、いま食べているものの効用を考える人は、10億人に1人もいない。食事がおいしくて、もっと食べたいと思うから食べるにすぎない」

4 Hariri, A. R., Brown, S. M., Williamson, D. E., Flory, J. D., Wit, H. D., & Manuck, S. B. (2006). Preference for immediate over delayed rewards is associated with

magnitude of ventral striatal activity. *The Journal of Neuroscience*, 26(51), 13213–13217.

McClure, S. M., Ericson, K. M., Laibson, D. I., Loewenstein, G., & Cohen, J. D. (2007). Time discounting for primary rewards. *Journal of Neuroscience*, 27(21), 5796–5804.

McClure, S. M., Laibson, D. I., Loewenstein, G., & Cohen, J. D. (2004). Separate neural systems value immediate and delayed monetary rewards. *Science*, 306 (5695), 503–507.

5 Ainslie, G., & Monterosso, J. (2004). A marketplace in the brain? *Science*, 306, 421–423.

Banich, M. T. (2009). Executive function: The search for an integrated account. *Current Directions in Psychological Science*, 18(2), 89–94.

Bechara, A. (2005). Decision making, impulse control and loss of willpower to resist drugs: A neurocognitive perspective. *Nature Neuroscience*, 8, 1458–1463.

Rudebeck, P. H., Walton, M. E., Smyth, A. N., Bannerman, D. M., & Rushworth, M. F. S. (2006). Separate neural pathways process different decision costs. *Nature Neuroscience*, 9(9), 1161–1168.

Spinella, M., Yang, B., & Lester, D. (2004). Prefrontal system dysfunction and credit card debt. International *Journal of Neuroscience*, 114, 1323–1332.

Walton, M. E., Rudebeck, P. H., Bannerman, D. M., & Rushworth, M. F. S. (2007). Calculating the cost of acting in frontal cortex. *Annals of the New York Academy of Sciences*, 1104, 340–356.

Wood, J. N., & Grafman, J. (2003). Human prefrontal cortex: Processing and representational perspectives. *Nature Reviews*, 4, 139–147.

6 Carver, C., Johnson, S., & Joormann, J. (2008). Serotonergic function, two-mode models of self-regulation, and vulnerability to depression: What depression has in common with impulsive aggression. *Psychological Bulletin*, 134(6), 912–943.

Fudenberg, D., & Levine, D. (2006). A dual-self model of impulse control. *American Economic Review*, 96(5), 1449–1476.

Inbinder, F. C. (2006). Psychodynamics and executive dysfunction: A neurobiological perspective. *Clinical Social Work Journal*, 34(4), 515–529.

Marcus, G. (2008). Kluge: The haphazard construction of the human mind. New York: Houghton Mifflin Company［邦訳『脳はあり合わせの材料から生まれた――それでもヒトの「アタマ」がうまく機能するわけ』早川書房］

7 アメリカの経済学者アダム・ギフォードはこう述べている。

進化の過程において、既存の設計を破棄して、ゼロからすべてやり直すことはできない。古いものの土台の上に、新しいものを築いていくしかない。つまり、古い生

物学的時間選好のメカニズムは、いまも人間の脳のなかに残っている。意思決定をおこなう際は、そのメカニズムの作用を覆さなくてはならない。その過程では、言語が非常に大きな役割を果たす。私たち一人ひとりの内部で「生まれ」と「育ち」の対立が生まれ、(先延ばしのような）自己コントロールの問題が起きる可能性が出てくる原因は、文化的時間選好と生物学的時間選好のギャップにある。前頭前野がつかさどる高次の作業記憶のシステムは、遠い将来に起きるかもしれない出来事について考え、適切な割引率でその価値をいま判断することを可能にする。一方、(辺縁系がつかさどる）低次のシステムは、まだ経験していない出来事にアクセスできず、そのような完全に抽象的な出来事を無視し、人間以外の霊長類やその他の哺乳類と同様の高い割引率を当てはめる結果、その価値を軽く考える。これは、自然淘汰の結果として、動物が身につけた性質である。

Gifford, A. (2002). Emotion and self-control. *Journal of Economic Behavior & Organization*, 49, 113–130.

8 Damasio, A. R. (1994). *Descartes' error: Emotion, reason, and the human brain.* New York: G.P. Putnam［邦訳『デカルトの誤り――情動、理性、人間の脳』ちくま学芸文庫］

Gifford, A. (2002). Emotion and self-control. *Journal of Economic Behavior & Organization*, 49, 113–130.

McCrea, S. M., Liberman, N., Trope, Y., & Sherman, S. J. (2008). Construal level and procrastination. *Psychological Science* 19(12), 1308–1314.

Trope, Y., & Liberman, N. (2003). Temporal construal. *Psychological Review*, 110 (3), 403–421.

Wood, J. N., & Grafman, J. (2003). Human prefrontal cortex: Processing and representational perspectives. *Nature Reviews*, 4, 139–147.

9 Berns, G. S., Laibson, D., & Loewenstein, G. (2007) . Intertemporal choice—toward an integrative framework. *TRENDS in Cognitive Sciences*, 11 (11) , 482-488.

10 Brown, T. E. (2000). Emerging understandings of attention-deficit disorders and comorbidities. In T. E. Brown (Ed.), *Attention-deficit disorders and comorbidities in children, adolescents, and adults* (pp. 3–55). Washington, DC: American Psychiatric.

Reyna, V. F., & Farley, F. (2006). Risk and rationality in adolescent decision making: Implications for theory, practice, and public policy. *Psychological Science in the Public Interest* 7(1), 1–44.

Rosati, A. G., Stevens, J. R., Hare, B., & Hauser, M. D. (2007). The evolutionary origins of human patience: temporal preferences in chimpanzees, bonobos, and human adults. *Current Biology*, 17(19), 1663–1668.

Rosso, I. M., Young, A. D., Femia, L. A. & Yurgelun-Todd, D. A. (2004). Cognitive and emotional components of frontal lobe functioning in childhood and adolescence. *Annals of the New York Academy of Sciences*, 1021, 355–362.
Rubia, K., Overmeyer, S., Taylor, E., Brammer, M., Williams, S. C. R., Simmons, A., et al. (1999). Hypofrontality in Attention Deficit Hyperactivity Disorder during higher-order motor control: A study with functional MRI. *American Journal of Psychiatry*, 156(6), 891–896.
Stevens, J. R., Hallinan, E. V., & Hauser, M. D. (2005). The ecology and evolution of patience in two New World primates. *Biology Letters*, 1, 223–226.
Wood, J. N., & Grafman, J. (2003). Human prefrontal cortex: Processing and representational perspectives. *Nature Reviews*, 4, 139–147.
Yurgelun-Todd, D. A. & Killgore, W. D. S. (2006) Fear-related activity in the prefrontal cortex increases with age during adolescence: A preliminary fMRI study. *Neuroscience Letters*, 406, 194–199.
11 Miller B. L., Seeley, W. W., Mychack, P., Rosen, H. J., Mena, I., & Boone, K. (2001). Neuroanatomy of the self: Evidence from patients with frontotemporal dementia. *Neurology*, 57, 817–821.
12 Heilman, K. (2002). *Matter of mind: A neurologist's view of the brain-behavior relationships*. Oxford: Oxford University Press.
13 Knoch, D., & Fehr, E. (2007). Resisting the power of temptations: The right prefrontal cortex and self-control. *Annals of the New York Academy of Sciences*, 1104, 123–134.
14 Bechara, A. (2005). Decision making, impulse control and loss of willpower to resist drugs: A neurocognitive perspective. *Nature Neuroscience*, 8, 1458–1463.
Bickel, W. K., Miller, M. L., Yi, R., Kowal, B. P., Lindquist, D. M., & Pitcock, J. A. (2007). Behavioral and neuroeconomics of drug addiction: Competing neural systems and temporal discounting processes. *Drug and Alcohol Dependence*, 90, 85–91.
Gifford, A. (2002). Emotion and self-control. *Journal of Economic Behavior & Organization*, 49, 113–130.
15 Camerer, C., Loewenstein, G., & Prelec, D. (2005). Neuroeconomics: How neuroscience can inform economics. *Journal of Economic Literature*, 43(1), 9–64.
Joireman, J., Balliet, D., Sprott, D., Spangenberg, E., & Schultz, J. (2008). Consideration of future consequences, ego-depletion, and self-control: Support for distinguishing between CFC-Immediate and CFC-Future sub-scales. *Personality and Individual Differences*, 45(1), 15–21.
16 Reyna, V. F., & Farley, F. (2006). Risk and rationality in adolescent decision

making: Implications for theory, practice, and public policy. *Psychological Science in the Public Interest* 7(1), 1–44.

Rosso, I. M., Young, A. D., Femia, L. A. & Yurgelun-Todd, D. A. (2004). Cognitive and emotional components of frontal lobe functioning in childhood and adolescence. *Annals of the New York Academy of Sciences*, 1021, 355–362.

Wood, J. N., & Grafman, J. (2003). Human prefrontal cortex: Processing and representational perspectives. *Nature Reviews*, 4, 139–147.

Yurgelun-Todd, D. A. & Killgore, W. D. S. (2006) Fear-related activity in the prefrontal cortex increases with age during adolescence: A preliminary fMRI study. *Neuroscience Letters*, 406, 194–199.

17 Thompson-Schill, S. L., Ramscar, M., & Chrysikou, E. G. (2009). Cognition without control: When a little frontal lobe goes a long way. Current Directions in *Psychological Science*, 18(5), 259–263.

18 Garon, N., Bryson, S., & Smith, I. (2008). Executive function in preschoolers: A review using an integrative framework. *Psychological Bulletin*, 134(1), 31–60.

Jurado, M., & Rosselli, M. (2007). The elusive nature of executive functions: A review of our current understanding. *Neuropsychology Review*, 17(3), 213–233.

19 Reyna, V. F., & Farley, F. (2006). Risk and rationality in adolescent decision making: Implications for theory, practice, and public policy. *Psychological Science in the Public Interest* 7(1), 1–44.

20 Jurado, M., & Rosselli, M. (2007). The elusive nature of executive functions: A review of our current understanding. *Neuropsychology Review*, 17(3), 213–233.

21 Miller B. L., Seeley, W. W., Mychack, P., Rosen, H. J., Mena, I., & Boone, K. (2001). Neuroanatomy of the self: Evidence from patients with frontotemporal dementia. *Neurology*, 57, 817–821.

22 Dingemanse, N., & Réale, D. (2005). Natural selection and animal personality. *Behaviour*, 142(9), 1159–1184.

23 Gosling, S., Kwan, V., & John, O. (2003). A dog's got personality: A cross-species comparative approach to personality judgments in dogs and humans. *Journal of Personality and Social Psychology*, 85(6), 1161–1169.

24 Mazur, J. (2001). Hyperbolic value addition and general models of animal choice. *Psychological Review*, 108(1), 96–112.

Stephens, D. W., Kerr, B., & Fernandez-Juricic, E. (2004). Impulsiveness without discounting: The ecological rationality hypothesis. Proceedings—Royal Society of London: *Biological sciences* 271, 2459–2465.

Stuphorn, V. (2005). Neuroeconomics: The shadow of the future. *Current Biology*, 15(7), 247–249.

25 Suddendorf, T., & Corballis, M. C. (2007). The evolution of foresight: What is mental time travel and is it unique to humans? *Behavioral and Brain Sciences*, 30 (3), 299–351.

Roberts, W. A. (2007). Mental time travel: Animals anticipate the future. *Current Biology*, 17(11), R418–R420.

26 Roberts, W. A., Feeney, M. C., MacPherson, K., Petter, M., McMillan, N., & Musolino, E. (2008). Episodic-like memory in rats: Is it based on when or how long ago? *Science*, 320(5872), 113–115.

27 Mischel, W., & Ayduk, O. (2004). Willpower in a cognitive-affective processing system. In I. Baumeister & K. Vohs (Eds.), *Handbook of self-regulation: Research, theory, and applications* (pp. 99–129). New York: Guilford Press.

Rosati, A. G., Stevens, J. R., Hare, B., & Hauser, M. D. (2007). The evolutionary origins of human patience: Temporal preferences in chimpanzees, bonobos, and human adults. *Current Biology*, 17(19), 1663–1668.

Stevens, J. R., Hallinan, E. V., & Hauser, M. D. (2005). The ecology and evolution of patience in two New World primates. *Biology Letters*, 1, 223–226.

28 Gomes, C. M., & Boesch, C. (2009). Wild chimpanzees exchange meat for sex on a long-term basis. *PLoS ONE*, 4(4), 5116.

29 Osvath, M. (2009). Spontaneous planning for future stone throwing by a male chimpanzee. *Current Biology*, 19(5), R190–R191.

30 Ainslie, G. (1974). Impulse control in pigeons. *Journal of the Experimental Analysis of Behavior*, 21(3), 485.

Biondi, D. R. (2007). *Procrastination in rats: The effect of delay on response requirements in an adjusting ratio procedure*. Unpublished M.A. dissertation, Southern Connecticut State University, New Haven, CT.

Mazur, J. E. (1996). Procrastination by pigeons: Preferences for larger, more delayed work requirements. *Journal of the Experimental Analysis of Behavior*, 65 (1), 159–171.

Mazur, J. E. (1998). Procrastination by pigeons with fixed-interval response requirements. *Journal of the Experimental Analysis of Behavior*, 69(2), 185–197.

Rachlin, H., & Green, L. (1972). Commitment, choice and self-control. *Journal of the Experimental Analysis of Behavior*, 17(1), 15.

31 鳩が先延ばし行動をおこなうのは、人間の前頭前野に相当するnidopallium caudolateraleと呼ばれる部位が脳にあるためである。

Güntürkün, O. (2005). The avian'prefrontal cortex'and cognition. *Current Opinion in Neurobiology*, 15(6), 686–693.

32 シーザー・ミランが強調しているように、ペットに規律を身につけさせるために

は、飼い主自身が規律を身につける必要がある。重要なのは「訓練、規律、愛情」。この2番目の要素が抜け落ちているケースがきわめて多い。

Arden, A., & Dockray, T. (2007). *Dog-friendly dog training* (2nd ed.). New York: John Wiley and Sons.

33 Jang, K. L., McCrae, R. R., Angleitner, A., Riemann, R., & Livesley, W. J. (1998). Heritability of facet-level traits in a cross-cultural twin sample: Support for a hierarchical model of personality. *Journal of Personality and Social Psychology*, 74 (6), 1556–1565.

Luciano, M., Wainwright, M. A., Wright, M. J., & Martin, N. G. (2006). The heritability of conscientiousness facets and their relationship to IQ and academic achievement. *Personality and Individual Differences*, 40, 1189–1199.

この点は人格全般に当てはまるようだ。概して、特定の人格的特徴の持ち主の40～60%は、遺伝的要因によってその特徴を発揮していると推定されている。

Bouchard, T., & Loehlin, J. (2001). Genes, evolution, and personality. *Behavior Genetics*, 31(3), 243–273.

34 Dingemanse, N., & Réale, D. (2005). Natural selection and animal personality. *Behaviour*, 142(9), 1159–1184.

Sih, A., Bell, A., & Johnson, J. (2004). Behavioral syndromes: An ecological and evolutionary overview. *Trends in Ecology & Evolution*, 19(7), 372–378.

35 Whit, W. (1995). *Food and society: A sociological approach*. Dix Hills, NY: General Hall.

36 Stevens, J. R., Hallinan, E. V., & Hauser, M. D. (2005). The ecology and evolution of patience in two New World primates. *Biology Letters*, 1, 223–226.

37 Houston, A. I., McNamara, J. M., & Steer, M. D. (2007). Do we expect natural selection to produce rational behaviour? *Philosophical Transactions of the Royal Society B: Biological Sciences* 362, 1531–1543.

38 Kalenscher, T., & Pennartz, C. M. A. (2008). Is a bird in the hand worth two in the future? The neuroeconomics of intertemporal decision-making. *Progress in Neurobiology*, 84(3), 284–315.

39 Davies, D. W. (1983). *Owen Owen: Victorian draper*. Gwasg Cambria: Aberystwyth.

ウィキペディアも参照。http://en.wikipedia.org/wiki/Owen_Owen

40 Schmitt, D. (2004). The Big Five related to risky sexual behaviour across 10 world regions: Differential personality associations of sexual promiscuity and relationship infidelity. *European Journal of Personality*, 18(4), 301–319.

Raffaelli, M., & Crockett, L. (2003). Sexual risk taking in adolescence: The role of self-regulation and attraction to risk. *Developmental Psychology*, 39(6), 1036–1046.

Reyna, V. F., & Farley, F. (2006). Risk and rationality in adolescent decision making: Implications for theory, practice, and public policy. *Psychological Science in the Public Interest* 7(1), 1–44.

41 Silverman, I. (2003). Gender differences in delay of gratification: A meta-analysis. *Sex Roles*, 49(9), 451–463.

42 Nettle, D. (2006). The evolution of personality variation in humans and other animals. *American Psychologist*, 61(6), 622–631.

Muller, H., & Chittka, L. (2008). Animal personalities: The advantage of diversity. *Current Biology*, 18(20), R961–R963.

Nichols, C. P., Sheldon, K. M., & Sheldon, M. S. (2008). Evolution and personality: What should a comprehensive theory address and how? *Social and Personality Psychology Compass*, 2(2), 968–984.

Planque, R., Dornhaus, A., Franks, N. R., Kovacs, T., & Marshall, J. A. R. (2007). Weighting waiting in collective decision-making. *Behavioral Ecology and Sociobiology*, 61(3), 347–356.

43 Smith, E., Mulder, M., & Hill, K. (2001). Controversies in the evolutionary social sciences: A guide for the perplexed. *Trends in Ecology & Evolution*, 16(3), 128–135.

44 このテーマについて調べるために、私は1971年に出版されたポール・T・リンジェンバックの著書“Procrastination through the Ages: A Definitive History”という本を探した。リンジェンバックは、コネティカット大学で博士号を取得したアメリカ空軍将校。この著作は、「興味深い研究」であると、臨床心理学の大家である故アルバート・エリスの著書“Overcoming Procrastination”の最初のページで紹介されていた。そう言われては、先延ばし研究者としてはどうしても入手しないわけにいかない。

あちこちの図書館を訪ねて、何人もの司書たちに問い合わせた。長い時間をかけてようやく、この本の出版元であるフィルター・プレス社のジル・キャンベルという人物とリンジェンバックの間で交わされた手紙を発見した。マーガレット・エイケンという人物が執筆した1982年の博士論文の付録に掲載されていたものを探し出したのだ。その手紙によると、“Procrastination through the Ages”という本は実際には書かれなかったらしい。リンジェンバックは執筆の依頼を受けたのに延々と先延ばしし続け、もはやこの本が出版されると信じる人はいなくなった。なにしろキャンベルは15年もの間、もうすぐ刊行予定と言い続けていたのだ。

私はテキサス州に住んでいるリンジェンバックの居所を突き止め、電子メールと電話のやり取りを数回おこない、以下のような告白を引き出した。

「返信までの所要時間からお察しのことと思いますが、私の先延ばし癖はいまも健在です。“Procrastination through the Ages: A Definitive History”は、1971 ～ 72年

版の書籍総目録にはじめて掲載されました。この本を書くことになったきっかけは、フィルター・プレスのジル・キャンベルがアメリカ空軍大学の購買責任者も務めていた関係で、私たちが知り合ったことでした……最初は、「黒人カウボーイ」についての短い本を書いてほしいという依頼でした。ところが、私がいっこうに書き進めないので、それでは先延ばしに関する本を書いてはどうかと言ってきました。先延ばしなら得意のテーマだろう、というわけです。そのまま何カ月も過ぎました。やがて、本の題名だけでも決めてほしいと言われました。自社の次の出版目録に載せたいというのです。そこで、私は題名を決めて伝えました。するとジルは、その情報を色のついた用紙に印刷して目録に挟み込みました。目録の本文に記載したわけではない、という言い訳の余地を残したわけです。それでも、目録には載りました。この段階でジルは、出版日と価格の記載なしで書籍総目録にも登録しました。しかし結局、よりによって先延ばしをテーマにした本が完成する日など、来るはずがないと、私たちは結論づけました。15年ほど書籍総目録に書名が載りましたが、問い合わせがあるたびに、義理堅く私に転送して返事をさせることにジルがうんざりして、ついに削除したそうです」

45 DeSimone, P. (1993). Linguistic assumptions in scientific language. Contemporary *Psychodynamics: Theory, Research & Application*, 1, 8–17. なお、この論文そのものは、現在入手不能である。掲載されたContemporary Psychodynamics誌は創刊号だけで廃刊になり、その号もこれまでのところ入手できていない。しかしこの論文は、“Procrastination and Task Avoidance:Theory, Research, and Treatment”という本に紹介されているので、それを代わりに使用した。

46 キケロのアントニウス弾劾演説は『フィリッピカ』と呼ばれている。

47 Olcott, H. S. (1887). *Golden rules of Buddhism*. London: Theosophical Publishing House［邦訳『仏教金規則』東洋堂］

48 Ziolkowski, T. (2000). *The sin of knowledge: Ancient themes and modern variations*. Princeton: Princeton University Press.

49 Diamond, J. (1987, May). The worst mistake in the history of the human race. *Discover*, 64–66.

◉第4章

1 ボードゲームの「リスク」や発売元のハズブロ社と正式な関係はない。

2 Steel, P. (2002). *The measurement and nature of procrastination*. Unpublished PhD dissertation, University of Minnesota, Minnesota, MN.

3 Schlinger, H. D., Derenne, A., & Baron, A. (2008). What 50 years of research tell us about pausing under ratio schedules of reinforcement. *The Behavior Analyst*, 31, 39–40.

4 Czerny, E., Koenig, S., & Turner, N. E. (2008). Exploring the mind of the gambler:

Psychological aspects of gambling and problem gambling In M. Zangeneh, A. Blaszczynski & N. Turner (Eds.), *In the pursuit of winning* (pp. 65–82). New York: Springer.

5 Latham, G., & Huber, V. (1992). Schedules of reinforcement: Lessons from the past and issues for the future. *Journal of Organizational Behavior Management*, 12(1), 125–149.

6 Taras, V., & Steel, P. (2006). *Improving cultural indices and rankings based on a meta-analysis of Hofstede's taxonomy*. Paper presented at the Academy of International Business Annual Meeting, Beijing, China. Best paper in Managing People across Border track and nominated for AIB Best Paper/Temple award (overall conference best).

Steel, P. (2007). The nature of procrastination. *Psychological Bulletin*, 133(1), 65–94.

7 Pelman Institute of America (March, 1930). The man with the grasshopper mind. *Popular Mechanics*, 53(3), 336.

8 Josephs, R. (January, 1962) How to gain an extra hour every day. *Popular Science*, 180(1), 117–130.

9 Myers, D. G. (1983) *Social psychology*. New York: McGraw-Hill.

10 Glater, J. D. (2008). Welcome, freshmen. Have an iPod. *New York Times*. Retrieved from: http://www.nytimes.com/2008/08/21/technology/21iphone.html?th&emc=th

11 Pychyl, T. A., Lee, J. M., Thibodeau, R., & Blunt, A. (2000). Five days of emotion: An experience sampling study of undergraduate student procrastination. *Journal of Social Behavior & Personality*, 15(5), 239–254.

12 Frey, B. S., Benesch, C., & Stutzer, A. (2007). Does watching TV make us happy? *Journal of Economic Psychology*, 28(3), 283–313.

13 Kubey, R., & Csikszentmihalyi, M. (2002). Television addiction is no mere metaphor. *Scientific American*, 286(2), 62–68.

Vandewater, E., Bickham, D., & Lee, J. (2006). Time well spent? Relating television use to children's free-time activities. *Pediatrics*, 117(2), 181–191.

14 Harchandrai, P., & Whitney, J. (2006). *Video games are cooler than homework: The role of video games in procrastination*. Paper presented at the Conference for Undergraduate Research in Communication, Rochester Institute of Technology.

15 Applebome, P. (2004, December 1, 2004). On campus, hanging out by logging on. *New York Times*.

16 Aspan, M. (February 13, 2008). Quitting Facebook gets easier. *New York Times*.

17 Kessler, D. A. (2009). *The end of overeating: Taking control of the insatiable*

American appetite. New York: Rodale.

18 Offer, A. (2006). *The challenge of affluence: Self-control and well-being in the United States and Britain since 1950*. New York: Oxford University Press.

19 Dittmar, H. (2005). Compulsive buying—a growing concern? An examination of gender, age, and endorsement of materialistic values as predictors. *British Journal of Psychology*, 96, 467–491.

LaRose, R., & Eastin, M. S. (2002). Is online buying out of control? Electronic commerce and consumer self-regulation. *Journal of Broadcasting and Electronic Media*, 46(4), 549–564.

Percoco, M. (2009). Estimating individual rates of discount: A meta-analysis. *Applied Economics Letters*, 6(12), 1235–1239.

Verplanken, B., & Herabadi, A. (2001). Individual differences in impulse buying tendency: Feeling and no thinking. European Journal of Personality, 15, 71–83.

Youn, S., & Faber, R. J. (2000). Impulse buying: Its relation to personality traits and cues. *Advances in Consumer Research*, 27, 179–185.

20 Baumeister, R. F. (2002). Yielding to temptation: Self-control failure, impulsive purchasing, and consumer behavior. Journal of Consumer Research, 28, 670–676.

Baumeister, R., Sparks, E., Stillman, T., & Vohs, K. (2008). Free will in consumer behavior: Rational choice and self-control. *Journal of Consumer Psychology*, 18, 4–13.

LaRose, R., & Eastin, M. S. (2002). Is online buying out of control? Electronic commerce and consumer self-regulation. *Journal of Broadcasting and Electronic Media*, 46(4), 549–564.

Lynch, J. G., & Zauberman, G. (2006). When do you want it? Time, decisions, and public policy. *Journal of Public Policy & Marketing*, 25(1), 67–78.

Ziglar, Z. (1991). *Ziglar on selling*. New York: Thomas Nelson.

21 Kessler, D. A. (2009). *The end of overeating: Taking control of the insatiable American appetite*. New York: Rodale.

22 Duhigg, C. (July 13, 2008). Warning: Habits may be good for you. *New York Times*.

23 Ji, M., & Wood, W. (2007). Purchase and consumption habits: Not necessarily what you intend. *Journal of Consumer Psychology*, 17(4), 261–276.

24 Wood, W., & Neal, D. T. (2007). A new look at habits and the habit-goal interface. *Psychological Review* 114(4), 843–863.

25 Wansink, B. (2006). *Mindless eating: Why we eat more than we think*. New York: Bantam-Dell［邦訳『そのひとクチがブタのもと』集英社］

26 Ariely, D., Loewenstein, G., & Prelec, D. (2006). Tom Sawyer and the construction

of value. *Journal of Economic Behavior & Organization*, 60(1), 1–10.
Lindstrom, M. (2005). *BRAND sense: Build powerful brands through touch, taste, smell, sight, and sound*. New York: Free Press.
Ramanathan, S., & Menon, G. (2006). Time-varying effects of chronic hedonic goals on impulsive behavior. *Journal of Marketing Research*, 43(4), 628–641.
Wood, W., & Neal, D. T. (2007). A new look at habits and the habit-goal interface. *Psychological Review* 114(4), 843–863.

27 Caird, J., Willness, C. R., Steel, P., & Scialfa, C. (2008). A meta-analysis of the effects of cell phones on driver performance. *Accident Analysis & Prevention*, 40(4), 1282–1293.

28 厳密に言えば、ほかにもいくつかのカテゴリーのアプリがランキングに入っていたが、広い意味ではすべて同じジャンルのものと言える。たとえば、曲名検索アプリの「シャザム」(音楽) や「バーチャル・ジッポーライター」(ライフスタイル) などである。

29 Huxley, A. (2004). *Brave New World and Brave New World Revisited*. New York: HarperCollins［邦訳『素晴らしい新世界ふたたび』近代文芸社］

30 Postman, N. (1985). Amusing ourselves to death: Public discourse in the age of show business. New York: Penguin Group.

31 Offer, A. (2006). The challenge of affluence: Self-control and well-being in the United States and Britain since 1950. New York: Oxford University Press.
Novotney, A. (July/August, 2008). What'$ behind American con$umeri$m? *Monitor on Psychology*, 39(7), 40–42.
Vyse, S. (2008). *Going broke: Why Americans can't hold on to their money*. New York: Oxford University Press.

32 Davenport, T., & Beck, J. (2001). *The Attention Economy: Understanding the new currency of business*. Harvard Business School Press［邦訳『アテンション！——経営とビジネスの新しい視点』シュプリンガー・フェアクラーク東京］
Shenk, D. (1997). *Data smog: Surviving the information glut*. New York: HarperCollins［邦訳『ハイテク過食症——インターネット・エイジの奇妙な生態』早川書房］

◉第5章

1 Ferrari, J. R., Barnes, K. L., & Steel, P. (2009). Life regrets by avoidant and arousal procrastinators: Why put off today what you will regret tomorrow? *Journal of Individual Differences*, 30(3), 163–168.
Roese, N. J., & Summerville, A. (2005). What we regret most . . . and why. *Personality and Social Psychology Bulletin*, 31(9), 1273–1285.

2 Steel, P., Schmidt, J., & Shultz, J. (2008). Refining the relationship between personality and subjective well-being. *Psychological Bulletin*, 134(1), 138–161.

3 Baer, M., & Oldham, G. R. (2006). The curvilinear relation between experienced creative time pressure and creativity: Moderating effects of openness to experience and support for creativity. *Journal of Applied Psychology*, 91, 963–970.
Amabile, T. M., Hadley, C. N., & Kramer, S. J. (2002). Creativity under the gun. *Harvard Business Review*, 80(8), 52–61［邦訳「時間的制約は創造性を高められるか――追い立てられたプロジェクトが失敗する理由」DIAMONDハーバード・ビジネス（2003年1月号）］

4 Steel, P. (2007). The nature of procrastination: A meta-analytic and theoretical review of quintessential self-regulatory failure. *Psychological Bulletin*, 133(1), 65–94.

5 Pychyl, T. A., Lee, J. M., Thibodeau, R., & Blunt, A. (2000). Five days of emotion: An experience-sampling study of undergraduate student procrastination. *Journal of Social Behavior & Personality*, 15(5), 239–254.

6 Patry, D. A., Blanchard, C. M., & Mask, L. (2007). Measuring university students' regulatory leisure coping styles: planned breathers or avoidance? *Leisure Sciences*, 29(3), 247–265.

7 Bernold, L. E. (2007). Preparedness of engineering freshman to inquiry-based learning. *Journal of Professional Issues in Engineering Education and Practice*, 133, 99–106.
Doherty, W. (2006). An analysis of multiple factors affecting retention in Web-based community college courses. *The Internet and Higher Education*, 9(4), 245–255.
Finck, J., & DeLine, A. (2008). Do students listen to advice from their experienced peers? *College Teaching Methods & Styles Journal*, 4(9), 19–26.
Laven, A. V. (2007). *Freshmen college student mental health and their resource usage*. Unpublished EdD dissertation, University of California, Los Angeles, CA.
Moore, B. (2006). *Goal conflicts, self-regulation, and course completion: A comparison of Web-based learners to traditional classroom learners*. Unpublished PhD dissertation, University of South Florida, Tampa, FL.

8 Bair, C. R., & Haworth, J. G. (2004). Doctoral student attrition and persistence: A meta-synthesis of research. *Higher education: Handbook of theory and research*, 19, 481–534.
Green, G. D. (1981). *Dissertation procrastination*. Unpublished PhD dissertation, University of Washington, Seattle, WA.
Muszynski, S. Y., & Akamatsu, T. J. (1991). Delay in completion of doctoral

dissertations in clinical psychology. *Professional Psychology—Research & Practice*, 22(2), 119–123.
Mariano, C. M. (1993). *A study of Ed.D.s, Ph.D.s and ABDs in educational administration* (dissertation completion, Ed.D. candidates, Ph.D. candidates). Unpublished EdD dissertation, Boston College, Boston, MA.
Pullen, F. J. (2003). *Perfectionism, procrastination, and other self-reported barriers to completing the doctoral dissertation*. Unpublished PhD dissertation, University of Iowa, New Haven, IA.
9 修士号取得者と博士号取得者の平均給与の違いに基づく。
Lacey, J. & Crosby, O. (2005). Job outlook for college graduates. *Occupational Outlook Quarterly*, 48(4), 15–27.
10 Lay, C. H., & Brokenshire, R. (1997). Conscientiousness, procrastination, and person-task characteristics in job searching by unemployed adults. Current Psychology: *Developmental, Learning, Personality, Social*, 16(1), 83–96.
Senecal, C., & Guay, F. (2000). Procrastination in job-seeking: An analysis of motivational processes and feelings of hopelessness. *Journal of Social Behavior & Personality*, 15(5), 267–282.
11 Nawrocki, J. (2006, June 15, 2006). When you're a GC, procrastination doesn't work. Corporate Counsel, Retrieved from http://www.law.com/jsp/ihc/PubArticleIHC.jsp?id=1150275918375
12 Angeletos, G.-M., Laibson, D., Repetto, A., Tobacman, J., & Weinberg, S. (2001). The hyperbolic consumption model: Calibration, simulation, and empirical evaluation. *Journal of Economic Perspectives*, 15(3), 47–68.
13 Bankston, J. (2001). IRS experts blame procrastination for simple oversights on tax returns. The Augusta Chronicle, GA. Knight Ridder/Tribune Business News.
Kasper, G. (2004). Tax procrastination: Survey finds 29% have yet to begin taxes [Electronic Version] from http://www.prweb.com/releases/2004/03/prweb114250.htm.
Weinstein, G. (2004). *The procrastinator's guide to taxes made easy*. New York: Penguin Group.
14 (2006). Compound interest, Manhattan & the Indians. Retrieved from: http://www.savingadvice.com/blog/2006/01/15/10341_com-pound-interest-manhattan-the-indians.html
15 Byrne, A., Blake, D., Cairns, A., & Dowd, K. (2006). There's no time like the present: The cost of delaying retirement saving *Financial Services Review*, 15(3), 213–231.
16 Lazarus, D. (April 24, 2009). Obama scolds card issuers, and their silence speaks

volumes. Los Angeles Times. Retrieved from http://www.latimes.com/business/la-fi-lazarus24-2009apr24,0,6516756.column.

17 Heidhues, P., & Koszegi, B. (2008). *Exploiting naivete about self-control in the credit market.* University of California, Berkeley.

Shui, H., & Ausubel, L. M. (2005). *Time inconsistency in the credit card market.* University of Maryland.

Spinella, M., Yang, B., & Lester, D. (2004). Prefrontal system dysfunction and credit card debt. *International Journal of Neuroscience*, 114, 1323–1332.

18 Frontline (2008). The secret history of the credit card. Retrieved from: http://www.pbs.org/wgbh/pages/frontline/shows/credit/view/

19 Reuben, E., Sapienza, P., & Zingales, L. (2008). Procrastination and impatience: *NBER Working Paper.*

20 Judson, L. C. (1848). *The moral probe: Or one hundred and two common sense essays on the nature of men and things, interspersed with scraps of science and history.* New York: Published by the author.

21 Matlin, E. (2004). *Procrastinator's guide to wills and estate planning.* New York: Penguin.

22 デンタルフロスをおこなっていない人は意外に多い。アメリカ歯科医師会によれば、毎日デンタルフロスをおこなっているアメリカ人はわずか12%。まったくデンタルフロスをおこなわない人は、全体のおよそ半分に達するという。

Harrison, H. C. (2005). The three-contingency model of self-management. Unpublished PhD dissertation, Western Michigan University, Kalamazoo, MI.

23 Arce, E., & Santisteban, C. (2006). Impulsivity: *A review. Psicothema*, 18(2), 213–220.

Bickel, W. K., Yi, R., Kowal, B. P., & Gatchalian, K. M. (2008). Cigarette smokers discount past and future rewards symmetrically and more than controls: Is discounting a measure of impulsivity? Drug and Alcohol Dependence, 96, 256–262.

Carver, C. S. (2005). Impulse and constraint: Perspectives from personality psychology, convergence with theory in other areas, and potential for integration. *Personality and Social Psychology Review*, 9(4), 312–333.

Chamberlain, S., & Sahakian, B. (2007). The neuropsychiatry of impulsivity. *Current Opinion in Psychiatry*, 20(3), 255.

Enticott, P., & Ogloff, J. (2006). Elucidation of impulsivity. *Australian Psychologist*, 41(1), 3–14.

Schmidt, C. (2003). Impulsivity. In E. F. Coccaro (Ed.), *Aggression: Psychiatric assessment and treatment* (pp. 75–87). New York: Informa Health Care.

Sirois, F. M. (2004). Procrastination and intentions to perform health behaviors:

The role of self-efficacy and the consideration of future consequences. *Personality & Individual Differences*, 37(1), 115–128.

Sirois, F. M., & Pychyl, T. A. (2002). *Academic procrastination: Costs to health and well-being.* Paper presented at the American Psychological Association, Chicago.

24 Soble, A. G. (2002). Correcting some misconceptions about St. Augustine's sex life. *Journal of the History of Sexuality*, 11(4), 545–569.

25 Bland, E. (2008). An appraisal of psychological & religious perspectives of self-control. *Journal of Religion and Health*, 47(1), 4–16.

McCullough, M. E., & Willoughby, B. L. B. (2009). Religion, selfregulation, and self-control: Associations, explanations, and implications. *Psychological Bulletin*, 135(1), 69-93.

26 同じく古代インドの説話集『パンチャタントラ』には、こんな一節がある。「とびきり速く行動しなくてはならないときに、ぐずぐずしている男は、神々の深い怒りを買います。神々はその男の行く手に、障害物を置くでしょう。その点は確実です」。別の箇所にはこんな記述もある。「どんなに素晴らしく、どんなに気高いことでも、やるべきときにやらなければ、時間に値打ちを吸い取られてしまいます」。

Gandhi, M. K., Strohmeier, J., & Nagler, M. N. (2000). *The Bhagavad Gita according to Gandhi.* Berkeley, CA: Berkeley Hills Books.

27 Cosan, M. E. (1996). Ramadhan and Taqwa training. (H. H. Erkaya, Trans.). Retrieved from http://gumushkhanawidargah.8m.com/books/ramadhan/

28 イスラム法学者のウマル・スレイマン・アルアシャカルは、自著の1つの章に「悪魔は先延ばしと怠惰という手立てにより、奴隷が働くことを妨げる」という題をつけ、こう書いている。「先延ばしに気をつけよ。先延ばしは、悪魔の兵士のなかで最強のものである」

Al-Nu'man, A. (2002). *The pillars of Islam.* (A. Fyzeem, Trans., revised, and annotated by I. Poonawala). New Delhi: Oxford University Press. (Original work published 960).

al-Ashqar, U. S. (1998). World of the Jinn and Devils. (J. Zarabozo, Trans.). Al-Basheer Publications.

29 Olcott, H. S. (1887). *Golden rules of Buddhism.* London: Theosophical Publishing House［邦訳『仏教金規則』東洋堂］

30 チベット仏教の最高指導者、ダライ・ラマ14世ことテンジン・ギャツォもこう述べている。「ものごとを先延ばしにしてはならない。むしろ、しっかり準備をして、たとえ今晩死んだとしても後悔のないようにすべきである」

Das, S. (2000). *Awakening to the sacred: Creating a spiritual life from scratch.* London: Bantam.

31 Giloviqh, T., & Medvec, V. H. (1995). The experience of regret: What, when, and why. *Psychological Review*, 102(2), 379–395.
Roese, N. J., & Summerville, A. (2005). What we regret . . . and why. *Personality and Social Psychology Bulletin*, 31(9), 1273–1285.

32 King, L. A., & Hicks, J. A. (2007). Whatever happened to "What might have been"?: Regrets, Happiness, and Maturity. *American Psychologist*, 62(7), 625–636.

◉第6章

1 Hayden, A. (2003). International work-time trends: The emerging gap in hours. *Just Labour*, 2, 23–35.
Wasow, B. (2004). Comparing European and U.S. Living Standards (The Century Foundation). Accessed at: http://www.tcf.org/list.asp?type=NC&pubid=596.

2 Malachowski, D. (2005). Wasted time at work costing companies billions. from http://salary.com

3 ほかの試算でも、先延ばしによる経済損失を社員1人当たり年間9000ドル以上と弾き出している。
D'Abate, C., & Eddy, E. (2007). Engaging in personal business on the job: Extending the presenteeism construct. Human Resource *Development Quarterly*, 18(3), 361–383.

4 Wheelan, C. (2002). *Naked economics: Undressing the dismal science*. New York. W. W. Norton［邦訳『裸の経済学――経済はこんなに面白い』日本経済新聞社］

5 Critchifield, T., & Kollins, S. (2001). Temporal discounting: Basic research and the analysis of socially important behavior. *Journal of Applied Behavior Analysis*, 34(1), 101–122.

6 Spencer, L. (1955). 10 problems that worry presidents. *Harvard Business Review*, 33, 75–83.

7 Steel, P. & König, C. J. (2006). Integrating theories of motivation. *Academy of Management Review*, 31, 889–913.

8 Lavoie, J. A. A., & Pychyl, T. A. (2001). Cyberslacking and the procrastination superhighway: A web-based survey of online procrastination, attitudes, and emotion. *Social Science Computer Review*, 19(4), 431–444.
Johnson, P. R., & Indvik, J. (2003). The organizational benefits of reducing cyberslacking in the workplace. *Proceedings of the Academy of Organizational Culture, Communications and Conflict*, 7(2), 53–59.
Malachowski, D. (2005). Wasted time at work costing companies billions. From http://salary.com

9 Villano, M. (September 30, 2007). It's only a game, but it's played at work. *New*

York Times.
10 Lawler, R. (Monday, June 16, 2008). Cisco sees a zettaflood of IP traffic—driven by video. Contentinople, from http://www.contenti-nople.com/author.asp?section_id=450&doc_id=156555
11 Stelter, B. (January 5, 2008). Noontime web video revitalizes lunch at desk. *New York Times.*
12 Kelly, E. P. (Spring, 2001). Electronic monitoring of employees in the workplace. National Forum. Retrieved from: http:/findarticles.com/p/articles/mi_qa3651/is_200104/ai_n8939300
13 Ladurantaye, S. (April 2, 2008). Corporate crackdown targets employee surfing: Home e-mail accounts, instant messaging, gaming and video-watching websites . . . they're all on the hit list as employers increasingly restrict what content they permit employees to access. *Globe & Mail.*
14 その種のウェブサイトにアクセスする正当な理由がある人にとっては、企業のこういう「思想警察」的な姿勢が途方もなくやっかいな存在となる。私の友人で労働紛争仲裁人のアレン・ポナックのもとに持ち込まれる事案のなかには、社員が会社のコンピュータでポルノサイトを見ていたことが露見したというケースも多い。ポルノサイトの内容を確認することは、ポナックにとっては仕事の一部なのだ——というより、ポナックはそのために報酬を受け取っている。
American Management Association (2005). *Electronic monitoring & surveillance survey.* New York: Author.
15 Levin, J. (May 14, 2008). Solitaire-y confinement: Why we can't stop playing a computerized card game. *Slate.*
16 Phillips, J. G., & Reddie, L. (2007). Decisional style and self-reported Email use in the workplace. *Computers in Human Behavior*, 23(5), 2414–2428.
Song, M., Halsey, V., & Burress, T. (2007). *The hamster revolution: How to manage your Email before it manages you.* San Francisco: Berrett-Koehler Publishers.
Thatcher, A., Wretschko, G., & Fridjhon, P. (2008). Online flow experiences, problematic Internet use and Internet procrastination. *Computers in Human Behavior*, 24, 2236–2254.
17 Iqbal, S. T., & Horvitz, E. (2007). Conversations amidst computing: A study of interruptions and recovery of task activity. *Proceeds of User Modeling*, 350–354.
18 Richtel, M. (June 14, 2008). Lost in E-mail, tech firms face self-made beast. *New York Times.*
19 Alboher, M. (June 10, 2008). Attention must be paid. *New York Times.*
20 Monsell, S. (2003). Task switching. TRENDS in Cognitive Sciences, 7(3), 134–140.

Rubinstein, J. S., Meyer, D. E., & Evans, J. E. (2001). Executive control of cognitive processes in task switching. *Journal of Experimental Psychology: Human Perception and Performance*, 27(4), 763–797.

21 Akerlof, G., & Shiller, R. (2009). *Animal spirits: How human psychology drives the economy, and why it matters for global capitalism*. Princeton, NJ: Princeton University Press［邦訳『アニマルスピリット――人間の心理がマクロ経済を動かす』東洋経済新報社］

22 Dunleavy, M. P. (December 2, 2006). Plan to retire but leave out Social Security. *New York Times*.

23 オックスフォード大学の経済史学者アブナー・オファーは、こう指摘している。「長期の傾向を見ると、アメリカ人の貯蓄能力は1960年代以降、大幅に落ち込んだ。慎重に振る舞う能力が低下したことのあらわれと言えるだろう」

Offer, A. (2006). *The challenge of affluence: Self-control and well-being in the United States and Britain since 1950*. New York: Oxford University Press.

Weber, E. (2004). Who's afraid of a poor old-age? Risk perception in risk management decisions. In O. Mitchell & S. Utkus (Eds.), Pension design and structure: *New lessons from behavioral finance* (pp. 53–66). New York: Oxford University Press.

24 Transamerica Center for Retirement Studies (2008). The attitudes of American workers and their employers regarding retirement security and benefits. Ninth Annual Transamerica Retirement Survey. Available at: http://www.transamericacenter.org/resources/Building-ConfidencePresentation% 20TCRS% 201002-0208.pdf

25 Brooks, D. (2009). Usury country. Harper's, 318 (1907), 41–48.

26 Byrne, A., Blake, D., Cairns, A., & Dowd, K. (2006). There's no time like the present: The cost of delaying retirement saving. *Financial Services Review*, 15(3), 213–231.

27 特筆すべきことに、“Procrastination in Preparing for Retirement”という本の著者の1人であるマシュー・ビンは、自分自身も老後の蓄えを十分に確保していないことを認めている。

O'Donoghue, T., & Rabin, M. (1999). Procrastination in preparing for retirement. In H. J. Aaron (Ed.), *Behavioral dimensions of retirement economics* (pp. 125–156). New York: Brookings Institution Press.

Transamerica Center for Retirement Studies (2008). The attitudes of American workers and their employers regarding retirement security and benefits. *Ninth Annual Transamerica Retirement Survey*. Available at: http://www.transamericacenter.org/resources/Building-ConfidencePresentation% 20TCRS% 20

1002-0208.pdf
Organisation of Economic Cooperation and Development (December 2008). *Pension Markets in Focus OECD Newsletter*, 5, 1-20.
28 Byrne, A., Blake, D., Cairns, A., & Dowd, K. (2006). There's no time like the present: the cost of delaying retirement saving. *Financial Services Review*, 15(3), 213-231.
Hewitt Associates (July, 2008). Hewitt study reveals widening gap between retirement needs and employee saving behaviors. Retrieved: http://www.businesswire.com/portal/site/google/?ndmViewId=news_view&newsId=20080701005267&newsLang=en
Venti, S. (2006). Choice, Behavior and Retirement Saving. In G. Clark, A. Munnell & M. Orszag (Eds.), *Oxford Handbook of Pensions and Retirement Income* (Vol. 1, pp. 21-30). Oxford: Oxford University Press.
29 O'Donoghue, T., & Rabin, M. (1999). Procrastination in preparing for retirement. In H. J. Aaron (Ed.), *Behavioral dimensions of retirement economics* (pp. 125-156). New York: Brookings Institution Press.
30 Armour, P., & Daly, M. (2008). Retirement savings and decision errors: Lessons from behavioral economics. *FRBSF Economic Letter*, 16, 1-3.
Legorano, G. (2009). Automatic enrollment gains ground for DC plans. Global Pensions from http://www.globalpensions.com/global-pensions/news/1557589/automatic-enrollment-gains-ground-dc-plans
Mitchell, O., & Utkus, S. (2003). Lessons from behavioral finance for retirement plan design. The Wharton School: University of Pennsylvania.
Turner, J. (2006). Designing 401 (k) plans that encourage retirement savings: Lessons from behavioral finance. Benefits Quarterly, 22(4), 1-19.
31 Choi, J., Laibson, D., & Madrian, B. (2004). Plan design and 401 (k) savings outcomes. National Tax Journal, 57(2), 275-298.
32 Thaler, R., & Benartzi, S. (2004). Save More Tomorrow™: Using behavioral economics to increase employee saving. Journal of Political Economy, 112(S1), 164-187.
33 マーシャル・ロビンソンは1959年の時点で早くも、政府の借り入れ可能額に上限を設けることは「拘束の手段として意味をなさない」と指摘していた。
Austin, D. (2008). The debt limit: History and recent increases. *Congressional Research Service.*
Robinson, M. A. (1959). *The national debt ceiling: An experiment in fiscal policy.* Washington, D. C.: Brookings Institute.
34 Critchfield, T. S., Haley, R., Sabo, B., Colbert, J., & Macropoulis, G. (2003). A half

century of scalloping in the work habits of the United States Congress. *Journal of Applied Behavior Analysis*, 36, 465–486.

Weisberg, P., & Waldrop, P. (1972). Fixed-interval work habits of Congress. Journal of *Applied Behavior Analysis*, 5(1), 93–97.

データを提供してくれたトム・クリッチフィールドに感謝したい。

35 アメリカの歴史は、先延ばしの影響を強く受けている。南北戦争で南部が負けたのは、ロングストリート将軍の先延ばしが原因だった。ゲティスバーグの戦いの際、将軍の先延ばしのせいで、南部はリトル・ラウンドトップとセメタリー・リッジという重要拠点の確保が遅れたのだ。一方、北部の指導者エイブラハム・リンカーンは、部下のジョージ・ブリントン・マクレラン将軍の先延ばし癖に手を焼き、そのせいで戦いは3年間余計に続いた。

アメリカ独立戦争の大きな転換点となったトレントンの戦いの勝敗をわけたのも先延ばしだった。トレントンに駐屯していたイギリス軍のドイツ人傭兵部隊を率いるヨハン・ラール将軍は、先延ばし癖のせいで命を落とした。ジョージ・ワシントン率いるアメリカ大陸軍はこの勝利を機に攻勢に転じ、アメリカは独立に向けて一歩前に踏み出した。この戦いに関して、イギリスのノルバート・クエール大使は次のように述べている。「わずか数分の遅れが原因で、(ラール大佐は) 自分の命と名誉、部下の兵士たちの自由を失った。世界の歴史は、中途半端で終わった計画や、実行されずに終わった決意で満ちあふれている。『明日』という言葉は、怠惰な人間の言い訳、無能な人間の逃げ道となっている」。かわいそうなことに、クエールが歴史的記録に名前を残しているのは、私が調べた限りこの言葉だけである。

36 ナチス・ドイツに対する宥和政策は、ほかの国々がナチスの台頭に対して手を打つのを遅らせ、ヒトラーが戦いの準備を整える時間を与えてしまったと、よく言われる。当時のイギリス首相ウィンストン・チャーチルもそれを悔いていた。ナチス・ドイツがポーランドに侵攻する3年前にこう述べている。「先延ばしと中途半端な措置、無定見なその場しのぎ、遅滞の日々は、終わりを迎えようとしている。そして、いま我々はこれまでの行動の結果を突きつけられようとしている……それはもはや避けられない。すでに、それが現実になりつつある」

ヨーロッパ戦線で連合国最高司令官を務めたドワイト・アイゼンハワー (のちの第34代アメリカ大統領) は第2次大戦直後、国際政治における先延ばし癖がまだ克服できていないことに気づいた。当時のソ連は核戦力を整えはじめていたが、西側諸国はそれを阻止するための対策をほとんど講じていなかった。NATO (北大西洋条約機構) がまだ紙の上の存在にすぎず、予算が不十分で、軍事的な実力をともなっていなかったことに、アイゼンハワーは不安をいだいた。

演説でこう述べている。「(NATOは) 先延ばしと腰の引けた態度、ゆっくりした手順と慎重なステップがもたらす致命的な危険に陥りかけている。伝統や習慣が行動の手ごわい妨げになる場合は多いが、この取り組みにとって、さらには人間のあ

らゆる取り組みにとって最大の障害は、人間の頭のなかにある。否定的な態度を取ることは、常に安易な道である。そういう姿勢は、なにも行動するなという結論を導き出すからだ。否定的な態度は、ものごとが停滞した状態をよしとし、自己満足に浸って、ものを考えるばかりで実行に移さず、現状と違う道を選びづらい状況を生み出す」

37 Andreou, C. (2007). Environmental Preservation and Second-Order Procrastination. *Philosophy & Public Affairs*, 35(3), 233–248.

Caney, S. (2008). *Climate Change, Human Rights and Intergenerational Equity* Oxford: Magdalen College.

Hepburn, C. (2003). Hyperbolic discounting and resource collapse, *Discussion-Paper* No. 159. Department of Economics, University of Oxford.

Read, D. (2001). Intrapersonal dilemmas. Human Relations, 54(8), 1093–1117.

38 Hurni, H., Herweg, K., Portner, B., & Liniger, H. (2008). Soil erosion and conservation in global agriculture. In A. Braimoh & P. L. G. Vlek (Eds.), *Land Use and Soil Resources* (pp. 41–72). New York: Springer.

Montgomery, D. (2007). Soil erosion and agricultural sustainability. *Proceedings of the National Academy of Sciences*, 104(33), 13268–13272.

Sample, I. (August 31, 2007). Global food crisis looms as climate change and population growth strip fertile land. *The Guardian*.

39 Hightower, M. & Pierce, S. A. (2008) The energy challenge. Nature 452, 285–286.

40 Editorial. (March 9, 2008). Oceans at risk. *New York Times*.

Worm, B., Barbier, E., Beaumont, N., Duffy, J., Folke, C., Halpern, B., Jackson, J., Lotze, H., Micheli, F., & Palumbi, S. (2006). Impacts of Biodiversity Loss on Ocean Ecosystem Services. *Science*, 314(5800), 787–790.

Simpson, J. (November 26, 2008). Fishing the fi sh stocks to extinction. *Globe and Mail*.

41 Lynas, M. (2007). *Six degrees: Our future on a hotter planet*. New York: HarperCollins［邦訳『+ 6 ℃——地球温暖化最悪のシナリオ』武田ランダムハウスジャパン］

Spratt, D., & Sutton, P. (2008). *Climate Code Red: The case for emergency action*. Melbourne: Scribe Publications.

42 Bamberg, S. (2003). How does environmental concern influence specific environmentally related behaviors? A new answer to an old question. *Journal of Environmental Psychology*, 23(1), 21–32.

Orr, D. W. (2004). *The nature of design: Ecology, culture, and human intention*. New York. Oxford University Press.

43 Farrand, M. (Ed.) (1966). *Records of the federal convention* (Vol. 3). New Haven,

CT: Yale University Press.

44 実は、紅茶をソーサーから飲むことがマナー違反とみなされるようになったのは、ワシントンとジェファーソンの時代より後だった。この当時は、ソーサーから紅茶を飲むことが流行していたのである。ソーサーを口に運んでいる間、カップを載せておくための「カップ・プレート」が用意されることも多かった。

Frost, S. (1869). *Frost's laws and by-laws of American society*. New York: Dick & Fitzgerald.

Titus, S. Tea: A Brief History. http://www.memorialhall.mass.edu/ classroom/curriculum_12th/unit3/lesson8/bkgdessay.html.

45 Cumming, L. (2008). *To guide the human puppet: Behavioural economics, public policy and public service contracting*. Serco Institute.

◉第7章

1 Booth, D., & James, R. (2008). A literature review of self-efficacy and effective job search. *Journal of Occupational Psychology, Employment and Disability*, 10(1), 27–42.

Lay, C. H., & Brokenshire, R. (1997). Conscientiousness, procrastination, and person-task characteristics in job searching by unemployed adults. *Current Psychology: Developmental, Learning, Personality, Social*, 16(1), 83–96.

Senecal, C., & Guay, F. (2000). Procrastination in job-seeking: An analysis of motivational processes and feelings of hopelessness. *Journal of Social Behavior & Personality*, 15(5), 267–282.

2 Sigall, H., Kruglanski, A., & Fyock, J. (2000). Wishful thinking and procrastination. *Journal of Social Behavior & Personality*, 15(5), 283–296.

3 Scheier, M. F., & Carver, C. S. (1993). On the power of positive thinking: The benefits of being optimistic. *Current Directions in Psychological Science*, 2(1), 26–30.

4 課題をやり遂げるために要する時間を過小評価する傾向は誰にでもあるが、先延ばし人間は概してその傾向が甚だしい。

Buehler, R., Griffin, D., & Ross, M. (1994). Exploring the "planning fallacy": Why people underestimate their task completion times. *Journal of Personality and Social Psychology*, 67, 366–381.

Kahneman, D., & Tversky, A. (1979). Intuitive prediction: Biases and corrective procedures. *TIMS Studies in Management Sciences*, 12, 313–327.

Lay, C. H., & Schouwenburg, H. C. (1993). Trait procrastination, time management, and academic behavior. *Journal of Social Behavior & Personality*, 8(4), 647–662.

Roy, M. M., Christenfeld, N. J. S., & McKenzie, C. R. M. (2005). Underestimating the duration of future events: Memory incorrectly used or memory bias? *Psychological Bulletin*, 131(5), 738–756.

Sigall, H., Kruglanski, A., & Fyock, J. (2000). Wishful thinking and procrastination. *Journal of Social Behavior & Personality*, 15(5), 283–296.

5 Vancouver, J., More, K., & Yoder, R. (2008). Self-efficacy and resource allocation: Support for a nonmonotonic, discontinuous model. *Journal of Applied Psychology*, 93(1), 35–47.

6 Ehrlinger, J., Johnson, K., Banner, M., Dunning, D., & Kruger, J. (2008). Why he unskilled are unaware: Further explorations of (absent) self-insight among the incompetent. *Organizational Behavior and Human Decision Processes*, 105(1), 98–121.

Kruger, J., & Dunning, D. (1999). Unskilled and unaware of it: How difficulties in recognizing one's own incompetence lead to inflated self-assessments. *Journal of Personality and Social Psychology*, 77(6), 1121–1134.

Russell, B., & Branch, T. (1991). *Second wind: The memoirs of an opinionated man*. New York: Simon & Schuster.

7 Wegner, D. M. (1994). White bears and other unwanted thoughts: Suppression, obsession, and the psychology of mental control. New York: Guilford Press.

Wood, J. V., Perunovic, W. Q. E., & Lee, J. W. (2009). Positive self-statements: Power for some, peril for others. *Psychological Science*, 20(7), 860–866.

ポジティブなスローガンの危険性がよく表れている例としては、イギリス陸軍の曹長だったフェリックス・パウエルの人生があげられる。パウエルは、第1次大戦時に、軍の士気高揚歌「やっかいなことは軍袋に詰め込んで、笑って、笑って、笑おう（Pack Up Your Troubles in Your Old Kit Bag and Smile, Smile, Smile）」を作曲した人物だ。この歌は、歴史上最も前向きな歌と言ってもいいだろう。ところが、パウエルはこの曲をつくった30年あまり後、国防市民軍の制服を着てライフルで自分の胸を撃ち抜いて命を絶った。自己評価の低い人物は、ポジティブなことを自分に言い聞かせても逆効果になりかねない。

8 ビジネス関連の研究者は、「成功の螺旋階段」のことを「自己効力感と成果の増幅効果」と呼ぶ。

Lindsley, D., Brass, D. J., & Thomas, J. B. (1995). Efficacy-performance spirals: A multilevel perspective. *Academy of Management Review*, 20(3), 645–678.

9 難しい取り組みの初期段階では、成果物や結果をゴールに据えるより、プロセスや知識・技能の習得をゴールに据えるほうがうまくいく場合が多い。要するに、勝利を収めることや最も高い点数をあげることを目標にするのではなく、新しい技能を習得したり、なんらかのステップを達成したりすることを目標にしたほうがいい。

そうしたほうが自信を強められるうえに、最終的な成果も高まる。

Schunk, D., & Meece, J. (2006). Self-fficacy development in adolescences. In F. Pajares & T. Urdan (Eds.), *Self-fficacy beliefs of adolescents* (pp. 71–96). Greenwich CT: Information Age.

Seijts, G. H. (2001). Setting goals when performance doesn't matter. *Ivey Business Journal*, 65(3), 40–47.

10 Hans, T. A. (2000). A meta-analysis of the effects of adventure programming on locus of control. *Journal of Contemporary Psychotherapy*, 30(1), 33–60.

Hattie, J., Marsh, H. W., Neil, J. T., & Richards, G. E. (1997). Adventure education and Outward Bound: Out-of-class experiences that make a lasting difference. *Review of Educational Research*, 67(1), 43–87.

Wilson, S. J., & Lipsey, M. W. (2000). Wilderness challenge programs for delinquent youth: A meta-analysis of outcome evaluations. Evaluation and Program Planning, 23, 1–12.

11 Feldman, A., & Matjasko, J. (2005). The role of school-based extra-curricular activities in adolescent development: A comprehensive review and future directions. *Review of Educational Research*, 75(2), 159–210.

12 World Organization of the Scout Movement (1998). *Scouting: An educational system*. Geneva, Switzerland: World Scout Bureau［邦訳『スカウティング――一つの指導システム』世界スカウト事務局］

13 Gestdottir, S., & Lemer, R. M. (2007). Intentional self-regulation and positive youth development in early adolescence: Findings from the 4-H study of positive youth development. *Developmental Psychology*, 43(2), 508–521.

Jelicic, H., Bobek, D., Phelps, E., Lerner, R., & Lerner, J. (2007). Using positive youth development to predict contribution and risk behaviors in early adolescence: Findings from the first two waves of the 4-H Study of Positive Youth Development. *International Journal of Behavioral Development*, 31(3), 263–273.

Radhakrishna, R., & Sinasky, M. (2005). 4-H experiences contributing to leadership and personal development of 4-H alumni. *Journal of Extension*, 43(6). Retrieved from: http://www.joe.org/joe/2005december/rb2.php

14 Zimmerman, B. J. (2002). Becoming a self-regulated learner: *An overview. Theory into Practice*, 41(2), 64–70.

15 先延ばし克服のために提唱された初期の方法論は、多くの場合、もっぱらこの側面に着目していた。自分自身に枠をはめる思い込みを打破するために、認知療法の手法を活用しようとしたのだ。このアプローチの実践者としては故アルバート・エリスが有名で、エリスの没後は共同研究者のウィリアム・クナウスがそれを継承している。

Ellis, A., & Knaus, W. J. (1977). *Overcoming procrastination: Or how to think and act rationally in spite of life's inevitable hassles.* Institute for Rational Living.

16 Schunk, D., & Meece, J. (2006). Self-efficacy development in adoles-cences. In F. Pajares & T. Urdan (Eds.), *Self-efficacy beliefs of adolescents* (pp. 71-96). Greenwich CT: Information Age.

17 リーダーや配偶者の影響も受ける（「偉大な男の影に、偉大な妻あり」「偉大な女の影に、偉大な夫あり」などとよく言われるとおりだ）。自己効力感（目標を達成できるという自信）をはぐくむうえで、お手本となる人物や比較対象となる人物の存在がカギを握るのに加えて、行動しようという意図を固めるうえで、まわりの人たちの考え方から受ける影響も大きい。

Aarts, H., Dijksterhuis, A., & Dik, G. (2008). Goal contagion: Inferring goals from others' actions—and what it leads to. In J. Y. Shah & W. L. Gardner (Eds.), *Handbook of motivation* (pp. 265-280). New York: Guilford Press.

Armitage, C., & Conner, M. (2001). Efficacy of the theory of planned behaviour: A meta-analytic review. *British Journal of Social Psychology*, 40(4), 471-499.

Rivis, A., & Sheeran, P. (2003). Descriptive norms as an additional predictor in the theory of planned behaviour: A meta-analysis. *Current Psychology*, 22(3), 218-233.

van Knippenberg, D., van Knippenberg, B., De Cremer, D., & Hogg, M. (2004). Leadership, self, and identity: A review and research agenda. *The Leadership Quarterly*, 15(6), 825-856.

18 Vitale, J., & Hibbler, B. (2006). *Meet and grow rich: How to easily create and operate your own"Mastermind group for health, wealth, and more. Hoboken,* NJ: John Wiley & Sons.

19 Metta, G., Sandini, G., Natale, L., Craighero, L., & Fadiga, L. (2006). Understanding mirror neurons. *Interaction Studies*, 7(2), 97-232.

Weinberg, R. (2008). Does imagery work? Effects on performance and mental skills. *Journal of Imagery Research in Sport and Physical Activity*, 3(1), 1-21.

20 Achtziger, A., Fehr, T., Oettingen, G., M. Gollwitzer, P., & Rockstroh, B. (2008). Strategies of intention formation are reflected in continuous MEG activity. *Social Neuroscience*, 4(1), 1-17.

Oettingen, G., M ayer, D., Thorpe, J. S., Janetzke, H., & Lorenz, S. (2005). Turning fantasies about positive and negative futures into self-improvement goals. *Motivation and Emotion*, 29(4), 236-266.

Oettingen, G., & Thorpe, J. S. (2006). Fantasy realization and the bridging of time. In L. A. Sanna, & E. C. Chang (Eds.), *Judgments over time: The interplay of thoughts, feelings, and behaviors* (pp. 120-143). Oxford: Oxford University Press.

以下も参照。Kavanagh, D. J., Andrade, J., & May, J. (2005). Imaginary relish and exquisite torture: The elaborated intrusion theory of desire. *Psychological Review*, 112(2), 446–467.

Pham, L. B., & Taylor, S. E. (1999). From thought to action: Effects of process-versus outcome-based mental simulations on performance. *Personality and Social Psychology Bulletin*, 25, 250–260.

21 もっとも、きわめて空想力の強い人は、食べ物を想像するだけで実際に食べるのと同様の満足感を味わえ、性的体験を想像するだけで肉体的刺激なしでオーガズムを経験できる。

Levin, R., & Spei, E. (2004). Relationship of purported measures of pathological and nonpathological dissociation to self-reported psychological distress and fantasy immersion. *Assessment*, 11(2), 160–168.

Rhue, J., & Lynn, S. (1987). Fantasy proneness: The ability to hallucinate "as real as real." *British Journal of Experimental and Clinical Hypnosis*, 4, 173–180.

Schneider, S. L. (2001). In search of realistic optimism. Meaning, knowledge, and warm fuzziness. *American Psychologist*, 56(3), 250–263.

Waldo, T. G., & Merritt, R. D. (2000). Fantasy proneness, dissociation, and DSM-IV axis II symptomatology. *Journal of Abnormal Psychology*, 109(3), 555–558.

22 Johnson, D. D. P. (2004). Overconfidence and war: *The havoc and glory of positive illusions*. Cambridge, MA: Harvard University Press.

23 Armor, D., & Taylor, S. (2002). When predictions fail: The dilemma of unrealistic optimism. In T. Gilovich, D. Griffin & D. Kahneman (Eds.), Heuristics and biases: *The psychology of intuitive judgment* (pp. 334–347). New York: Cambridge University Press.

Asterbro, T., Jeffrey, S., & Adomdza, G. K. (2007). Inventor perseverance after being told to quit: The role of cognitive biases. *Journal of Behavioral Decision Making*, 20(3), 253–272.

Lovallo, D., & Kahneman, D. (2003). Delusions of success. How optimism undermines executives' decisions. *Harvard Business Review*, 81(7), 56–63.

Moore, D., & Healy, P. (2007). *The trouble with overconfidence*. Unpublished manuscript, Carnegie-Mellon University, Pittsburgh.

24 Baker, W., & O'Malley, M. (2008). *Leading with kindness: How good people consistently get superior results*. New York: AMACOM/American Management Association.

Whyte, G., Saks, A., & Hook, S. (1997). When success breeds failure: The role of self-efficacy in escalating commitment to a losing course of action. *Journal of*

Organizational Behavior, 18(5) 415–432.

25 Camerer, C. F., & Lovallo, D. (1999). Overconfidence and excess entry: An experimental approach. *American Economic Review*, 89(1), 306–318.

Koellinger, P., Minniti, M., & Schade, C. (2007). "I think I can, I think I can": Overconfidence and entrepreneurial behavior. *Journal of Economic Psychology*, 28(4), 502–527.

Hmieleski, K., & Baron, R. (2009). Entrepreneurs' optimism and new venture performance: A social cognitive perspective. *Academy of Management Journal*, 52(3), 473–488.

Shepherd, D. A., Wiklund, J., & Haynie, J. M. (2009). Moving forward: Balancing the financial and emotional costs of business failure. *Journal of Business Venturing*, 24(2), 134–148.

26 Day, V., Mensink, D., & O'Sullivan, M. (2000). Patterns of academic procrastination. *Journal of College Reading and Learning*, 30(2), 120–134.

Sigall, H., Kruglanski, A., & Fyock, J. (2000). Wishful thinking and procrastination. *Journal of Social Behavior & Personality*, 15(5), 283–296.

27 アルバート・エリスをはじめとする影響力のある心理学者が批判し、ペテン師と非難されることもあるにもかかわらず、ピール牧師の人気はいまも強い。

Hilkey, J. (1997). *Character is capital: Success manuals and manhood in Gilded Age America*. Chapel Hill: University of North Carolina Press.

Meyer, D. (1988). *The positive thinkers: Popular religious psychology from Mary Baker Eddy to Norman Vincent Peale and Ronald Reagan*. Middletown, CT: Wesleyan University Press.

Weiss, R. (1988). *The American myth of success: From Horatio Alger to Norman Vincent Peale*. Urbana, IL: University of Illinois Press.

28 ボードイン大学の心理学者バーバラ・ヘルドはこう述べている。「ポジティブ思考は、ときとして暴君のような存在と化している。アメリカ人は、歴史と文化に根づいた楽観主義的傾向を実践しているだけでなく、いかなるときでも、いかなる大きな代償をともなってでも楽観的に振る舞うよう期待され、さらには要求されるようになっている」

De Raeve, L. (1997). Positive thinking and moral oppression in cancer care. European *Journal of Cancer Care*, 6(4), 249–256.

Ehrenreich, B. (2009). *Bright-sided: How the relentless promotion of positive thinking has undermined* America. New York: Metropolitan Books［邦訳『ポジティブ病の国、アメリカ』河出書房新社］

Fineman, S. (2006). On being positive: Concerns and counterpoints. *The Academy of Management Review*, 31(2), 270–291.

Gilovich, T. (2005). *The perceived likelihood of events that "tempt fate."* Paper presented at the Annual Meeting of the Society of Personality and Social Psychology, New Orleans.

Held, B. (2002). The tyranny of the positive attitude in America: Observation and speculation. *Journal of Clinical Psychology*, 58(9), 965–991.

Recken, S. L. (1993). Fitting-in: The redefinition of success in the 1930s. *Journal of Popular Culture*, 27(3), 205–222.

Woolfolk, R. L. (2002). The power of negative thinking: Truth, melancholia, and the tragic sense of life. *Journal of Theoretical and Philosophical Psychology*, 22(1), 19–27.

29 Nenkov, G. Y., Inman, J. J., & Hulland, J. (2008). Considering the future: The conceptualization and measurement of elaboration on potential outcomes. *Journal of Consumer Research*, 35(1), 126–141.

Pearson, C. M., & Clair, J. A. (1998). Reframing crisis management. *The Academy of Management Review*, 23(1), 59–76.

Schneider, S. L. (2001). In search of realistic optimism. Meaning, knowledge, and warm fuzziness. *American Psychologist*, 56(3), 250–263.

Yordanova, G. S. (2006). *Effects of the pre-decision stage of decision making on the self-regulation of behavior.* Unpublished Ph.D., University of Pittsburgh, Pittsburgh, PN.

30 Jones, F., Harris, P., Waller, H., & Coggins, A. (2005). Adherence to an exercise prescription scheme: The role of expectations, self-efficacy, stage of change and psychological well-being. British *Journal of Health Psychology*, 10, 359–378.

Nordgren, L. F., Harreveld, F. V., & Pligt, J. V. D. (2009). The restraint bias: How the illusion of self-restraint promotes impulsive behavior. *Psychological Science*, 20, 1523–1528.

Norcross, J. C., Mrykalo, M. S., & Blagys, M. D. (2002). Auld Lang Syne: Success predictors, change processes, and self-reported outcomes of New Year's resolvers and nonresolvers. *Journal of Clinical Psychology*, 58(4), 397–405.

Norcross, J. C., Ratzin, A. C., & Payne, D. (1989). Brief report ringing in the New Year: The change processes and reported outcomes of resolutions. *Addictive Behaviors*, 14, 205–212.

Polivy, J., & Herman, C. P. (2002). If at first you don't succeed: False hopes of self-change. *American Psychologist*, 57(9), 677–689.

31 Aspinwall, L. G. (2005). The psychology of future-oriented thinking: From achievement to proactive coping, adaptation, and aging. Motivation and Emotion, 29(4), 203–235.

Aspinwall, L. G., & Taylor, S. E. (1997). A stitch in time: Self-regulation and proactive coping. *Psychological Bulletin*, 121, 417–436.
Baumeister, R. F., Heatherton, T. F., & Tice, D. M. (1994). *Losing control: How and why people fail at self-regulation.* San Diego, CA: Academic Press, Inc.
Klassen, R. M., Krawchuk, L. L., & Rajani, S. (2008). Academic procrastination of undergraduates: Low self-efficacy to self-regulate predicts higher levels of procrastination. *Contemporary Educational Psychology*, 33(4), 915–931.
Schwarzer, R. (2008). Modeling health behavior change: How to predict and modify the adoption and maintenance of health behaviors. *Applied Psychology: An International Review*, 57(1), 1–29.
32 「節制破り効果」と呼ばれる。
Larimer, M. E., Palmer, R. S., & Marlatt, G. A. (1999). Relapse prevention: An overview of Marlatt's cognitive-behavioral model. *Alcohol Research & Health*, 23(2), 151–160.
33 仏教では、このテクニックを徹底させ、悪い選択をすれば、将来の人生だけでなく、転生後にもツケを払わされると考える。
Ainslie, G. (1992). *Picoeconomics: The strategic interaction of successive motivational states within the person.* New York: Cambridge University Press.
Ainslie, G. (2001). *Breakdown of the will.* New York: Cambridge University Press [邦訳『誘惑される意志——人はなぜ自滅的行動をするのか』ＮＴＴ出版]
Benabou, R., & Tirole, J. (2004). Willpower and personal rules. *Journal of Political Economy*, 112(4), 848–886.
Kim, J.-Y. (2006). Hyperbolic discounting and the repeated self-control problem. *Journal of Economic Psychology*, 27(3), 344–359.
Rachlin, H. (2000). *The science of self-control.* Cambridge, MA: Harvard University Press.
34 Gosling, J. (1990). *Weakness of the will.* New York: Routledge.
35 Silver, M., & Sabini, J. (1981). Procrastinating. *Journal for the Theory of Social Behavior*, 11(2), 207–221.

◉第8章

1 Fried, Y., & Ferris, G. R. (1987). The validity of the Job Characteristics Model: A review and meta-analysis. *Personnel Psychology*, 40(2), 287–322.
Hackman, J. R., & Oldham, G. R. (1976). Motivation through the design of work: Test of a theory. *Organizational Behavior and Human Performance*, 16, 250–279.
Humphrey, S., Nahrgang, J., & Morgeson, F. (2007). Integrating motivational, social, and contextual work design features: A meta-analytic summary and

theoretical extension of the work design literature. *Journal of Applied Psychology*, 92(5), 1332–1356.

2 「近代的」な職場を生み出すうえで大きな役割を果たした人物としては、テイラーのほかに、時間動作研究の創始者であるフランク・ギルブレスとリリアン・ギルブレスの夫妻がいる。この夫妻の業績と生涯は、2人の間に生まれた12人の子供のうちの2人が著した "Cheaper by the Dozen"（『一ダースなら安くなる――あるマネジメントパイオニアの生涯』［邦訳・産能大学出版部］）に詳しい。リリアン・ギルブレスは、おそらく経営心理学の分野で博士号を取得した産業・組織心理学者の第1号だ。その意味で、私の大先輩と言える。この本は、1950年に映画にもなった。2003年にスティーブ・マーチンとボニー・ハントの主演で映画のリメイク版（邦題は『12人のパパ』）がつくられたが、産業・組織心理学的な側面は取り除かれて、主人公の職業はフットボールのコーチに変更された。ハリウッドの映画産業は、フットボールをテーマにした映画を何本つくってもまだ足りないらしい。

Kanigel, R. (1997). *The one best way: Frederick Winslow Taylor and the enigma of efficiency*. New York: Viking Penguin.

3 出来高制の賃金支払いシステムのもとでは、労働者の生産個数が増えるほど、生産物1つ当たりの支払い単価が引き下げられる場合が多い。つまり経営者はおうおうにして、労働者に一生懸命働かせたいはずなのに、労働者の働く意欲を削ぐような賃金支払いシステムを取り入れてしまうのである。この落とし穴に陥っていない企業は、オハイオ州の溶接機器メーカー、リンカーン・エレクトリックなどごくわずかにすぎない。

Handlin, H. (1992). The company built upon the golden rule: Lincoln Electric. *Journal of Organizational Behavior Management*, 12, 151–163.

Billikopf, G. (2008). Designing an effective piece rate. Retrieved from: http://www.cnr.berkeley.edu/ucce50/ag-labor/7research/7calag06.htm

4 Campion, M., Mumford, T., Morgeson, F., & Nahrgang, J. (2005). Work redesign: Eight obstacles and opportunities. *Human Resource Management*, 44(4), 367–390.

5 Cosmides, L., & Tooby, J. (2000). Evolutionary psychology and the emotions. In M. Lewis & J. Haviland (Eds.), *Handbook of Emotions* (2 ed., pp. 91–115). New York: Guilford Press.

6 この点は心理物理学の研究によっても明らかにされている。私たちが課題に対して感じる「価値」は絶対不変なのではなく、課題の提示のされ方によっても変わるし、ほかの課題との比較によっても変わる。

Weber, E. (2003). Perception matters: Psychophysics for economists. In I. Brocas & J. D. Carrillo (Eds.), *The Psychology of Economic Decisions* (Vol. II). New York: Oxford University Press.

7 Sansone, C., Weir, C., Harpster, L., & Morgan, C. (1992). Once a boring task

always a boring task? Interest as a self-regulatory mechanism? *Journal of Personality & Social Psychology*, 63(3), 379–390.

8 Csíkszentmihályi, M. (1990). *Flow: The psychology of optimal experience*. New York: Harper and Row［邦訳『フロー体験——喜びの現象学』世界思想社］

9 Johnny Carson of "The Tonight Show" invited her as a guest and pretended to eat her prized Elvis Presley chip. *CNN* (January 4, 2005). Your Johnny Carson memories. Retrieved from: http://www.cnn.com/2005/SHOWBIZ/TV/01/23/your.memories/index.html

10 Miller, R. B., & Brickman, S. J. (2004). A model of future-oriented motivation and self-regulation. *Educational Psychology Review*, 16(1), 9–33.
Schraw, G., & Lehman, S. (2001). Situational interest: A review of the literature and directions for future research. Educational Psychology Review, 13(1), 23–52.
Wolters, C. A. (2003). Understanding procrastination from a self-regulated learning perspective. *Journal of Educational Psychology*, 95(1), 179–187.

11 Ryan, R. M., & Deci, E. L. (2000). Self-determination theory and the facilitation of intrinsic motivation, social development, and well-being. *American Psychologist*, 55(1), 68–78.

12 Lonergan, J. M., & Maher, K. J. (2000). The relationship between job characteristics and workplace procrastination as moderated by locus of control. *Journal of Social Behavior & Personality*, 15(5), 213–224.
Miller, R. B., & Brickman, S. J. (2004). A model of future-oriented motivation and self-regulation. *Educational Psychology Review*, 16(1), 9–33.
Shah, J., & Kruglanski, A. (2000). The structure and substance of intrinsic motivation. In C. Sansone & J. M. Harackiewicz (Eds.), *Intrinsic and extrinsic motivation: The search for optimal motivation and performance* (pp. 106–130). San Diego, CA: Academic Press.

13 アメリカの作家フランクリン・ジョーンズの次の言葉は、私のお気に入りだ。「誘惑に打ち勝つことを助ける強力な武器は、好ましい育ち、健全な価値観——そして他人の目だ」
Becker, H. (1960). Notes on the concept of commitment. *American Journal of Sociology*, 66(1), 32–40.
Magen, E., & Gross, J. J. (2007). Harnessing the need for immediate gratification: Cognitive reconstrual modulates the reward value of temptations. *Emotion*, 7(2), 415–428.
Powell, D., & Meyer, J. (2004). Side-bet theory and the three-component model of organizational commitment. *Journal of Vocational Behavior*, 65(1), 157–177.

14 Newman, T. (December 20, 2008). Barack Obama, I quit smoking—all the time.

Newsday. Retrieved from http://www.newsday.com/news/opinion/ny-opnew205971623dec20,0,6796122.story.

15 Elliot, A., & Friedman, R. (2006). Approach-avoidance: A central characteristic of personal goals. In B. R. Little, K. Salmela-Aro & S. D. Phillips (Eds.), *Personal project pursuit: Goals, action, and human flourishing* (pp. 97–118). Mahwah, NJ: Lawrence Erlbaum Associates.

Howell, A. J., & Watson, D. C. (2007). Procrastination: Associations with achievement goal orientation and learning strategies. *Personality and Individual Differences*, 43(1), 167–178.

Mogilner, C., Aaker, J., & Pennington, G. (2007). Time will tell: The distant appeal of promotion and imminent appeal of prevention. *Journal of Consumer Research*, 34(5), 670–681.

Polivy, J., & Herman, C. P. (2002). If at first you don't succeed: False hopes of self-change. *American Psychologist*, 57(9), 677–689.

Schneider, S. L. (2001). In search of realistic optimism. Meaning, knowledge, and warm fuzziness. *American Psychologist*, 56(3), 250–263.

Wolters, C. A. (2003). Understanding procrastination from a self-regulated learning perspective. *Journal of Educational Psychology*, 95(1), 179–187.

Wolters, C. A. (2004). Advancing achievement goal theory: Using goal structures and goal orientations to predict students' motivation, cognition, and achievement. *Journal of Educational Psychology*, 96(2), 236–250.

Valkyrie, K. T. (2006). *Self-regulated learning: An examination of motivational, cognitive, resource management, metacognitive components and academic outcomes with open admissions community college students.* Unpublished PhD dissertation, University of Houston, Houston, TX.

16 さまざまな課題を自分の学習の機会と位置づければ、接近目標の効果をさらに高められる。人生を長い学習のプロセス、言い換えれば、自分の潜在能力を開花させるプロセスと考えるのである。そう考えると、一つひとつの課題は、成功しても失敗しても、自分の技能を磨くためのステップということになる。そのような発想をすれば、自分の内面からモチベーションがわき上がる後押しができる。また、すでに頂点をきわめている人は、予防という観点で接近目標を設定すれば、モチベーションをかき立てやすい。現在の地位を失うことを「予防」するという目標を立てればいいのだ。地位と成功を守り、維持するという目標をもてば、ほかの人たちよりいくらか早く行動を開始できる。

Freitas, A. L., Liberman, N., Salovey, P., & Higgins, E. T. (2002). When to begin? Regulatory focus and initiating goal pursuit. *Personality and Social Psychology Bulletin*, 28(1), 121–130.

Molden, D. C., Lee, A. Y., & Higgins, E. T. (2007). Motivations for promotion and prevention. In W. L. G. James Y. Shah (Ed.), *Handbook of motivation science* (pp. 169–187). New York: Guilford Press.

Rawsthorne, L., & Elliot, A. (1999). Achievement goals and intrinsic motivation: A meta-analytic review. *Personality and Social Psychology Review*, 3(4), 326–344.

Pennington, G. L., & Roese, N. J. (2003). Regulatory focus and temporal distance. *Journal of Experimental Social Psychology*, 39, 563–576.

17 Steel, P. (2007). The nature of procrastination: A meta-analytic and theoretical review of quintessential self-regulatory failure. *Psychological Bulletin*, 133(1), 65–94.

18 Gröpel, P., & Steel, P. (2008). A mega-trial investigation of goal setting, interest enhancement, and energy on procrastination. *Personality and Individual Differences*, 45, 406–411.

19 自信を失うことに加えて、エネルギーが減退するという点でも、先延ばしは鬱病と関連がある。

Thase, M. E. (1995). Cognitive behavior therapy. In I. D. Glick (Ed.), *Treating depression* (pp. 33–70). San Francisco: Jossey-Bass, Inc.

20 カナダのコメディ番組『キッズ・イン・ザ・ホール』の「チョコレート」というエピソードは、ダイエットしたいという思いとチョコレートを食べたいという思いの間で揺れ動く気持ちをうまく描いている。主人公は板チョコを二口、三口食べた後、チョコを放り捨てるのだが、また我慢できなくなってチョコを手に取り、少し食べて、また放り捨て……を繰り返す。

21 Ramanathan, S., & Menon, G. (2006). Time-varying effects of chronic hedonic goals on impulsive behavior. *Journal of Marketing Research*, 43(4), 628–641.

22 Furnham, A. (2002). *Personality at work: The role of individual differences in the workplace*. New York: Routledge.

23 Díaz-Morales, J., Ferrari, J., & Cohen, J. (2008). Indecision and avoidant procrastination: The role of morningness-eveningness and time perspective in chronic delay lifestyles. *Journal of General Psychology*, 135(3), 228–240.

Digdon, N., & Howell, A. (2008). College students who have an eveningness preference report lower self-control and greater procrastination. *Chronobiology International*, 25(6), 1029.

Ferrari, J. R., Harriott, J. S., Evans, L., Lecik-Michna, D. M., & Wenger, J. M. (1997). Exploring the time preferences of procrastinators: Night or day, which is the one? *European Journal of Personality*, 11(3), 187–196.

Hess, B., Sherman, M. F., & Goodman, M. (2000). Eveningness predicts academic procrastination: The mediating role of neuroticism. *Journal of Social Behavior and*

Personality, 15(5), 61–74.

24 Klein, S. (2009). *The secret pulse of time: Making sense of life's scarcest commodity*. Cambridge, MA: Da Capo Lifelong Books.

25 Oaten, M., & Cheng, K. (2006). Longitudinal gains in self-regulation from regular physical exercise. British *Journal of Health Psychology*, 11(4), 717–733.

26 もっとも、ラフバラ大学睡眠研究センター（イギリス）のジム・ホーンによれば、現代の人類は歴史上で最もよい睡眠を取っているという。

Horne, J. (18 October, 2008). Time to wake up to the facts about sleep. *New Scientist*, 2678, 36–38.

Mooallem, J. (November 18, 2007). The sleep-industrial complex. *New York Times*.

National Sleep Foundation (2008). Sleep in America Poll. Retrieved from http://www.sleepfoundation.org/atf/cf/% 7Bf6bf2668-a1b4-4fe8-8d1a-a5d39340d9cb% 7D/2008% 20POLL% 20SOF.PDF

27 Muris, P., Merckelbach, H., Ollendick, T., King, N., & Bogie, N. (2001). Children's nighttime fears: Parent-child ratings of frequency, content, origins, coping behaviors and severity. *Behaviour Research and Therapy*, 39(1), 13–28.

Tooby, J., & Cosmides, L. (1990). The past explains the present: Emotional adaptations and the structure of ancestral environments. *Ethology and Sociobiology*, 11(4–5), 375–424.

28 Bettelheim, B. (1977). *The uses of enchantment: The meaning and importance of fairy tales*. New York: Knopf［邦訳『昔話の魔力』評論社］

29 Ferrari, J. R., & McCown, W. (1994). Procrastination tendencies among obsessive-compulsives and their relatives. *Journal of Clinical Psychology*, 50(2), 162–167.

Rachman, S. (1993). Obsessions, responsibility and guilt. *Behaviour Research & Therapy*, 31(2), 149–154.

Kaplan, A., & Hollander, E. (2004). Comorbidity in compulsive hoarding: a case report. *CNS Spectrums*, 9(1), 71–73.

30 Benton, T. H. (2005). Productive procrastination. *The Chronicle of Higher Education*, 52(1).

31 Bandura, A. (1976). Self-reinforcement: Theoretical and methodological considerations. *Behaviorism*, 4(2), 135–155.

Febbraro, G., & Clum, G. (1998). Meta-analytic investigation of the effectiveness of self-regulatory components in the treatment of adult problem behaviors. *Clinical Psychology Review*, 18(2), 143–161.

Ferrari, J. R., & Emmons, R. A. (1995). Methods of procrastination and their relation to self-control and self-reinforcement: An exploratory study. *Journal of*

Social Behavior & Personality, 10(1), 135–142.
32 Eisenberger, R. (1992). Learned industriousness. Psychological Review, 99, 248–267.
Renninger, K. (2000). Individual interest and its implications for under-standing intrinsic motivation. In C. Sansone & J. M. Harackiewicz (Eds.), Intrinsic and extrinsic motivation: *The search for optimal motivation and performance* (pp. 373–404). San Diego, CA: Academic Press.
Stromer, R., McComas, J. J., & Rehfeldt, R. A. (2000). Designing interventions that include delayed reinforcement: Implications of recent laboratory research. *Journal of Applied Behavior Analysis*, 33, 359–371.
33 専門的には、「衝動のペアリング」「衝動の融合」などと呼ばれる。
Ainslie, G. (1992). *Picoeconomics: The strategic interaction of successive motivational states within the person*. New York: Cambridge University Press.
Murray, H. A. (1938). *Explorations in personality*. New York: Oxford University Press［邦訳『パーソナリティⅠ・Ⅱ』誠信書房］
34 「ゴールド・ファーマー（ゴールドの農家）」というのは一般に用いられている表現だが、当人たちのなかにはこの呼称を侮蔑的と嫌う人もいる。自分たちが高度なスキルの持ち主であることを無視した表現と感じるようだ。
35 Dibbell, J. (June 17, 2007). The life of the Chinese gold farmer. *The New York Times Magazine*.
Jin, G. (2006). Chinese gold farmers in the game world [Electronic Version]. Consumers, Commodities & Consumption 7. Retrieved from https://netfiles.uiuc.edu/dtcook/www/CCCnewsletter/7-2/jin.htm.
Jin, G. (2008). Gold farmers. Retrieved from http://chinesegoldfarmers.com/Index.html
36 Akerman, D. S., & Gross, B. L. (2007). I can start that JME manuscript next week, can't I? The task characteristics behind why faculty procrastinate. *Journal of Marketing Education*, 29(2), 97–110.
Sansone, C., & Harackiewicz, J. (2000). *Intrinsic and extrinsic motivation: The search for optimal motivation and performance*. San Diego, CA: Academic Press.
37 Bordens, K., & Horowitz, I. (2001). *Social psychology*. Mahwah, NJ: Lawrence Erlbaum Associates.
Moreland, R. L., & Beach, S. R. (1992). Exposure effects in the classroom: The development of affinity among students. *Journal of Experimental Social Psychology*, 28(3), 255–276.
38 Fouad, N. (2007). Work and vocational psychology: Theory, research, and applications. *Annual Review of Psychology*, 58, 543–564.

39 自分がどういうタイプかを知りたければ、オンライン上の無料診断を利用すればいい。「RIASEC」というキーワードでネット検索をしてみよう。

40 Lubinski, D., & Benbow, C. P. (2000). States of excellence. *American Psychologist*, 55(1), 137–150.

41 人々が好きになれて、しかも才能を発揮できそうな職業を診断する方法として、現在用いられているより精度が高い方法はありうる。実は、そういう方法はすでに考案されていて、効果も立証されており、特許も取得済みだが、現時点でまだ診断ツールの形になっていない。私がツールを開発できればよかったのだが、本を書くのに忙しくて、そこまで手が回らない。特許番号は「US 20080027771」。関心のある読者は、ユニバーシティ・テクノロジーズ・インターナショナル社（tech@uti.ca）に問い合わせてみてほしい。

Scherbaum, C. A. (2005). Synthetic validity: Past, present, and future. *Personnel Psychology*, 58(2), 481–515.

Steel, P. D., Huffcutt, A. I., & Kammeyer-Mueller, J. (2006). From the work one knows the worker: A systematic review of the challenges, solutions, and steps to creating synthetic validity. *International Journal of Selection and Assessment*, 14(1), 16–36.

Steel, P., & Kammeyer-Mueller, J. (2009). Using a meta-analytic perspective to enhance Job Component Validation. *Personnel Psychology*, 62(3), 533–552.

42 Tullier, L. (2000). *The complete idiot's guide to overcoming procrastination*. Indianapolis, IN: Alpha Books.

◉第9章

1 Akerlof, G. A. (1991). Procrastination and obedience. *American Economic Review*, 81, 1–19.

Arneklev, B., Elis, L., & Medlicott, S. (2006). Testing the General Theory of Crime: Comparing the effects of "imprudent behavior"and an attitudinal indicator of "low self-control." *Western Criminology Review*, 7(3), 41–55.

Carver, C. S. (2005). Impulse and constraint: Perspectives from personality psychology, convergence with theory in other areas, and potential for integration. *Personality and Social Psychology Review*, 9(4), 312–333.

Glomb, T., Steel, P., & Arvey, R. (2002). Office sneers, snipes, and stab wounds: Antecedents, consequences, and implications of workplace violence and aggression. In R. G. Lord, R. J. Klimoski, & R. Kanfer (Eds.), Emotions in the workplace: *Understanding the structure and role of emotions in organizational behavior* (pp. 227–259). San Francisco, CA: Jossey-Bass.

Gottfredson, M. R., & Hirschi, T. (1990). *A General Theory of Crime*. Stanford,

CA: Stanford University Press［邦訳『犯罪の基礎理論』文憲堂］
Hirschi, T. (2004). Self-control and crime. In R. F. Baumeister & K. D. Vohs (Eds.), *Handbook of self-regulation: Research, theory, and applications* (pp. 537-552). New York: Guilford Press.
Schmidt, C. (2003). Impulsivity. In E. F. Coccaro (Ed.), *Aggression: Psychiatric assessment and treatment* (pp. 75-87). New York: Informa Health Care.
2 Roberts, B. W., Walton, K. E., & Viechtbauer, W. (2006). Patterns of mean-level change in personality traits across the life course: A meta-analysis of longitudinal studies. Psychological *Bulletin*, 132, 1-25.
3 Funder, D. C. (2001). Personality. *Annual Review of Psychology*, 52, 197-221.
4 Ainslie, G. (1975). Specious reward: A behavioral theory of impulsiveness and impulse control. *Psychological Bulletin*, 82(4), 463-496.
5 Ariely, D., & Wertenbroch, K. (2002). Procrastination, deadlines, and performance: Self-control by precommitment. *Psychological Science*, 13(3), 219-224.
Funk, I. K. (1895). *The complete preacher: Sermons preached by some of the most prominent clergymen in this and other countries, and in the various denominations*. University of Michigan: Funk & Wagnalls.
Sally, D. (2000). I, too, sail past: Odysseus and the logic of self-control. *Kyklos*, 53, 173-200.
Stanford, W. (1954). *The Ulysses theme: A study in the adaptability of a traditional hero*. Ann Arbor, MI: University of Michigan Press.
Strotz, R. (1956). Myopia and inconsistency in dynamic utility maximization. *Review of Economic Studies*, 23(3), 165-180.
6 プレコミットメントとは、ノーベル経済学賞受賞者であるトーマス・シェリングが最初に唱えた概念である。シェリングは戦略上の交渉や地球温暖化などさまざまな分野で大きな足跡を残した研究者だが、プレコミットメントの事例を考えることにも長けていた。
Schelling, T. (1984). *Choice and consequence: Perspectives of an errant economist. Cambridge*, MA: Harvard University Press.
Schelling, T. C. (1992). Self-command: A new discipline. In G. Loewenstein & J. Elster (Eds.), *Choice over time* (pp. 167-176). New York: Russell Sage Foundation.
7 O'Donoghue, T., & Rabin, M. (2008) . Procrastination on long-term projects. *Journal of Economic Behavior & Organization*, 66, 161-175.
8 このように未来を正確に予測できないことは、「投影バイアス」という言葉で説明される。現在の自分の欲求を未来に投影させて判断する結果、客観的な判断が妨げられる、というわけだ。

Loewenstein, G., & Angner, E. (2003). Predicting and indulging changing preferences. In R. F. Baumeister, G. Loewenstein & D. Read (Eds.), *Time and decision: Economic and psychological perspectives on intertemporal choice* (pp. 351–391). New York: Russell Sage Foundation.

9 コルテスが船を焼き払ったと言われることも多いが、それは事実と異なる。翻訳の誤りで間違って伝わったか、ノルマンディー公ウィリアムのエピソードと混同されたのだろう。いずれにせよ、プレコミットメントの好例であることに変わりはないが。Reynolds, W. (1959). The burning ships of Hernán Cortés. *Hispania*, 42 (3), 317–324

10 Ibeji, M. (2001). 1066: BBC History. Retrieved from: http://www.bbc.co.uk/history/british/normans/1066_01.shtml

11 大学の研究室で執筆している身としては、「全裸作戦」は実践できない。大勢の署名入りの抗議文を突きつけられたり、抗議デモに押しかけられたりしかねない。しかし自宅で執筆をする人にとっては、有効な作戦だ。トーマス・シェリングは著書で、1982年1月22日付のタイムズ・リテラリー・サプリメント紙の記事を引用している。文芸批評家のジョージ・スタイナーがハンガリーの哲学者・政治家ジェルジ・ルカーチをインタビューした記事だ。「はじめて彼の家を訪ねたのは、1957～58年にかけての冬だった。建物にはまだ、迫撃砲の焼け焦げや、手榴弾の破片が突き刺さった跡が残っていた。書斎に通されると、いくつもの書棚を埋め尽くしている、彼の自著のあまりの数に圧倒されて、私は言葉を失い、立ち尽くした。私の子どもじみた驚きを感じ取ったのだろう。彼は悲しげであると同時に愉快そうな仕草で椅子から勢いよく立ち上がると、私に言った。『どうすれば、本を書き上げられるか知りたいんだな？　簡単なことだ。自宅軟禁を受ければいいんだよ、スタイナー。自宅軟禁だ！』」

Schelling, T. (1984). *Choice and consequence: Perspectives of an errant economist.* Cambridge, MA: Harvard University Press.

Wallace, I. (1977). Self-control techniques of famous novelists. *Journal of Applied Behavior Analysis*, 10(3), 515–525.

12 Weir, W. (January 12, 2006). Wake up! You snooze, you lose—Multiple hits on the snooze alarm may be hazardous to your sleep and motivation. *Newsday.*

13 Richtel, M. (June 14, 2008). Lost in E-mail, tech firms face self-made beast. *New York Times.*

Williams, A. (October 19, 2008). Drunk, and dangerous, at the keyboard. *New York Times.*

14 この映画はアーヴィン・ウェルシュの同名の小説を映画化したもの。ただし、私は映画のほうしか見ていない。

15 この教訓は非常に重要だ。その証拠に、同じ趣旨の格言がたくさんある。いくつか

紹介しよう。
「胃袋が空っぽのとき、賢者でいられる人間はいない」
——ジョージ・エリオット（19世紀イギリスの作家）
「空の胃袋は、よき政治顧問とは言えない」
——アルバート・アインシュタイン（20世紀ドイツ・アメリカの物理学者）
「胃が空のとき、誰も愛国者ではいられない」
——ウィリアム・カウパー（17世紀イギリスの外科医・解剖学者）
ちなみに、私の一番のお気に入りは、『スタートレック』に出てくる「フェレンギ金儲けの秘訣」の第214条「空腹のときに、ビジネスの交渉を始めてはならない」である。

16 実は、例外がないわけではない。マズロー自身、こう書いている。「本書では、欲求のピラミッドが固定的なものであるかのように述べてきたが、実際はそれほどでもない。ほとんどの調査対象者がこのとおりの序列で欲求をいだいていたことは事実だが、そうでない人も少なからずいた」
Maslow, A. H. (1954). *Motivation and personality*. New York: Harper［邦訳『人間性の心理学』産能大学出版会］

17 Cantor, N., & Blanton H. (1996). Effortful pursuit of personal goals in daily life. In P. M. Gollwitzer & J. A. Bargh (Eds.), *The psychology of action: Linking cognition and motivation to behavior* (pp. 338–359). New York: Guilford Press.
Fiore, N. (1989). *The now habit: A strategic program for overcoming procrastination and enjoying guilt-free play*. New York: Penguin Putnam, Inc.［邦訳『戦略的グズ克服術——ナウ・ハビット』河出書房新社］
Schneider, F. W., & Green, J. E. (1977). The need for affiliation and sex as moderators of the relationship between need for achievement and academic performance. *Journal of School Psychology*, 15, 269–277.

18 Su, X. (2007). *A model of consumer inertia with applications to dynamic pricing*. Berkeley: University of California.

19 このタイプのプレコミットメント戦略は、「反作用的自己統制」「随伴性マネジメント」「サイドベット」と呼ばれることもある。
Loewenstein, G., & Angner, E. (2003). Predicting and indulging changing preferences. In R. F. Baumeister, G. Loewenstein, & D. Read (Eds.), Time and decision: Economic and psychological perspectives on intertemporal choice (pp. 351–391). New York: Russell Sage Foundation.
Milkman, K. L., Rogers, T., & Bazerman, M. (2008). *Highbrow films gather dust: A study of dynamic inconsistency and online* DVD rentals. Boston: Harvard Business School.
Moeller, F., Barratt, E., Dougherty, D., Schmitz, J., & Swann, A. (2001). Psychiatric

aspects of impulsivity. American Journal of Psychiatry, 158(11), 1783–1793.
Read, D., Loewenstein, G., & Kalyanaraman, S. (1999). Mixing virtue and vice: Combining the immediacy effect and the diversification heuristic. Journal of Behavioral Decision Making 12, 257–273.
Strotz, R. (1956). Myopia and inconsistency in dynamic utility maximization. Review of Economic Studies, 23(3), 165–180.
Trope, Y., & Fishbach, A. (2000). Counteractive self-control in overcoming temptation. Journal of Personality and Social Psychology, 79(4), 493–506.

20 Surowiecki, J. (Feb. 14, 2006). Bitter money and Christmas Clubs. Forbes.

21 Ashraf, N., Karlin, D., & Yin, W. (2008). Female empowerment: Impact of a commitment savings product in the Philippines. Boston: Jameel Poverty Action Lab. Retrieved from: http://www.povertyaction-lab.com/papers/ashraf_karlan_yin_female_empowerment_0308.pdf

22 http://www.marginalrevolution.com/marginalrevolution/2008/09/markets-in-self.html

23 コロラド州デンバーのコカイン依存症治療センターは、患者がコカインを再び使用しないように、自分自身を「脅迫」するよう勧めている。コカインの使用を自白し、自分を最大限厳罰に処してほしいと訴える手紙を行政機関宛てに書かせ、それをセンターが預かっておく。もし、抜き打ちテストでコカイン使用が発覚したときは、その手紙をただちに発送するものとしておくのだ。
Schelling, T. C. (1992). Self-command: A new discipline. In G. Loewenstein & J. Elster (Eds.), *Choice over time* (pp. 167–176). New York: Russell Sage Foundation.

24 Thaler, R., & Sunstein, C. (2008). *Nudge*. New Haven, CT: Yale University Press [邦訳『実践・行動経済学――健康、富、幸福への聡明な選択』日経ＢＰ社]

25 この言葉は作家のレーン・オリングハウスのものである。

26 Allen, K. (1996). Chronic nailbiting: A controlled comparison of competing response and mild aversion treatments. *Behavior Research and Therapy*, 34(3), 269–272.

27 シーモアは最初、「浮気防止のための完璧なシステムを考案した」と豪語していたのだが……。
Richler, M. (1980). *Joshua then and now*. Toronto, ON: McClelland & Stewart.

28 Mischel, W., & Ayduk, O. (2004). Willpower in a cognitive-affective processing system. In I. Baumeister & K. Vohs (Eds.), *Handbook of self-regulation: Research, theory, and applications* (pp. 99–129). New York: Guilford Press.

29 以下も参照。Caspi, A., Roberts, B., & Shiner, R. (2005). Personality development: Stability and change. *Annual Review of Psychology*, 56, 453–484.

Lee, P., Lan, W., Wang, C., & Chiu, H. (2008). Helping young children to delay gratification. Early *Childhood Education Journal*, 35(6), 557-564.

30 意識的に思考を抑制しようとすると、平均して1分間に1回はそのことを考えてしまう。自分でやってみて1分間乗り切れた人は、あと1分間持ちこたえられるかどうか試してみよう。前の1分間よりさらに難しいはずだ。

Wenzlaff, R., & Wegner, D. (2000). Thought suppression. *Annual Reviews in Psychology*, 51(1), 59-91.

Wegner, D. (1994). *White bears and other unwanted thoughts: Suppression, obsession, and the psychology of mental control.* New York: The Guilford Press.

31 マイナス思考をいっさいするなと主張するパングロス流の成功哲学（第7章で詳しく取り上げた）はことごとく、この落とし穴にはまる。その種の徹底したポジティブ思考のすすめは、そもそも失敗を宿命づけられているのである。

32 「私たちが抽象的な活動に活発に取り組むようになるにつれて、形のある現実が縮小していくように思える」と、20世紀に活躍したドイツの思想家エルンスト・カッシーラーは述べていた。

Mischel, W., & Baker, N. (1975). Cognitive appraisals and transformations in delay behavior. *Journal of Personality and Social Psychology*, 31, 254-261.

33 Deacon, T. W. (1997). *The Symbolic Species.* New York: W. W. Norton & Company.

Gifford, A. (2002). Emotion and self-control. *Journal of Economic Behavior & Organization*, 49, 113-130.

Gifford, A. (2009). Rationality and intertemporal choice. *Journal of Bioeconomics*, 11(3), 223-248.

34 Tversky, A., & Kahneman, D. (1974). Judgment under uncertainty: Heuristics and biases. *Science*, 185, 1124-1131.

35 Kearney, A. (2006). A primer of covert sensitization. *Cognitive and Behavioral Practice*, 13(2), 167-175.

36 私が挙げた例は、まだ手ぬるいのかもしれない。このテクニックの創始者の1人である心理学者のジョセフ・カウテラはもっと徹底している。以下は、カウテラがデザートを我慢するために考えた「悪いシナリオ」だ。

「想像してみてほしい。あなたは、いまディナーのメイン料理を食べ終わったところ。デザートが運ばれてきた。アップルパイだ。フォークに手を伸ばそうとすると、胃に違和感を覚える。胃がむかついてきて、吐き気がこみ上げてくる。フォークに手が触れると、胃の中の食べ物が喉元までせり上がってくる。もう嘔吐する寸前だ。フォークをアップルパイに載せると、こみ上げてきた食べ物で口の中がいっぱいになる。あなたは懸命に口を閉じる。テーブル中に吐瀉物をまき散らしかねない。アップルパイを一切れ口に運ぼうとした瞬間、ついにこらえ切れなくなる。あ

なたは吐いてしまう。自分の両手とフォーク、アップルパイの上にも吐瀉物がかかる。テーブル中を汚してしまう。ほかの人たちのお皿の上まで。目に涙が浮かんでくる。口や鼻は、鼻水や粘液だらけになる……」

描写はまだまだ続くのだが、引用はこのへんでやめておこう。これ以上は読者のみなさんが（そして、私も）耐えられないだろう。私はアップルパイが大好きで、悪いイメージをもちたいとは思わない。だが、このカウテラの描写に効果があることは、ご理解いただけたのではないだろうか。

Cautela, J. R. (1972). *Covert sensitization scenes: A compilation of typical scenes used in the application of covert sensitization to a variety of maladaptive behaviors.* Chestnut Hill, MA: Boston College.

37 Lohr, S. (September 22, 2009). A $1 Million Research Bargain for Netflix, and Maybe a Model for Others. *New York Times*, B1.

38 「ヴィパッサナー瞑想（マインドフルネス瞑想）」は、注意コントロールを強化するうえで有効な方法である可能性もあるが、その点はまだ立証されていない。西洋にこの瞑想法を普及させたアメリカの分子生物学者ジョン・カバットジンによれば、この瞑想法では「いっさいの判断を停止し……良し悪しの判断をくださず、意識に浮かび上がってきたものをありのままに見る」ことを目指す。そうすれば、ある誘惑に屈したいという衝動がわき上がってきても、その誘惑に従って行動することを機械的に選択せずにすむ、というわけだ。

しかし、この瞑想法の有効性が実証されたとしても、現実的に考えて役に立つかは疑問だと、私は思っている。身につけるまでにきわめて長い時間を要する場合があるし、訓練は退屈を極める。そういう訓練を継続することは、退屈しやすいタイプの先延ばし人間が最も先延ばししがちな行動だ。忍耐心を発揮してヴィパッサナー瞑想を習得できるような人は、そもそも自己コントロールを強化する必要などない可能性が高いのだ。

Brown, K., Ryan, R., & Creswell, J. (2007). Mindfulness: Theoretical foundations and evidence for its salutary effects. *Psychological Inquiry*, 18(4), 211–237.

Kabat-Zinn, J. (1994). *Wherever you go there you are: Mindfulness meditation in everyday life.* New York: Hyperion.

Masicampo, E. J., & Baumeister, R. F. (2007). Relating mindfulness and self-regulatory processes. *Psychological Inquiry*, 18(4), 255–258.

39 Kavanagh, D. J., Andrade, J., & May, J. (2005). Imaginary relish and exquisite torture: The elaborated intrusion theory of desire. *Psychological Review*, 112(2), 446–467.

Smallwood, J., & Schooler, J. (2006). The restless mind. *Psychological Bulletin*, 132(6), 946–958.

40 Bargh, J. A., & Chartrand, T. L. (1999). The unbearable automaticity of being.

American Psychologist, 54(7), 462–479.
Bargh, J. A., & Ferguson, M. J. (2000). Beyond behaviorism: On the automaticity of higher mental processes. *Psychological Bulletin*, 126(6), 925–945.

41 Bargh, J. (2006). What have we been priming all these years? On the development, mechanisms, and ecology of nonconscious social behavior. *European Journal of Social Psychology*, 36(2), 147–168.
Carey, B. (July 31, 2007). Who's minding the mind? New York Times.

42 Wansink, B. (2004). Environmental factors that increase the food intake and consumption volume of unknowing consumers. *Annual Review of Nutrition*, 24, 455–479.

43 Childress, A., Hole, A., Ehrman, R., Robbins, S., McLellan, A., & O'Brien, C. (1993). Cue reactivity and cue reactivity interventions in drug dependence. In L. S. Onken, J. D. Blaine & J. J. Boren (Eds.), *Behavioral treatments for drug abuse and dependence* (pp. 73–96). Rockville, MD: National Institute on Drug Abuse.

44 Lustig, C., Hasher, L., & Tonev, S. T. (2001). Inhibitory control over the present and the past. European *Journal of Cognitive Psychology*, 13(1), 107–122.

45 Tullier, M. (2000). *The complete idiot's guide to overcoming procrastination*. Indianapolis, IN: Alpha Books.

46 心理学者のフーシャ・シリオスによれば、家の中でけがをしないためには、整理整頓が重要だという。たとえば「使い終わった後の危険な道具類をすぐに片づける」ことや、「廊下や階段に、つまずきやすいものを置かない」ことが大切だとのことである。
Sirois, F. M. (2007). "I'll look after my health, later": A replication and extension of the procrastination-health model with community-dwelling adults. *Personality and Individual Differences*, 43(1), 15–26.

47 Lay, C. H., & Schouwenburg, H. C. (1993). Trait procrastination, time management, and academic behavior. *Journal of Social Behavior & Personality*, 8(4), 647–662.
Neck, C., & Houghton, J. (2006). Two decades of self-leadership theory and research. *Journal of Managerial Psychology*, 21(4), 270–295.

48 この種の注意コントロールのテクニックは、鳩も用いている。
Monterosso, J., & Ainslie, G. (1999). Beyond discounting: Possible experimental models of impulse control. *Psychopharmacology*, 146, 339–347.
Wenzlaff, R., & Bates, D. (2000). The relative efficacy of concentration and suppression strategies of mental control. *Personality and Social Psychology Bulletin*, 26(10), 1200.

49 省エネを実践ために、電力使用量を自分でチェックするための計測装置がいろいろ

発売されている。「コントル014」「キル・ア・ワット」「ワトソン・エナジー・メーター」「アウル」(別名「エレクトリセーブ」)などである。この種の装置を導入すれば、電気料金を減らせ、数カ月で装置の代金の元を取れるはずだ。

この種の手法をいち早く実践していたのが「ハイパーマイラー(自動車の燃費節約マニア)」と呼ばれる人たちだ。ハイパーマイラーたちは、18輪の巨大トレーラーのすぐ後ろを走って風圧を避けたり、走行中にハンドルを急に切ってタイヤを滑らせ、エンジンを止めた状態で車を進ませたりするなど、心臓の弱い人には不向きなスリリングな運転テクニックを駆使してガソリンを節約しているだけではない。この人たちが愛用する機器に、「スキャンゲージ」というミニコンピュータがある。ガソリン1ガロン当たりの走行距離だけでなく、走行距離1マイル当たりやドライブ1回当たりのガソリンコストをリアルタイムで表示する機器だ。これをダッシュボードの目立つ場所に設置する(1995年以降に製造された自動車であれば、どの車にも装着できる)。ガソリン節約効果は、抽象的な概念にとどまる限り、私たちの前頭前野にしかはたらきかけられないが、この機器を用いれば、その効果がもっと切実で目に見えるものになり、辺縁系にはたらきかけるようになる。その結果、ガソリンコストを節約し、環境にやさしい運転をしようという意欲が強まる。

私の義母はとても倹約家だ。安い品物を買うために、わざわざ自動車を運転して30分かけてディスカウント店まで行き、商品を1つだけ買って帰ってくる。往復のガソリン代を計算に入れると、近所の店で普通の値段で買うより、かえってお金がかかる。それでも、義母は遠くの店に買い物に出掛ける。ガソリン代はすぐに目に見えないのに対し、買い物代金はすぐに財布から出ていくお金だからだ。もし、義母が「スキャンゲージ」を利用していて、ガソリンコストが常にダッシュボードに表示されれば、おそらく遠くのディスカウント店には行かないのではないか。

また、この種の機器を利用すれば、エンジンのアイドリングや無用な急加速、速度の出しすぎなどが減り、ガソリン一定量当たりの走行距離が平均して25%向上するとみられている。「タイヤ空気圧モニタリングシステム」と組み合わせて、タイヤの空気圧低下によるガソリンの浪費状況を常時確認できるようにすれば、走行距離が3%以上改善する可能性がある。「エアフィルター・モニタリングシステム」を導入すれば、走行距離をさらに10%改善できるかもしれない。温室効果ガス排出のかなりの割合を自動車が占めていることを考えると、このようなテクノロジーを取り入れるだけで地球全体の温室効果ガス排出量を大幅に減らせるのではないか。

Gaffney, D. (January/February 2007). This guy can get 59 MPG in a plain old Accord. Beat that, punk. *Mother Jones.*

Grunwald, M. (August, 2008). The tire-gauge solution: No joke. Time.

Jones, T. Y. (June, 2008). Hypermilers: Breaking the 100-MPG barrier. *Edmunds Inside Line.*

50 Thompson, C. (2007). Clive Thompson thinks: Desktop orb could reform energy

hogs. *Wired*, 15.08.
51 Lohr, S. (January 10, 2008). Digital tools help users save energy, study finds. *New York Times.*
Minosi, A., Martinola, A., Mankan, S., Balzarini, F., Kostadinov, A., & Prevostini, A. (2003). *Intelligent, low-power and low-cost measurement system for energy consumption.* Paper presented at the International Symposium on Virtual Environments, Human-Computer Interfaces, and Measurement Systems, Lugano, Switzerland
52 Aarts, H., Dijksterhuis, A., & Dik, G. (2008). Goal contagion: Inferring goals from others' actions—and what it leads to. In J. Y. Shah & W. L. Gardner (Eds.), *Handbook of motivation* (pp. 265–280). New York: Guilford Press.
Gollwitzer, P., & Bargh, J. (2005). Automaticity in goal pursuit. In A. J. Elliot & C. S. Dweck (Eds.), *Handbook of competence and motivation* (pp. 624–646). New York: Guilford Press.
53 Lopez, F., & Wambach, C. (1982). Effects of paradoxical and self-control directives in counseling. *Journal of Counseling Psychology*, 29(2), 115–124.
Mulry, G., Fleming, R., & Gottschalk, A. C. (1994). Psychological reactance and brief treatment of academic procrastination. *Journal of College Student Psychotherapy*, 9(1), 41–56.
Ziesat, H. A., Rosenthal, T. L., & White, G. M. (1978). Behavioral self-control in treating procrastination of studying. *Psychological Reports*, 42, 59–69.
54 経済学者が言う「メンタル・アカウンティング」(もっているお金を用途別に色わけして考える発想)は、「キュー」を活用した刺激コントロールの一種と位置づけられる。クリスマスクラブが貯蓄に有効なのは、このテクニックを活用しているためでもある。
Thaler, R. (1999). Mental accounting matters. *Journal of Behavioral Decision Making*, 12, 183–206.
Surowiecki, J. (February 14, 2006). Bitter money and Christmas clubs. *Forbes.*
55 Ashforth, B. E., Kreiner, G. E., & Fugate, M. (2000). All in a day's work: Boundaries and micro role transitions. *The Academy of Management Review*, 25 (3), 472–491.
56 Locke, E., & Latham, G. (2002). Building a practically useful theory of goal setting and task motivation: A 35-year odyssey. *American Psychologist*, 57(9), 705–717.
57 たとえば、マネジメント研修をおこなっている「ラピドビ」というグループのウェブサイト (http://www.rapidbi.com/created/WriteSMARTobjectives.html) も指摘しているように、SMARTという5つのアルファベットにどういう英単語を対応させるかは、論者によってまちまちだ。しかし、どの論者も例外なく、ゴールの明

確さを説明する際に、時間の要素に言及している。たとえば、具体的なゴールを設定するために、「いつまでにそれを完成させたいのか？」を考えるべきだと、ラピドビも提唱している。また、達成可能なゴールの条件として、現実的であることを挙げる論者も多い。

Tayntor, C. B. (2001). Incorporating six sigma concepts into systems analysis. In P. Tinnirello (Ed.), *New directions in project management* (pp. 161-172). Boca Raton, FL: CRC Press LLC.http://www.topachievement.com/smart.html

58 Prendergast, C. (1999). The provision of incentives in firms. *Journal of Economic Literature*, 37, 7-63.

Schlinger, H. D., Derenne, A., & Baron, A. (2008). What 50 years of research tell us about pausing under ratio schedules of reinforcement. *The Behavior Analyst*, 31, 39-40.

59 Hall, P. A., & Fong, G. T. (2003). The effects of a brief time perspective intervention for increasing physical activity among young adults. *Psychology and Health*, 18(6), 685-706.

Miller, R. B., & Brickman, S. J. (2004). A model of future-oriented motivation and self-regulation. *Educational Psychology Review*, 16(1), 9-33.

60 Engber, D. (May 15, 2008). The unfinished stories: All the stuff we never got around to including in the special issue. Retrieved from http://www.slate.com/id/2191420/

61 Amabile, T. (2001). Beyond talent: John Irving and the passionate craft of creativity. *American Psychologist*, 56(4), 333-336.

Wallace, I. (1977). Self-control techniques of famous novelists. *Journal of Applied Behavior Analysis*, 10(3), 515-525.

62 http://www.rescuetime.com/dashboard; http://manictime.com/

63 Ouelette, J. A., & Wood, W. (1998). Habit and intention in everyday life: The multiple processes by which past behavior predicts future behavior. *Psychological Bulletin*, 124(1), 54-74.

64 Baumeister, R. F., Muraven, M. & Tice, D. M. (2000). Ego depletion: A resource model of volition, self-regulation, and controlled processing. *Social Cognition*, 18 (2), 130-150.

65 Diefendorff, J. M., Richard, E. M., & Gosserand, R. H. (2006). Examination of situational and attitudinal moderators of the hesitation and performance relation. *Personnel Psychology*, 59, 365-393.

Gollwitzer, P. M. (1996). The volitional benefits from planning. In P. M. Gollwitzer & J. A. Bargh (Eds.), *The psychology of action: Linking cognition and motivation to behavior* (pp. 287-312). New York: Guilford Press.

Silver, M. (1974). Procrastination. Centerpoint, 1(1), 49–54.

66 Diefendorff, J. M., Richard, E. M., & Gosserand, R. H. (2006). Examination of situational and attitudinal moderators of the hesitation and performance relation. *Personnel Psychology*, 59, 365–393.

67 McCrea, S., Liberman, N., Trope, Y., & Sherman, S. (2008). Construal level and procrastination. *Psychological Science*, 19(12), 1308–1314.

Wood, W., & Neal, D. T. (2007). A new look at habits and the habit-goal interface. *Psychological Review* 114(4), 843–863.

68 ゴルウィッツアーは、このプロセスを「行動計画立案」、その結果としてつくられる計画を「実行意図」と呼んでいる。

Gallo, I. S., & Gollwitzer, P. M. (2007). Implementation intentions: A look back at fifteen years of progress. *Psicothema*, 19(1), 37–42.

Gollwitzer, P., & Sheeran, P. (2006). Implementation intentions and goal achievement: A meta-analysis of effects and processes. *Advances in Experimental Social Psychology*, 38, 69–120.

Gollwitzer, P. M. (1999). Implementation intentions: Strong effects of simple plans. *American Psychologist*, 54(7), 493–503.

Owens, S., Bowman, C., & Dill, C. (2008). Overcoming procrastination: The effect of implementation intentions. *Journal of Applied Social Psychology*, 38(2), 366–384.

69 Oaten, M., & Cheng, K. (2006). Improved self-control: The benfits of a regular program of academic study. *Basic & Applied Social Psychology*, 28(1), 1–16.

Oaten, M., & Cheng, K. (2007). Improvements in self-control from financial monitoring. *Journal of Economic Psychology*, 28(4), 487–501.

この教訓を伝えようとする格言や名言の類いは多い。

「習慣とは、長期にわたって同じ行動を繰り返すことにすぎないが、同じことを続けるうちに、それがついには人間の性質の一部になる」

――アリストテレス（古代ギリシャの哲学者）

「習慣に抗わないと、じきにそのとおりに行動せずにいられなくなる」

――アウグスティヌス（古代ローマのキリスト教神学者）

「習慣という名の鎖は、きわめて細いので、その存在に気づきにくいが、いざ気づいたときには、きわめて強靭でけっして打ち破れないものになっている」

――サミュエル・ジョンソン（18世紀イギリスの文学者）

「習慣とは、太い綱のようなものである。私たちはそれを日々紡いでいって、やがてそれを断ち切れないくらい太いものにしてしまう」

――ホレース・マン（19世紀アメリカの教育者）

「人間は、ある行動を繰り返していると、しまいにはその行動の奴隷と化す。はじめは自発的に選択した行動であっても、やがてそれをせずにいられなくなる」

——オリソン・スウェット・マーデン（19～20世紀アメリカの作家）
「習慣は、はじめのうちはクモの糸のようだが、やがて太い綱のようになる」
——中国の古いことわざ

70 Wood, W., Tam, L., & Witt, M. (2005). Changing circumstances, disrupting habits. *Journal of Personality and Social Psychology*, 88(6), 918–933.

71 Grant, A. (2003). The impact of life coaching on goal attainment metacognition and mental health. *Social Behavior and Personality*, 31(3), 253–263.

72 Matlin, E. (2004). *The procrastinator's guide to wills and estate planning*. New York: Penguin Group.

◉第10章

1 Fringke, J. (2008). *Job satisfaction*. Alexandria, VA: Society for Human Resource Management.
Kaiser, R., Hogan, R., & Craig, S. (2008). Leadership and the fate of organizations. *American Psychologist*, 63(2), 96.
Sousa-Poza, A., & Sousa-Poza, A. A. (2000). Well-being at work: A cross-national analysis of the levels and determinants of job satisfaction. *Journal of Socio-Economics*, 29(6), 517–538.

2 Bass, B. M. (1998). Transformational leadership: Industry, military, and educational impact. Mahwah, NJ: Erlbaum.
Eagly, A., Johannesen-Schmidt, M., & van Engen, M. (2003). Transformational, transactional, and laissez-faire leadership styles: A meta-analysis comparing women and men. *Psychological Bulletin*, 129(4), 569–591.
Yukl, G. (2006). Leadership in organizations (6th ed.). Upper Saddle River, NJ: Prentice Hall.

3 Baltes, B., Briggs, T., Huff, J., Wright, J., & Neuman, G. (1999). Flexible and compressed workweek schedules: A meta-analysis of their effects on work-related criteria. *Journal of Applied Psychology*, 84(4), 496–513.

4 トムのようなマネジャーは珍しい。さまざまな調査によれば、会社員のおよそ4分の3は、仕事に関する最悪の要素として、直属の上司を挙げている。また、マネジャーのおよそ3分の2は、あらゆる客観的な基準に照らして無能と判断されている。
Hogan, R., & Kaiser, R. (2005). What we know about leadership. *Review of General Psychology*, 9(2), 169–180.

5 Milgram, N. A. (1991). Procrastination. In R. Dulbecco (Ed.), *Encyclopedia of human biology* (Vol. 6, pp. 149–155). New York: Academic Press.

6 Ainslie, G. (2001). *Breakdown of will*. Cambridge University Press［邦訳『誘惑される意志——人はなぜ自滅的行動をするのか』ＮＴＴ出版］

Ryan, R. M., & Deci, E. L. (2006). Self-regulation and the problem of human autonomy: Does psychology need choice, self-determination, and will? *Journal of Personality & Social Psychology*, 74(6), 1557–1586.
Vohs, K. D., & Baumeister, R. F. (2007). Can satisfaction reinforce wanting? In J. Y. Shah & W. L. Gardner (Eds.), *Handbook of motivation science* (pp. 373–389). New York: Guilford Press.
7 Kivetz, R., & Keinan, A. (2006). Repenting hyperopia: An analysis of self-control regrets. *Journal of Consumer Research*, 33, 273–282.
8 Tangney, J., Baumeister, R., & Boone, A. (2004). High self-control predicts good adjustment, less pathology, better grades, and inter-personal success. *Journal of Personality*, 72(2), 271–324.

◉おわりに

1 Carver, C. S. (2005). Impulse and constraint: Perspectives from personality psychology, convergence with theory in other areas, and potential for integration. *Personality and Social Psychology Review*, 9(4), 312–333.
Cervone, D., Shadel, W. G., Smith, R. E., & Fiori, M. (2006). Self-regulation: Reminders and suggestions from personality science. *Applied Psychology: An International Review*, 55(3), 333–385.
Mesoudi, A., Whiten, A., & Laland, K. (2006). Towards a unified science of cultural evolution. *Behavioral and Brain Sciences*, 29(4), 329–347.
Tooby, J., & Cosmides, L. (2007). Evolutionary psychology, ecological rationality, and the unfication of the behavioral sciences. *Behavioral and Brain Sciences*, 30 (01), 42–43.
2 Green, C. D. (1992). Is unified positivism the answer to psychology's disunity? *American Psychologist*, 47, 1057–1058.
Staats, A. W. (1999). Unifying psychology requires new infrastructure, theory, method, and a research agenda. *Review of General Psychology*, 3(1), 3–13.
Stanovich, K. E. (2007). The psychology of decision making in a unified behavioral science. *Behavioral and Brain Sciences*, 30(1), 41–42.
3 私が"Integrating Theories of Motivation (モチベーションの諸理論を統合する)"と題した論文を執筆した理由は、この点にある。
Steel, P. & König, C. J. (2006). Integrating theories of motivation. *Academy of Management Review*, 31, 889–913.
4 Wilson, E. (1998). *Consilience: The unity of knowledge*. New York: Knopf［邦訳『知の挑戦——科学的知性と文化的知性の統合』角川書店］
5 Gintis, H. (2004). Towards the unity of the human behavioral sciences. *Politics,*

Philosophy & Economics, 3(1), 37–57.

6 Akerlof, G. A. (1991). Procrastination and obedience. *American Economic Review*, 81(2), 1–19.

Glimcher, P., & Rustichini, A. (2004). Neuroeconomics: The consilience of brain and decision. *Science*, 306, 447–452.

7 Kubey, R., & Csikszentmihalyi, M. (2002). Television addiction is no mere metaphor. *Scientific American*, 286(2), 62–68.

Young, K. (1998). Internet addiction: The emergence of a new clinical disorder. *Cyberpsychology and Behavior*, 1, 237–244.

8 Hancox, R., & Poulton, R. (2006). Watching television is associated with childhood obesity: but is it clinically important? *International Journal of Obesity*, 30, 171–175.

Vandewater, E., Bickham, D., & Lee, J. (2006). Time well spent? Relating television use to children's free-time activities. *Pediatrics*, 117(2), 181–191.

9 Hall, L., Johansson, P., & Léon, D. d. (2002). *The future of self-control: Distributed motivation and computer-mediated extrospection*. Lund: Lund University.